纪检监察基本知识
（修订本）

张月明 ■ 编著

清华大学出版社
北京

内 容 简 介

本书依据《中国共产党章程》《中国共产党纪律检查委员会工作条例》《中国共产党巡视工作条例》《中华人民共和国公职人员政务处分法》《中华人民共和国监察法》《中华人民共和国监察法实施条例》等党内法规和国家有关法律法规,结合纪检监察工作实践编写。内容包括:概述、党的建设、纪委工作、落实中央八项规定精神、纪委监督、监委职能、监察法的实施、监督检查和审查调查、案件审查、案件审理、党纪处分、政务处分、刑事处罚、责任事故、问责、巡视巡察、信访工作、文秘档案、纪检监察常用文书、党规党纪常识、中央纪委国家监委组织机构设置。

本书封面贴有清华大学出版社防伪标签,无标签者不得销售。
版权所有,侵权必究。举报:010-62782989,beiqinquan@tup.tsinghua.edu.cn。

图书在版编目(CIP)数据

纪检监察基本知识/张月明编著.—2版(修订本).—北京:清华大学出版社,2022.4
　ISBN 978-7-302-60365-8

Ⅰ.①纪… Ⅱ.①张… Ⅲ.①中国共产党－纪律检查－工作－基本知识 ②行政－监察－工作－基本知识－中国　Ⅳ.①D262.6 ②D630.9

中国版本图书馆 CIP 数据核字(2022)第 044099 号

责任编辑:刘　晶
封面设计:汉风唐韵
责任校对:王凤芝
责任印制:沈　露

出版发行:清华大学出版社
　　　网　　址:http://www.tup.com.cn,http://www.wqbook.com
　　　地　　址:北京清华大学学研大厦 A 座　　邮　编:100084
　　　社 总 机:010-83470000　　邮　购:010-62786544
　　　投稿与读者服务:010-62776969,c-service@tup.tsinghua.edu.cn
　　　质量反馈:010-62772015,zhiliang@tup.tsinghua.edu.cn
印 装 者:大厂回族自治县彩虹印刷有限公司
经　　销:全国新华书店
开　　本:160mm×230mm　　印　张:19.75　　字　数:273千字
版　　次:2016 年 2 月第 1 版　2022 年 4 月第 2 版
印　　次:2022 年 4 月第 1 次印刷
定　　价:62.00 元

产品编号:096222-01

编辑委员会

特邀顾问 罗传根　胡德明　刘石佑　包忠清

顾　　问 彭先政　李建国　曾君华

审　　稿 刘高博　蔡景华

主　　任 张月明　李元珍

编　　委(排名不分先后)

王阳春　邓奠伦　卢宗仁　刘正力

孙贤程　张忠伟　张秋建　徐舒翔

FOREWORD

1981年11月23日，我从岳阳地区建设银行调至岳阳地区纪委工作。在纪委工作的6年2个月零5天中，我主持查办和参办的大案要案有20余件。其中，我主持查办的案件开除党籍的6人（其中1人移送司法机关），均做到了事实清楚、证据确凿、定性准确、处理恰当、程序合法、手续完备，无一冤假错案。

在查办案件过程中，我深感党的纪检监察工作是一项政策性、业务性都很强的工作，要经常运用有关法律法规、政策规定。针对这种现实需求，我收集了有关这方面的资料，结合工作实践，先后编写了《纪检办案基本知识》等纪检监察类书籍7本，深受广大读者的欢迎。其中《纪检办案基本知识》一书发行8万多册。

为推进"四个全面"的伟大战略部署，实现中华民族伟大复兴的中国梦，党和国家颁布、修订了《中国共产党章程》《中国共产党纪律检察委员会工作条例》《中国共产党巡视工作条件》《公职人员政务处分法》《监察法》《监察法实施条件》等党内法规和国家有关法律法规。我结合纪检监察工作实践编写了本书。其中内容包括：概述、党的建设、纪委工作、落实中央八项规定精神、纪委监督、监委职能、监察法的实施、监督检查和审查调查、案件审查相关知识、案件审理、党纪处分、政务处分、刑事处罚、责任事故、问责、巡视巡察、信访工作、文秘档案、纪检监察常用文书、党纪党规常识、中央纪委国家监委组织机构设置，供广大读者参考。

本书一题一例，根据最新颁布实施的党规党纪、法律法规逐例阐释，力争做到全面、系统，通俗易懂，希望成为纪检监察干部特别是基层和新参加纪检监察工作的干部的好帮手、好参谋。

在编写过程中，我得到中共岳阳市委前副书记罗传根、岳阳市人大常委会党组副书记、副主任彭先政和前副主任胡德明、刘石佑、包忠清，岳阳市人大常委会二级巡视员曾君华，湖南人民出版社前社长、编审李建国，湖南弘元新港实业发展有限公司董事长、岳阳市工商联副主席（全国"三八红旗手"、湖南省建设系统"先进工作者"、岳阳市人大代表）李元珍等有关领导同志的大力支持、关怀和帮助；岳阳市纪委案件审理室主任刘高博、副主任蔡景华同志审查了该书稿，提出不少意见，绝大部分被采纳；清华大学出版社的领导和编辑同志为本书的出版付出了辛勤的劳动。编者一并表示真诚的感谢。

由于编者水平有限，书中不妥之处，敬请批评指正。

张月明

2022 年 1 月 6 日

目 录

CONTENTS

概述 …………………………… 1
第一章　党的建设 …………… 6
第二章　纪委工作 …………… 26
第三章　落实中央八项规定
　　　　精神 ………………… 41
第四章　纪委监督 …………… 47
第五章　监委职能 …………… 52
第六章　监察法的实施 ……… 60
第七章　监督检查和审查
　　　　调查 ………………… 120
第八章　案件审查相关知识 … 138
第九章　案件审理 …………… 155
第十章　党纪处分 …………… 161
第十一章　政务处分 ………… 190
第十二章　刑事处罚 ………… 203
第十三章　责任事故 ………… 212
第十四章　问责 ……………… 223
第十五章　巡视巡察 ………… 230
第十六章　信访工作 ………… 238
第十七章　文秘档案 ………… 253
第十八章　纪检监察常用
　　　　　文书 ……………… 266
第十九章　党规党纪常识 …… 274
附录　中央纪委国家监委
　　　组织机构设置 ………… 303

概　　述

党的十八大以来,我们以前所未有的勇气和定力推进全面从严治党,探索出一条长期执政条件下解决自身问题、跳出历史周期律的成功道路,构建起一套行之有效的权力监督制度和执纪执法体系。推动新时代全面从严治党取得了历史性、开创性成就,产生了全方位、深层次影响。

从严治党必须强化政治监督保障制度执行,增强"两个维护"的政治自觉。要坚持以人民为中心的工作导向,以优良作风决胜全面建成小康社会、决战脱贫攻坚。要继续坚持"老虎""苍蝇"一起打,重点查处不收敛不收手的违纪违法问题。要深刻把握党风廉政建设规律,一体推进不敢腐、不能腐、不想腐。要完善党和国家监督体系,统筹推进纪检监察体制改革。要用严明的纪律维护制度,增强纪律约束力和制度执行力。

一

中共中央总书记习近平在中国共产党第十九届中央纪律检查委员会第四次全体会议上强调:"要以新时代中国特色社会主义思想为指导,全面贯彻党的十九大和十九届历次全会精神,一以贯之,坚定不移全面从严治党,坚持和完善党和国家监督体系,强化对权力运行的制约和监督,确保党的路线方针政策贯彻落实,为决胜全面建成小康社会、决战脱贫攻坚提供坚强保障。"

习近平总书记的重要讲话,站在实现"两个一百年"奋斗目标的历史交汇点上,深刻总结新时代全面从严治党的历史性成就,深刻阐释我们党实现自我革命的成功道路、有效制度,深刻回答管党治党必须"坚持和巩固什么、完善和发展什么"的重大问题,对以全面从严治党新成效推进国家治理体系和治理能力现代化作出战略部署。

我们要以习近平总书记重要讲话精神为指引,不断增强"四个意识"、坚定"四个自信"、做到"两个维护",坚定稳妥、稳中求进,把"严"的主基调长期坚持下去,不断巩固发展反腐败斗争压倒性胜利。

二

中国共产党第十九届中央纪律检查委员会第四次全体会议公报指出:2020年是全面建成小康社会和"十三五"规划收官之年,做好纪检监察工作意义重大。我们要以习近平新时代中国特色社会主义思想为指导,在坚持和完善中国特色社会主义制度、推进国家治理体系和治理能力现代化中充分发挥监督保障执行、促进完善发展作用,建设高素质专业化纪检监察干部队伍,推动新时代纪检监察工作高质量发展,为决胜全面建成小康社会、决战脱贫攻坚提供坚强保障。

第一,坚持以初心使命作为政治本色和前进动力,不断增强"两个维护"的自觉性坚定性。持之以恒学懂弄通做实习近平新时代中国特色社会主义思想,不断巩固深化主题教育成果。新时代强化政治监督的根本任务就是做到"两个维护",要加强对坚持中国特色社会主义制度、落实党中央重大决策部署和习近平总书记重要指示批示精神、落实全面从严治党责任情况的监督检查,贯彻落实党的十九届四中全会精神情况的监督检查,严明政治纪律和政治规矩,确保党中央政令畅通,确保权力在正确轨道上运行。

第二,全力保障脱贫攻坚决战决胜,集中整治群众反映强烈的突出问题。强化对脱贫工作绩效、脱贫政策连续性稳定性,以及脱贫摘帽后"不摘责任、不摘政策、不摘帮扶、不摘监管"情况的监督检查,对搞数字脱贫、虚假脱贫的严肃问责,对贪污侵占、吃拿卡要、优亲厚友的从严查处。精准查处涉黑涉恶腐败及"保护伞"案件。深入开展民生领域损害群众利益问题集中整治。

第三,持续深化纪检监察体制改革,推动健全党和国家监督体系。协助党委健全全面从严治党制度,完善党内监督体系,推动党委(党组)主体责任、书记第一责任人责任和纪委监委监督责任贯通联动、一体落实。加强上级纪委监委对下级纪委监委的领导,完善纪律监督、监察监督、派驻监督、巡视监督统筹衔接制度,强化纪委监委监督的协助引导推动功能。自上而下、依法有序推进监委向本级人大常委会报告专项工作。修订《中国共产党党员权利保障条例》，制定监察法实施条例，推动研究制定监察官法。

第四，发挥纪委监委专责监督作用，加强对权力运行的监督。强化上级纪委对下级党组织的监督，紧盯"关键少数"、关键岗位，围绕权力运行各个环节，严格日常监督，实事求是运用"四种形态"，完善发现问题、纠正偏差、精准问责有效机制。用好纪检监察建议有力武器。

第五，巩固拓展作风建设成效，推动化风成俗、成为习惯。深入落实中央八项规定精神，从领导机关和领导干部抓起改起，深化治理贯彻党中央决策部署只表态不落实、维护群众利益不担当不作为、困扰基层的形式主义官僚主义等问题。严查享乐、奢靡问题，推动完善制度规定，加大通报曝光力度，充分发挥群众监督和舆论监督作用。

第六，完善巡视巡察上下联动工作格局，促进巡视巡察与其他各类监督贯通融合。深化政治巡视，建立巡视巡察上下联动机制，全面加强对省区市巡视工作指导督导，督促落实中央部委、中央国家机关部门党组（党委）开展巡视工作指导意见。完善巡视巡察整改情况报告制度，综合用好巡视巡察成果。

第七，构建一体推进不敢腐、不能腐、不想腐体制机制，进一步巩固和发展反腐败斗争压倒性胜利。一体推进不敢腐、不能腐、不想腐，不仅是反腐败斗争的基本方针，也是新时代全面从严治党的重要方略。对党的十八大以来不收敛不收手，严重阻碍党的理论和路线方针政策贯彻执行、严重损害党的执政根基的腐败问题从严查处，对主动投案者依规依纪依法从宽处理，对巨额行贿、多次行贿的严肃处置。深化金融领域反腐败工作，加大国有企业反腐力度，坚决查处资源、土地、规划、建设、工程等领域的腐败，持续开展追逃追赃"天网行动"。推进重点领域监督机制改革和制度建设，加强思想道德和党纪国法教育。

第八，建设高素质专业化干部队伍，做忠诚干净担当、敢于善于斗争的战士。加强中央纪委常委会政治建设，坚持民主集中制，在坚决维护党中央权威和集中统一领导、坚决执行党和国家各项制度、坚决贯彻党中央重大决策部署上带好头。适应新时代新任务新要求，加强学习培训和实战练兵，推进纪检监察干部队伍能力建设，坚定斗争意志，掌握斗争规律。完善自身权力运行机制和管理监督制约体系,确保执纪执法权受监督、有约束,持续防治"灯下黑",把队伍建强,让干部过硬。

三

"要推动党中央重大决策部署落实见效,今年尤其要聚焦决胜全面建成小康社会、决战脱贫攻坚的任务加强监督,推动各级党组织尽锐出战、善作善成。""我们要清醒认识腐蚀和反腐蚀斗争的严峻性、复杂性,认识反腐败斗争的长期性、艰巨性,切实增强防范风险意识,提高治理腐败效能。"

一要强化政治监督,决胜全面建成小康社会、决战脱贫攻坚。

党和国家监督工作具有鲜明政治属性,纪检监察监督最根本的职责是政治监督,最首要的任务是"两个维护"。我们要坚持从具体事项入手,常态化开展政治监督,确保"两个维护"落实落细,全力加强对习近平总书记的重要指示批示和党中央重大决策部署在各地落实情况的监督,层层督促管党治党政治责任落到实处。

脱贫攻坚是党中央作出的一项重大决策部署,以强有力政治监督保障脱贫攻坚,是纪检监察机关义不容辞的政治责任,是践行"两个维护"的具体体现。各地要解决扶贫领域形式主义、官僚主义问题,把基层干部从束缚中解脱出来,同时要重点解决工程项目、工程质量和工程造价中,弄虚作假高估冒算骗取国家资金问题;乡村要重点解决惠民惠农资金到人到户中的问题,确保每一分钱都用在群众身上。

二要把"严"的主基调长期坚持下去,继续坚持"老虎""苍蝇"一起打。认真学习总书记在十九届中央纪委四次全会的讲话,一体推进不敢腐、不能腐、不想腐,不仅是反腐败斗争的基本方针,也是新时代全面从严治党的重要方略,必须清醒认识反腐败斗争的长期性、艰巨性,增强防范风险意识,提高治理腐败效能。

反腐败斗争取得了压倒性胜利,但形势依然严峻复杂。把"严"的主基调长期坚持下去,最核心的是保持正风肃纪反腐高压态势,不断巩固和发展压倒性胜利。要严明政治纪律和政治规矩,坚决维护党中央权威和集中统一领导;对党的十八大以来不收敛不收手,特别是党的十九大后仍不知敬畏、胆大妄为的应发现一起查处一起,绝不姑息。要深刻认识到金融腐败对金融安全的严重危害。应围绕"三不"一体推进,全面完善证监会系统监督体系,持续保持高压态势,持续强化对证监会系统公权力运行的监督,真正把公权力关进制度的笼子,确保公权力在监督下规范透明运行。强化扫黑除恶专项斗争,公安部门要进一步加强与纪检监察机关通力配合,对发现的直接参与的黑恶犯罪、充当黑恶势力"保护伞"或涉嫌收受贿赂、失职渎职等职务犯罪的问题线索,要及时移送纪检监察机关,并全力配合纪检监察机关一查到底。

三要完善党和国家监督体系,推动制度优势更好转化为治理效能。习近平总书记在全会上强调,要继续健全制度、完善体系,使监督体系契合党的领导体制,融入国家治理体系,推动制度优势更好转化为治理效能。

总书记的讲话为完善党和国家监管体系提出了清晰的目标和路线图,特别是对政治监督进行了全方位的阐述。

"要完善纪律监督、监察监督、派驻监督、巡视监督统筹衔接制度。"要继续推动构建上下联动、左右联通的监督网,作为提升监督效能的重要突破口,着力推动"四个监督"贯通联动、协调共进。

"打铁必须自身硬。"纪检监察机关作为党内监督和国家监察的专责机关,要在严格自我要求上做示范、做标杆、做表率,做到自身正、自身净、自身硬。我们将坚持刀刃向内,坚决清除"害群之马",确保党和人民赋予的权力不被滥用,惩恶扬善的利剑永不蒙尘。

我们要在以习近平总书记为核心的党中央的坚强领导下,不断增强"四个意识"、坚定"四个自信"、做到"两个维护",坚定稳妥、稳中求进,把"严"的主基调长期坚持下去,不断巩固发展反腐败斗争压倒性胜利。

第一章

党的建设

中国共产党的性质 中国共产党是中国工人阶级的先锋队,同时是中国人民和中华民族的先锋队,是中国特色社会主义事业的领导核心,代表中国先进生产力的发展要求,代表中国先进文化的前进方向,代表中国最广大人民的根本利益。

党的最高理想和最终目标以及行动指南 党的最高理想和最终目标是实现共产主义。中国共产党以马克思列宁主义、毛泽东思想、邓小平理论、"三个代表"重要思想、科学发展观、习近平新时代中国特色社会主义思想作为自己的行动指南。

我国社会主义建设的根本任务,是进一步解放生产力,发展生产力,逐步实现社会主义现代化,并且为此而改革生产关系和上层建筑中不适应生产力发展的方面和环节。

党的初心和使命 中国共产党人的初心和使命,就是为中国人民谋幸福,为中华民族谋复兴。

五大发展理念 创新、协调、绿色、开放、共享的发展理念。

中国共产党在社会主义初级阶段的基本路线 领导和团结全国各族人民,以经济建设为中心,坚持四项基本原则,坚持改革开放,自力更生,艰苦创业,为把我国建设成为富强民主文明和谐美丽的社会主义现代化强国而奋斗。

立国之本 坚持社会主义道路、坚持人民民主专政、坚持中国共产党的领导、坚持马克思列宁主义毛泽东思想这四项基本原则,是我们的立国之本。

强国之路 坚持改革开放,是我们的强国之路。只有改革开放,才能发展中国、发展社会主义、发展马克思主义。

发展社会主义民主政治 中国共产党领导人民发展社会主义民主政治。坚持党的领导、人民当家作主、依法治国有机统一,走中国特色社会主义政治发展道路,扩大社会主义民主,建设中国特色社会主义法治体系,建设社会主义法治国家,巩固人民民主专政,建设社会主义政治文明。坚持和完善人民代表大会制度、中国共产党领导的多党合作和政治协商制度、民族区域自治制度以及基层群众自治制度。发展更加广泛、更加充分、更加健全的人民民主,推进协商民主广泛、多层、制度化发展,切实保障人民管理国家事务和社会事务、管理经济和文化事业的权利。尊重和保障人权。广开言路,建立健全民主选举、民主决策、民主管理、民主监督的制度和程序。完善中国特色社会主义法律体系,加强法律实施工作,实现国家各项工作法治化。

党的十八大以来,我国社会主义民主制度化、规范化、程序化全面推进,中国特色社会主义制度优越性得到更好发挥,生动活泼、安定团结的政治局面得到巩固和发展。

发展社会主义先进文化 中国共产党领导人民发展社会主义先进文化。建设社会主义精神文明,实行依法治国和以德治国相结合,提高全民族的思想道德素质和科学文化素质,为改革开放和社会主义现代化建设提供强大的思想保证、精神动力和智力支持,建设社会主义文化强国。加强社会主义核心价值体系建设,坚持马克思主义指导思想,树立中国特色社会主义共同理想,弘扬以爱国主义为核心的民族精神和以改革创新为核心的时代精神,培育和践行社会主义核心价值观,倡导社会主义荣辱观,增强民族自尊、自信和自强精神,抵御资本主义和封建主义腐朽思想的侵蚀,扫除各种社会丑恶现象,努力使我国人民成为有理想、有道德、有文化、有纪律的人民。对党员要进行共产主义远大理想教育。大力发展教育、科学、文化事业,推动中华优秀传统文化创造性转化、创新性发展,继承革命文化,发展社会主义先进文化,提高国家文化软实力。牢牢掌握意识形态工作领导权,不断巩固马克思主义在意识形态领域的指导地位,巩固全党全国人民团结奋斗的共同思想基础。

党的建设必须坚决实现的五项基本要求 第一,坚持党的基本路线。第二,坚持解放思想,实事求是,与时俱进,求真务实。第三,坚持全心全意为人民服务。第四,坚持民主集中制。第五,坚持从严管党治党。

党的思想路线 一切从实际出发,理论联系实际,实事求是,在实践中检验真理和发展真理。全党必须坚持这条思想路线,积极探索,大胆试验,开拓创新,创造性地开展工作,不断研究新情况,总结新经验,解决新问题,在实践中丰富和发展马克思主义,推进马克思主义中国化。

党的最大政治优势和最大危险 我们党的最大政治优势是密切联系群众,党执政后的最大危险是脱离群众。党风问题、党同人民群众联系问题是关系党生死存亡的问题。

民主集中制 民主集中制是民主基础上的集中和集中指导下的民主相结合。它既是党的根本组织原则,也是群众路线在党的生活中的运用。必须充分发扬党内民主,尊重党员主体地位,保障党员民主权利,发挥各级党组织和广大党员的积极性创造性。必须实行正确的集中,牢固树立政治意识、大局意识、核心意识、看齐意识,坚定维护以习近平同志为核心的党中央权威和集中统一领导,保证全党的团结统一和行动一致,保证党的决定得到迅速有效的贯彻执行。加强和规范党内政治生活,增强党内政治生活的政治性、时代性、原则性、战斗性,发展积极健康的党内政治文化,营造风清气正的良好政治生态。党在自己的政治生活中正确地开展批评和自我批评,在原则问题上进行思想斗争,坚持真理,修正错误。努力造成又有集中又有民主,又有纪律又有自由,又有统一意志又有个人心情舒畅生动活泼的政治局面。

加强和改善党的领导 中国共产党的领导是中国特色社会主义最本质的特征,是中国特色社会主义制度的最大优势。党政军民学,东西南北中,党是领导一切的。党要适应改革开放和社会主义现代化建设的要求,坚持科学执政、民主执政、依法执政,加强和改善党的领导。党必须按照总揽全局、协调各方的原则,在同级各种组织中发挥领导核心作用。党必须集中精力领导经济建设,组织、协调各方面的力量,同心协力,围绕经济建设开展工作,促进经济社会全面发展。党必须实行民主的科学的决策,制定和执行正确的路线、方针、政策,做好党的组织工作和宣传教育工作,发挥全体党员的先锋模范作用。党必须在宪法和法律的范围内活动。党必须保证国家的立法、司法、行政、监察机关,经济、文化组织和人民团体积极主动地、独立负责地、协调一致地工作。党必须加强对工会、共产主义青年团、妇女联合会等群团组织的领导,使它们保持和增强政治性、先进性、群众性,充分发挥作用。党必须适应形势的发展和情况的变化,完善领导体制,改进领导方式,增强执政能力。共产党员必须同党外群众亲密合作,共同为建设中国特色社会主义而奋斗。

共产党员必须履行的义务 党员必须履行下列义务:

1. 认真学习马克思列宁主义、毛泽东思想、邓小平理论、"三个代表"重要思想、科学发展观、习近平新时代中国特色社会主义思想,学习党的路线、方针、政策和决议,学习党的基本知识,学习科学、文化、法律和业务知识,努力提高为人民服务的本领。

2. 贯彻执行党的基本路线和各项方针、政策,带头参加改革开放和社会主义现代化建设,带动群众为经济发展和社会进步艰苦奋斗,在生产、工作、学习和社会生活中起先锋模范作用。

3. 坚持党和人民的利益高于一切,个人利益服从党和人民的利益,吃苦在前,享受在后,克己奉公,多做贡献。

4. 自觉遵守党的纪律,首先是党的政治纪律和政治规矩,模范遵守国家的法律法规,严格保守党和国家的秘密,执行党的决定,服从组织分配,积极完成党的任务。

5. 维护党的团结和统一,对党忠诚老实,言行一致,坚决反对一切派别组织和小集团活动,反对阳奉阴违的两面派行为和一切阴谋诡计。

6. 切实开展批评和自我批评，勇于揭露和纠正违反党的原则的言行和工作中的缺点、错误，坚决同消极腐败现象作斗争。

7. 密切联系群众，向群众宣传党的主张，遇事同群众商量，及时向党反映群众的意见和要求，维护群众的正当利益。

8. 发扬社会主义新风尚，带头实践社会主义核心价值观和社会主义荣辱观，提倡共产主义道德，弘扬中华民族传统美德，为了保护国家和人民的利益，在一切困难和危险的时刻挺身而出，英勇斗争，不怕牺牲。

共产党员享有的权利 党员享有下列权利：

1. 参加党的有关会议，阅读党的有关文件，接受党的教育和培训。

2. 在党的会议上和党报党刊上，参加关于党的政策问题的讨论。

3. 对党的工作提出建议和倡议。

4. 在党的会议上有根据地批评党的任何组织和任何党员，向党负责地揭发、检举党的任何组织和任何党员违法乱纪的事实，要求处分违法乱纪的党员，要求罢免或撤换不称职的干部。

5. 行使表决权、选举权，有被选举权。

6. 在党组织讨论决定对党员的党纪处分或作出鉴定时，本人有权参加和进行申辩，其他党员可以为他作证和辩护。

7. 对党的决议和政策如有不同意见，在坚决执行的前提下，可以声明保留，并且可以把自己的意见向党的上级组织直至中央提出。

8. 向党的上级组织直至中央提出请求、申诉和控告，并要求有关组织给以负责的答复。

入党誓词 入党誓词的内容是：我志愿加入中国共产党，拥护党的纲领，遵守党的章程，履行党员义务，执行党的决定，严守党的纪律，保守党的秘密，对党忠诚，积极工作，为共产主义奋斗终身，随时准备为党和人民牺牲一切，永不叛党。

党的民主集中制的基本原则 党的民主集中制的基本原则是：

1. 党员个人服从党的组织，少数服从多数，下级组织服从上级组织，全党各个组织和全体党员服从党的全国代表大会和中央委员会。

2. 党的各级领导机关，除它们派出的代表机关和在非党组织中的党组外，都由选举产生。

3. 党的最高领导机关,是党的全国代表大会和它所产生的中央委员会。党的地方各级领导机关,是党的地方各级代表大会和它们所产生的委员会。党的各级委员会向同级的代表大会负责并报告工作。

4. 党的上级组织要经常听取下级组织和党员群众的意见,及时解决他们提出的问题。党的下级组织既要向上级组织请示和报告工作,又要独立负责地解决自己职责范围内的问题。上下级组织之间要互通情报、互相支持和互相监督。党的各级组织要按规定实行党务公开,使党员对党内事务有更多的了解和参与。

5. 党的各级委员会实行集体领导和个人分工负责相结合的制度。凡属重大问题都要按照集体领导、民主集中、个别酝酿、会议决定的原则,由党的委员会集体讨论,作出决定;委员会成员要根据集体的决定和分工,切实履行自己的职责。

6. 党禁止任何形式的个人崇拜。要保证党的领导人的活动处于党和人民的监督之下,同时维护一切代表党和人民利益的领导人的威信。

党的全国代表大会的职权 党的全国代表大会的职权是:

1. 听取和审查中央委员会的报告;

2. 审查中央纪律检查委员会的报告;

3. 讨论并决定党的重大问题;

4. 修改党的章程;

5. 选举中央委员会;

6. 选举中央纪律检查委员会。

党的地方各级代表大会的职权

党的地方各级代表大会的职权是:

1. 听取和审查同级委员会的报告;

2. 审查同级纪律检查委员会的报告;

3. 讨论本地区范围内的重大问题并作出决议;

4. 选举同级党的委员会,选举同级党的纪律检查委员会。

党的基层组织 企业、农村、机关、学校、科研院所、街道社区、社会组织、人民解放军连队和其他基层单位,凡是有正式党员3人以上的,都应当成立党的基层组织。党的基层组织,根据工作需要和党员人数,经上级党组织批准,分别设立党的基层委员会、总支部委员会、支部委员会。

在一般情况下,党员超过100人的基层单位,经上级党委批准,可以设立党的基层委员会(基层委员会下面可分设若干总支部或支部);有党员50人以上的基层单位,经上级党委批准,可建立党的总支委员会(总支下面可分设若干支部);有正式党员3人以上不足50人的基层单位,经上级党委批准,可建立党的支部;正式党员不足3人的,可与邻近单位的党员组成联合支部。部分对国计民生影响重大的科研院所、工矿企业、外交外贸机构和边防要塞机关,虽然党员不足100人或50人,但领导力量配备较强的,经上一级党委批准,也可以建立党的基层委员会或总支部委员会。

党的基层组织的基本任务 党的基层组织的基本任务是：

1. 宣传和执行党的路线、方针、政策,宣传和执行党中央、上级组织和本组织的决议,充分发挥党员的先锋模范作用,积极创先争优,团结、组织党内外的干部和群众,努力完成本单位所担负的任务。

2. 组织党员认真学习马克思列宁主义、毛泽东思想、邓小平理论、"三个代表"重要思想、科学发展观、习近平新时代中国特色社会主义思想,推进"两学一做"学习教育常态化制度化,学习党的路线、方针、政策和决议,学习党的基本知识,学习科学、文化、法律和业务知识。

3. 对党员进行教育、管理、监督和服务,提高党员素质,坚定理想信念,增强党性,严格党的组织生活,开展批评和自我批评,维护和执行党的纪律,监督党员切实履行义务,保障党员的权利不受侵犯。加强和改进流动党员管理。

4. 密切联系群众,经常了解群众对党员、党的工作的批评和意见,维护群众的正当权利和利益,做好群众的思想政治工作。

5. 充分发挥党员和群众的积极性创造性,发现、培养和推荐他们中间的优秀人才,鼓励和支持他们在改革开放和社会主义现代化建设中贡献自己的聪明才智。

6. 对要求入党的积极分子进行教育和培养,做好经常性的发展党员工作,重视在生产、工作第一线和青年中发展党员。

7. 监督党员干部和其他任何工作人员严格遵守国家法律法规,严格遵守国家的财政经济法规和人事制度,不得侵占国家、集体和群众的利益。

8. 教育党员和群众自觉抵制不良倾向，坚决同各种违纪违法行为作斗争。

党选拔使用干部的原则 党按照德才兼备、以德为先的原则选拔干部，坚持五湖四海、任人唯贤，坚持事业为上、公道正派，反对任人唯亲，努力实现干部队伍的革命化、年轻化、知识化、专业化。

党的各级领导干部必须具备的基本条件 党的各级领导干部必须具备的基本条件是：

1. 具有履行职责所需要的马克思列宁主义、毛泽东思想、邓小平理论、"三个代表"重要思想、科学发展观的水平，带头贯彻落实习近平新时代中国特色社会主义思想，努力用马克思主义的立场、观点、方法分析和解决实际问题，坚持讲学习、讲政治、讲正气，经得起各种风浪的考验。

2. 具有共产主义远大理想和中国特色社会主义坚定信念，坚决执行党的基本路线和各项方针、政策，立志改革开放，献身现代化事业，在社会主义建设中艰苦创业，树立正确政绩观，做出经得起实践、人民、历史检验的实绩。

3. 坚持解放思想，实事求是，与时俱进，开拓创新，认真调查研究，能够把党的方针、政策同本地区、本部门的实际相结合，卓有成效地开展工作，讲实话，办实事，求实效。

4. 有强烈的革命事业心和政治责任感，有实践经验，有胜任领导工作的组织能力、文化水平和专业知识。

5. 正确行使人民赋予的权力，坚持原则，依法办事，清正廉洁，勤政为民，以身作则，艰苦朴素，密切联系群众，坚持党的群众路线，自觉地接受党和群众的批评和监督，加强道德修养，讲党性、重品行、作表率，做到自重、自省、自警、自励，反对形式主义、官僚主义、享乐主义和奢靡之风，反对任何滥用职权、谋求私利的行为。

6. 坚持和维护党的民主集中制，有民主作风，有全局观念，善于团结同志，包括团结同自己有不同意见的同志一道工作。

党的纪律 党的纪律是党的各级组织和全体党员必须遵守的行为规则，是维护党的团结统一、完成党的任务的保证。党组织必须严格执行和维护党的纪律，共产党员必须自觉接受党的纪律的约束。

党的政治纪律 政治纪律是各级党组织和全体党员在政治方向、政治立场、政治言论、政治行为方面必须遵守的规矩,是维护党的团结统一的根本保证,是加强党的政治建设的重要内容。

党的组织纪律 组织纪律是规范和处理党的各级组织之间、党组织与党员之间以及党员与党员之间关系的行为规则。

党的廉洁纪律 廉洁纪律是党的各级组织和全体党员为确保清正廉洁,在从事公务活动或者其他活动中应当遵守的廉洁用权的行为规则,是实现干部清正、政府清廉、政治清明的重要保障。

党的群众纪律 群众纪律充分体现了党的性质和宗旨,是密切党同人民群众血肉联系、克服脱离群众危险的重要保证,是党的各级组织和全体党员坚持以人民为中心的发展思想和处理党群关系时必须遵守的行为规则。

党的工作纪律 工作纪律是党的各级组织和全体党员在党的各项具体工作中必须遵守的行为规则,是党的各项工作正常开展的重要保证。

党的生活纪律 生活纪律是党员在日常生活和社会交往中应当遵守的行为规则,涉及党员个人品德、家庭美德、社会公德等各个方面,关系党的形象。

党组的任务 党组的任务,主要是负责贯彻执行党的路线、方针、政策;加强对本单位党的建设的领导,履行全面从严治党责任;讨论和决定本单位的重大问题;做好干部管理工作;讨论和决定基层党组织设置调整和发展党员、处分党员等重要事项;团结党外干部和群众,完成党和国家交给的任务;领导机关和直属单位党组织的工作。

中国共产党党徽和党旗 中国共产党党徽为镰刀和锤头组成的图案,中国共产党党旗为旗面缀有金黄色党徽图案的红旗。

"四个伟大" "四个伟大"是指伟大斗争、伟大工程、伟大事业、伟大梦想。伟大斗争是指,具有许多新的历史特点的伟大斗争;伟大工程是指,党的建设新的伟大工程;伟大事业是指,中国特色社会主义伟大事业;伟大梦想是指,实现中华民族伟大复兴的伟大梦想。

伟大斗争,伟大工程,伟大事业,伟大梦想,紧密联系、相互贯通、相互作用，其中起决定性作用的是党的建设新的伟大工程。"四个伟大"是有机统一的整体，统一于新时代坚持和发展中国特色社会主义伟大实践。

习近平新时代中国特色社会主义思想 习近平新时代中国特色社会主义思想是当代中国马克思主义、二十一世纪马克思主义，是中华文化和中国精神的时代精华，实现了马克思主义中国化新的飞跃。党的十九届六中全会决议，用"十个明确"概括了核心内容：

第一，明确中国特色社会主义最本质的特征是中国共产党领导，中国特色社会主义制度的最大优势是中国共产党领导，中国共产党是最高政治领导力量，全党必须增强"四个意识"、坚定"四个自信"、做到"两个维护"；

第二，明确坚持和发展中国特色社会主义，总任务是实现社会主义现代化和中华民族伟大复兴，在全面建成小康社会的基础上，分两步走在本世纪中叶建成富强民主文明和谐美丽的社会主义现代化强国，以中国式现代化推进中华民族伟大复兴；

第三，明确新时代我国社会主要矛盾是人民日益增长的美好生活需要和不平衡不充分的发展之间的矛盾，必须坚持以人民为中心的发展思想，发展全过程人民民主，推动人的全面发展、全体人民共同富裕取得更为明显的实质性进展；

第四，明确中国特色社会主义事业总体布局是经济建设、政治建设、文化建设、社会建设、生态文明建设五位一体，战略布局是全面建设社会主义现代化国家、全面深化改革、全面依法治国、全面从严治党四个全面；

第五，明确全面深化改革总目标是完善和发展中国特色社会主义制度、推进国家治理体系和治理能力现代化；

第六，明确全面推进依法治国总目标是建设中国特色社会主义法治体系、建设社会主义法治国家；

第七，明确必须坚持和完善社会主义基本经济制度，使市场在资源配置中起决定性作用，更好发挥政府作用，把握新发展阶段，贯彻创新、协调、绿色、开放、共享的新发展理念，加快构建以国内大循环为主体、国内国际双循环相互促进的新发展格局，推动高质量发展，统筹发展和安全；

第八，明确党在新时代的强军目标是建设一支听党指挥、能打胜仗、作风优良的人民军队，把人民军队建设成为世界一流军队；

第九，明确中国特色大国外交要服务民族复兴、促进人类进步，推动建设新型国际关系，推动构建人类命运共同体；

第十，明确全面从严治党的战略方针，提出新时代党的建设总要求，全面推进党的政治建设、思想建设、组织建设、作风建设、纪律建设，把制度建设贯穿其中，深入推进反腐败斗争，落实管党治党政治责任，以伟大自我革命引领伟大社会革命。

新时代坚持和发展中国特色社会主义基本方略

新时代坚持和发展中国特色社会主义的基本方略即"十四个坚持"：

第一，坚持党对一切工作的领导。

第二，坚持以人民为中心。

第三，坚持全面深化改革。

第四，坚持新发展理念。

第五，坚持人民当家作主。

第六，坚持全面依法治国。

第七，坚持社会主义核心价值体系。

第八，坚持在发展中保障和改善民生。

第九，坚持人与自然和谐共生。

第十，坚持总体国家安全观。

第十一，坚持党对人民军队的绝对领导。

第十二，坚持"一国两制"和推进祖国统一。

第十三，坚持推动构建人类命运共同体。

第十四，坚持全面从严治党。

"两个一百年"奋斗目标　到建党一百年时，全面建成小康社会；到新中国成立一百年时，全面建成社会主义现代化强国。

新时代党的建设总要求　坚持和加强党的全面领导，坚持党要管党、全面从严治党，以加强党的长期执政能力建设、先进性和纯洁性建设为主线，以党的政治建设为统领，以坚定理想信念宗旨为根基，以调动全党积极性、主动性、创造性为着力点，全面推进党的政治建设、思想建设、组织建设、作风建设、纪律建设，把制度建设贯穿其中，深入推进反腐败斗争，不断提高党的建设质量，把党建设成为始终走在时代前列、人民衷心拥护、勇于自我革命、经得起各种风浪考验、朝气蓬勃的马克思主义执政党。

"两个维护" 坚决维护习近平总书记党中央的核心、全党的核心地位,坚决维护党中央权威和集中统一领导。

"四个意识" 政治意识、大局意识、核心意识、看齐意识。

"四个自信" 中国特色社会主义道路自信、理论自信、制度自信、文化自信。

"两学一做" 学党章党规,学系列讲话,做合格党员。

"三严三实" 严以修身、严以用权、严以律己,谋事要实、创业要实、做人要实。

"四风"问题 "四风"是指形式主义、官僚主义、享乐主义和奢靡之风。这"四风"是违背党的性质和宗旨的,是当前群众深恶痛绝、反映最强烈的问题,也是损害党群干群关系的重要根源。

党的三大作风 即理论联系实际的作风,密切联系群众的作风,批评和自我批评的作风。它是中国共产党在长期革命斗争中形成的一整套优良作风的突出表现,是辩证唯物主义和历史唯物主义科学世界观在党风上的体现。是我们党区别于其他政党的显著标志。

理论联系实际 就是理论和实践相结合,它是马克思主义的一个基本原则,是中国共产党在长期革命斗争中形成的优良作风之一。理论从实践中来,又为实践服务,并接受实践的检验。理论只有联系实际,才能从实际出发,指导革命的实践;理论脱离实际,就会变成僵死的教条;用它来指导实践,就会在实践中犯错误。理论和实践相结合,最主要的就是把马克思主义的普遍原理同中国革命的具体实践结合起来。中国共产党在长期革命斗争中,同违反理论联系实际原则的教条主义错误作了坚决的斗争,克服了由于教条主义错误而造成的挫折和失败,从而使党的事业从胜利走向胜利。党的各级领导干部以至每一个党员,都必须树立理论联系实际的作风。

密切联系群众 就是和人民群众紧密地联系在一起的作风,是中国共产党的三大优良作风之一。它是我们战胜敌人、克服困难、取得胜利的力量源泉,也是我们党区别于其他政党的显著标志。密切联系群众是我们党的性质、使命及党同人民的关系决定的。我们党的宗旨是全心全意为人民服务。党要求每一个党员和干部全心全意地为人民服务,同群众保持最密切、最广泛的联系。人民群众是历史的创造者,党的事业归根到底是千百万人民群众自己的事业。密切联系人民群众,就是通过我们的党员和干部,把党的路线、方针、政策交给群众,反映群众的意见和要求,提高群众的觉悟,带领群众为实现自己的利益而奋斗。只有密切联系群众,才能把对人民负责和对党负责统一起来,更好地为人民群众谋利益。密切联系人民群众,就要虚心向人民群众学习,甘当群众的小学生,反对轻视群众、不相信群众创造力的错误观点。党在自己的工作中实行从群众中来,到群众中去,一切为了群众,一切依靠群众的群众路线。就必须同人民群众紧密地联系在一起。

批评和自我批评 "批评"是指对别人的缺点和错误提出意见,"自我批评"是指对自己的缺点和错误作出检查。中国共产党根据长期革命斗争的经验,把批评和自我批评的方法作为解决党内矛盾的基本方法。开展批评和自我批评的目的,是为了坚持真理,修正错误,巩固和增强党的团结,推动党的事业前进。

党的各级组织和每一个共产党员必须自觉地、认真地掌握批评和自我批评的武器,推动思想和工作的进步。

"三会一课"制度 "三会一课"是指定期召开支部党员大会、支部委员会、党小组会、按时上好党课,是党的组织生活的基本形式,也是加强党员学习教育和日常管理的基本制度安排。

党组织应当向上级党组织请示的事项 党组织应当向上级党组织请示下列事项:

1. 贯彻落实党中央决策部署和上级党组织决定中的重要情况和问题,需要作出调整的政策措施,需要支持解决的特殊困难;

2. 重大改革措施、重大立法事项、重大体制变动、重大项目推进、重大突发事件、重大机构调整、重要干部任免、重要表彰奖励、重大违纪违法和复杂敏感案件处理等;

3. 明确规定需要请示的重要会议、重要活动、重要文件等;

4. 重大活动、重要政策的宣传报道口径,新闻宣传和意识形态工作中的全局性问题和不易把握的问题;

5. 出台重大创新举措,特别是

第一章 党的建设

遇到新情况新问题且无明文规定、需要先行先试，或者创新举措可能与现行规定相冲突、需经授权才能实施的情况；

6. 属于自身职权范围内但事关重大或者特殊敏感的事项；

7. 重大决策时存在较大意见分歧的情况；

8. 跨区域、跨领域、跨行业、跨系统工作中需要上级党组织统筹推进的重大事项；

9. 调整上级党组织文件、会议精神的传达知悉范围，使用上级党组织负责同志未公开的讲话、音像资料等；

10. 其他应当请示的重大事项。

下列事项不必向上级党组织请示：属于自身职权范围内的日常工作；上级党组织就有关问题已经作出明确批复的；事后报告即可的事项等。

党组织应当向上级党组织报告的事项 党组织应当向上级党组织报告下列事项：

1. 学习贯彻习近平新时代中国特色社会主义思想，统筹推进"五位一体"总体布局和协调推进"四个全面"战略布局的重要情况；

2. 党中央以及上级党组织重要会议、重要文件、重大决策部署贯彻落实情况，习近平总书记重要指示批示贯彻落实情况，上级党组织负责同志交办事项的研究办理情况；

3. 加强党的建设，履行全面从严治党责任，包括集中学习教育活动、意识形态工作、党组织设置及隶属关系调整、民主生活会、党风廉政建设、落实中央八项规定精神、党员干部直接联系群众、巡视巡察整改、发现重大违纪违法问题等情况；

4. 全面工作总结和计划；

5. 重大专项工作开展情况；

6. 重大敏感事件、突发事件和群体性事件应对处置情况；

7. 经济社会发展中出现的重要情况和重大舆情；

8. 本地区、本部门、本单位工作中具有在更大范围推广价值的经验做法和意见建议；

9. 其他应当报告的重大事项。

下列事项不必向上级党组织报告：具体事务性工作；没有实质性内容的表态和情况反映等。

党组织应当向上级党组织报备的事项 党组织应当按照有关规定向上级党组织报备下列事项：

1. 党内法规和规范性文件；

2. 领导班子成员分工；

3. 有关干部任免；

4. 党委委员、候补委员职务的辞去、免去或者自动终止；

5. 其他应当报备的重大事项。

党员应当向党组织请示的事项

党员应当向党组织请示下列事项：

1. 从事党组织所分配的工作中的重要问题；

2. 代表党组织发表主张或者作出决定；

3. 按照规定需要请示的涉外工作交往活动；

4. 转移党的组织关系；

5. 其他应当向党组织请示的事项。

党员应当向党组织报告的事项

党员应当向党组织报告下列事项：

1. 贯彻执行党组织决议以及完成党组织交办工作任务情况；

2. 对党的工作和领导干部的意见建议；

3. 发现党员、领导干部违纪违法线索情况；

4. 流动外出情况；

5. 其他应当向党组织报告的事项。

领导干部应当向党组织请示的事项 领导干部应当向党组织请示下列事项：

1. 超出自身职权范围，应当由所在党组织或者上级党组织作出决定的重大事项；

2. 属于自身职权范围但事关重大的问题和情况；

3. 代表党组织对外发表重要意见；

4. 因故无法履职或者离开工作所在地；

5. 其他应当向党组织请示的事项。

领导干部应当向党组织报告的事项 领导干部应当向党组织报告下列事项：

1. 学习贯彻习近平新时代中国特色社会主义思想，贯彻落实党中央决策部署和党组织决定中的重要情况和问题；

2. 遵守政治纪律和政治规矩，坚决维护习近平总书记党中央的核心、全党的核心地位，坚决维护党中央权威和集中统一领导情况；

3. 坚持民主集中制，发扬党内民主，正确行使权力，参与集体领导情况；

4. 参加领导班子民主生活会和所在党支部(党小组)组织生活会情况;

5. 履行管党治党责任,加强党风廉政建设和反腐败工作以及遵守廉洁纪律情况;

6. 重大决策失误或者应对突发事件处置失当,纪检监察、巡视巡察和审计中发现重要问题,以及违纪违法情况;

7. 可能影响正常履职的重大疾病等情况;

8. 其他应当向党组织报告的事项。

党的生活 是指党内各种活动。例如,党的代表大会和代表会议,党员大会,党的委员会,党组会,党内选举、党的小组会,党的民主生活会,上党课,阅读党刊和党内文件,听取党内报告等,即时讨论研究党的方针、政策和实际工作而召开的党的各种工作会议,以及党员在党组织领导下执行党的决议等各种政治活动和组织活动,都是党的生活。党的生活与党的组织生活有联系又有区别。党的组织生活只是党的生活的一部分。

党的组织生活 主要是指党员参加所在支部的党员大会和党小组会以及党员领导干部单独召开的党内民主生活会。党的组织生活的主要内容是:组织党员学习政治理论和党的方针政策,传达党中央和上级党委的决议与指示,讨论党支部的工作、决议,在党内开展批评与自我批评,表彰党员的模范事迹,党支部向党员布置任务提出要求,党员向党支部和党小组汇报自己的工作和思想情况,讨论发展新党员和对党员的纪律处分等。党委(党组)成员应参加双重组织生活。他们除了编入党支部或党小组按期参加组织生活,以普通党员的身份自觉地接受党员群众的批评监督外,还应该按期参加党委(党组)或党委常委民主生活会。长期住院治疗的党员,可以转去党员组织关系或开写党员证明信,在治疗单位参加党的组织生活。党员犯了错误,支部大会决定开除其党籍,在上级党委没有批准之前,一般仍然可以参加党的组织生活,因为支部大会的决定,必须经过上级党委批准以后才能生效。如其问题性质属于敌对矛盾,党组织可暂停其组织生活,待上级党组织批准后,按批复执行。《党章》规定,党员在留党察看期间没有表决权、选举权和被选举权,其他权利和义务同原来一样。因此,党员受留党察看处分期间,仍然要过党的组织生活。

民主生活会对照检查的内容 民主生活会应当就以下基本内容进行对照检查,开展批评和自我批评:

1. 遵守《党章》,坚定理想信念,贯彻党的理论路线方针政策和决议,执行党的政治纪律和政治规矩,维护党中央权威的情况。

2. 加强领导班子自身建设,实行民主集中制,维护领导班子团结,严格党的组织生活制度,坚持正确用人导向,开展批评和自我批评的情况。

3. 正确行使权力,履职尽责、积极作为,坚持科学决策、民主决策、依法决策,反对特权、秉公用权的情况。

4. 带头践行社会主义核心价值观,艰苦奋斗,清正廉洁,遵纪守法,注重家庭、家教、家风,教育管理好亲属和身边工作人员的情况。

5. 执行党的群众路线,站稳人民立场,改进领导作风,深入调查研究,密切联系群众的情况。

6. 履行全面从严治党主体责任和监督责任,加强党风廉政建设和反腐败工作的情况。

受到诫勉谈话的,应当说明整改情况。

民主生活会的召开时间和到会人数 民主生活会每年召开一次,一般安排在第四季度。因特殊情况需要提前或者延期召开的,应当报上级党组织同意。民主生活会到会人数必须达到应到会人数的 2/3 以上。

领导班子遇到重要或者普遍性问题,出现重大决策失误或者对突发事件处置失当,经纪律检查、巡视和审计发现重要问题,以及发生违纪违法案件等情况的,应当专门召开民主生活会,及时剖析整改。

民主生活会的程序 民主生活会由领导班子主要负责人主持,一般按以下程序进行:

1. 通报上一次民主生活会整改措施落实情况和本次民主生活会征求意见情况。

2. 主要负责人代表领导班子作对照检查。

3. 领导班子成员逐一进行对照检查,作自我批评,其他成员对其提出批评意见。

4. 主要负责人总结会议情况,提出整改工作要求。

因故缺席的人员应当提交书面

发言材料。会后,将会议情况和批评意见转告缺席人。

党课教育 为了建设一支坚强的党员队伍,除了发展党员应切实保证质量以外,还要抓紧对党员进行经常性的教育。上党课是加强对党员进行教育的一个重要方面。搞好党课教育,需要注意以下几点:

1. 提高对上党课的认识。党课教育是对党员进行的特殊教育。对党员来说,仅仅接受对全体人员普遍进行的一般政治教育,还很不够,还应当接受党的特殊教育,包括党的基本知识、党性修养和怎样做一个合格党员等教育。党课教育正是这种教育的一种方式。不能因为有了一般政治教育就放松党课教育,更不能以一般政治教育代替党课教育。

2. 把上党课作为制度来坚持,做到经常化。制度规定的时间一定要用于进行党的教育和过党的组织生活。不得任意侵占。通常是每月用规定的时间上党课。还应坚持干部党课制度。

3. 要有计划,有安排,有检查。基层党委会每年要制订出党课教育计划。党支部应根据上级的计划,结合支部情况组织落实。党课教育计划不要安排得太满,有时可由支部根据实际需要临时安排内容。

4. 不断改进教育方法,提高教育质量。党课一般可由党的基层委员会集中上课,党支部组织讨论,也可以由党支部上课。干部党课一般应由党委统一上课,凡有条件的单位,应分批对新党员进行轮训,把经常性的党课教育同轮训党员结合起来。党课教育形式应多样化,可以先讲课、后讨论,也可以先组织党员自学或讨论,提出问题,然后有针对性地讲课。讲党课的同志应认真备课,注意理论联系实际。

党籍 是指党员资格,一个同志从被批准为预备党员之日起,就取得了党员资格,有了党籍。

恢复党籍 恢复党籍是指恢复已脱离党的组织关系的党员的党员资格。恢复党籍是一项严肃的政治工作,要本着实事求是、严肃认真、具体分析、区别对待的精神,先搞清脱党同志的脱党原因,脱党后的表现,再按照中央有关文件的规定决定其党籍是否予以恢复。

党龄 是指成为正式党员后的时间,是党员转正后经过的年数。党龄从预备期满转为正式党员之日算起。被延长预备期的,其党龄从延长预备期满后被批准转为正式党员的时间算起,被批准重新入党、有预备期的,其党龄应从预备期满转为正式党员之日算起;按有关文件规定,重新入党但没有预备期的,其党龄从上级党委决定重新入党之日算起。被错误开除党籍而恢复党籍的,党龄应连续计算。被开除党籍以后又重新入党的,党龄从重新入党转为正式党员之日算起。

退党 党员有退党的自由。党员要求退党,应当经支部大会讨论后宣布除名,并报上级党组织备案。

预备党员 是指进一步接受党组织考察的转正前的新党员,预备党员的义务同正式党员一样,除了没有表决权、选举权和被选举权以外,其他权利同正式党员一样。

优秀党员和模范党员 优秀党员和模范党员,是党组织给予党员的荣誉称号。通常是由于一些党员能够很好地发挥先锋模范作用,表现突出,工作成绩显著,在群众中有较高的威信,经过评选和上级机关的批准,授予"优秀党员"或"模范党员"的称号。在评选优秀党员或模范党员时,一些单位除了用统一的党员标准来衡量外,还根据本单位的工作特点和实际情况,确定评选的具体条件。预备党员不能被评为优秀党员或模范党员,因为他们在预备期内正接受党组织的考察教育,没有取得正式党员的资格。

党内监督的任务 确保党章党规党纪在全党有效执行,维护党的团结统一,重点解决党的领导弱化、党的建设缺失、全面从严治党不力,党的观念淡漠、组织涣散、纪律松弛,管党治党宽松软问题,保证党的组织充分履行职能、发挥核心作用,保证全体党员发挥先锋模范作用,保证党的领导干部忠诚干净担当。

党内监督的主要内容 党内监督的主要内容是:

1. 遵守党章党规,坚定理想信念,践行党的宗旨,模范遵守宪法法律情况;

2. 维护党中央集中统一领导,牢固树立政治意识、大局意识、核心意识、看齐意识,贯彻落实党的理论和路线方针政策,确保全党令行禁止情况;

3. 坚持民主集中制,严肃党内政治生活,贯彻党员个人服从党的组织,少数服从多数,下级组织服从上级组织,全党各个组织和全体党员服从党的全国代表大会和中央委员会原则情况;

4. 落实全面从严治党责任，严明党的纪律特别是政治纪律和政治规矩，推进党风廉政建设和反腐败工作情况；

5. 落实中央八项规定精神，加强作风建设，密切联系群众，巩固党的执政基础情况；

6. 坚持党的干部标准，树立正确选人用人导向，执行干部选拔任用工作规定情况；

7. 廉洁自律、秉公用权情况；

8. 完成党中央和上级党组织部署的任务情况。

党内监督的重点对象 党内监督的重点对象是党的领导机关和领导干部特别是主要领导干部。

党委（党组）的监督职责 党委（党组）在党内监督中负主体责任，书记是第一责任人，党委常委会委员（党组成员）和党委委员在职责范围内履行监督职责。党委（党组）履行以下监督职责：

1. 领导本地区本部门本单位党内监督工作，组织实施各项监督制度，抓好督促检查；

2. 加强对同级纪委和所辖范围内纪律检查工作的领导，检查其监督执纪问责工作情况；

3. 对党委常委会委员（党组成员）、党委委员，同级纪委、党的工作部门和直接领导的党组织领导班子及其成员进行监督；

4. 对上级党委、纪委工作提出意见和建议，开展监督。

第二章 纪委工作

《中国共产党纪律检查委员会工作条例》的制定　为了加强和规范新时代党的纪律检查委员会工作,根据《中国共产党章程》,制定本条例。本条例2021年12月6日由中共中央政治局会议审议批准,2021年12月24日由中共中央发布。

条例制定的指导思想　党的各级纪律检查委员会高举中国特色社会主义伟大旗帜,以马克思列宁主义、毛泽东思想、邓小平理论、"三个代表"重要思想、科学发展观、习近平新时代中国特色社会主义思想为指导,增强"四个意识"、坚定"四个自信"、做到"两个维护",不忘初心、牢记使命,深入贯彻全面从严治党战略方针,坚定不移推进党风廉政建设和反腐败斗争,构建一体推进不敢腐、不能腐、不想腐体制机制,从严从实加强自身建设,自觉接受监督,充分发挥监督保障执行、促进完善发展作用。

专责机关　党的各级纪律检查委员会是党内监督专责机关,是党推进全面从严治党、开展党风廉政建设和反腐败斗争的专门力量。

纪委的主要任务　党的各级纪律检查委员会的主要任务是:维护党的章程和其他党内法规,检查党的理论和路线方针政策、党中央决策部署执行情况,协助党的委员会推进全面从严治党、加强党风建设和组织协调反腐败工作。

党的各级纪律检查委员会把坚决维护习近平总书记党中央的核心、全党的核心地位,维护党中央权威和集中统一领导作为最高政治原则和根本政治责任。

纪委工作的原则 党的各级纪律检查委员会遵循以下原则开展工作:

1. 坚持党的全面领导,坚持党中央集中统一领导。

2. 坚持以人民为中心,践行党的根本宗旨和群众路线。

3. 坚持民主集中制,实行集体领导和个人分工负责相结合的制度。

4. 坚持严的主基调,全面从严、一严到底。

5. 坚持实事求是,依规依纪依法履行职责。

6. 坚持惩前毖后、治病救人,实现政治效果、纪法效果、社会效果有机统一。

中央纪委的职责地位 党的中央纪律检查委员会(国家监察委员会)在党中央领导下进行工作,履行党的最高纪律检查机关(国家最高监察机关)职责。

党的中央纪律检查委员会严格执行加强和维护党中央集中统一领导的各项制度要求,及时向中央政治局、中央政治局常务委员会请示汇报工作,研究重大事项、重要问题以及作出立案审查决定、给予党纪处分等事项向党中央请示报告。执行党中央重要决定的情况应当专题报告。

双重领导 党的地方各级纪律检查委员会和基层纪律检查委员会在同级党的委员会和上级纪律检查委员会双重领导下进行工作。

党的地方各级纪律检查委员会和基层纪律检查委员会应当落实同级党的委员会推进全面从严治党、加强党风廉政建设和反腐败工作的部署,执行同级党委作出的决定,及时向同级党委汇报工作,按照规定请示报告重大事项。

上级党的纪律检查委员会加强对下级纪律检查委员会的领导,对下级纪委的工作作出部署、提出要求;督促指导和支持下级纪委开展同级监督,检查下级纪委的工作,定期听取工作汇报,开展政治和业务培训;坚持查办腐败案件以上级纪委领导为主，按照规定审议和批准下级纪委关于线索处置、立案审查、纪律处分等的请示报告，按照程序改变下级纪委作出的错误或者不当的决定，必要时直接审查或者组织、指挥审查下级纪委管辖范围内有重大影响或者复杂的案件。

纪委监委合署办公 党的中央纪律检查委员会与国家监察委员会合署办公，党的地方各级纪律检查委员会与地方各级监察委员会合署办公，实行一套工作机构、两个机关名称，履行党的纪律检查和国家监察两项职责，实现纪委监委领导体制和工作机制的统一融合，集中决策、一体运行，坚持纪严于法，执纪执法贯通。

中央纪委的产生与任期 党的中央纪律检查委员会由党的全国代表大会选举产生，每届任期和党的中央委员会任期相同。

中央纪委党委、书记、副书记的产生 党的中央纪律检查委员会全体会议，选举常务委员会和书记、副书记，并报党的中央委员会批准。

中央纪委的职责 中央纪律检查委员会委员应当政治坚定、对党忠诚、敢于斗争、担当作为、清正廉洁，具备组织领导纪律检查工作、推进党风廉政建设和反腐败斗争的能力。

中央纪律检查委员会委员应当认真履行以下职责：

1. 参加中央纪委全体会议，积极发表意见、提出建议。

2. 在纪律检查机关担负具体工作的委员，应当模范履行岗位职责，高质量完成所承担的纪律检查工作。

3. 未在纪律检查机关担负具体工作的委员，应当支持和帮助本地区、本部门、本单位纪律检查机关开展工作；了解所在地区、部门、单位党组织和党员领导干部遵守党章党规党纪、贯彻落实党中央决策部署等情况，提出意见建议，重要问题及时向中央纪委常委会反映。

4. 对中央纪委的工作，以及中央纪委常委、其他中央纪委委员进行监督。

5. 承担中央纪委安排的其他任务。

中央纪委行使的职权 党的中央纪律检查委员会通过召开全体会议的方式行使以下职权：

1. 制定贯彻落实党的全国代表大会和党中央决议决定的重大部署、重大措施。

2. 听取和审议常务委员会工作报告。

3. 选举常务委员会和书记、副书记。

4. 讨论和决定纪检监察工作的重大问题、重大事项。

5. 按照权限审议重要党内法规或者规范性文件。

6. 决定或者追认给予中央纪委委员撤销党内职务以上处分。

7. 研究决定常务委员会提请决定的事项,或者应当由全体会议决定的其他重要事项。

中央纪委全会的召开　党的中央纪律检查委员会全体会议每年至少召开一次,由中央纪律检查委员会常务委员会召集并主持。

党的中央纪律检查委员会全体会议应当有三分之二以上委员到会方可召开。委员因故不能参加会议的应当在会前请假,其意见可以用书面形式表达。根据需要,可以安排有关人员列席会议。

根据讨论和决定事项的不同,采用举手、无记名投票等方式进行表决,赞成票超过应到会委员半数的为通过。

对中央纪律检查委员会委员给予撤销党内职务以上处分,必须由应到会委员三分之二以上的多数决定,报党中央批准。

中央纪委常委会的职权　中央纪律检查委员会常务委员会贯彻落实党中央决策部署,以及中央纪律检查委员会全体会议的决定和部署,向全体会议报告工作,接受监督。在全体会议闭会期间,行使中央纪律检查委员会职权,主要包括:

1. 讨论向党的全国代表大会的工作报告,向党中央请示报告工作,学习贯彻党中央决策部署。

2. 召集全体会议,对拟提交全体会议讨论和决定的事项先行审议、提出意见。

3. 讨论和决定纪检监察工作的重要问题、重要事项。

4. 按照权限审议党内法规或者规范性文件。

5. 听取以中央纪委名义立案审查的有关案件情况通报。

6. 按照权限讨论和决定对违犯党纪的党组织、党员处理、处分等事项。

7. 决定给予中央纪委委员撤销党内职务以上处分,并报党中央批准,待召开全体会议时予以追认。

8. 按照干部管理权限审议干部任免事项。

9. 研究决定应当由常务委员会决定的其他重要事项。

中央纪委常委会会议的召开 中央纪律检查委员会常务委员会会议一般定期召开，遇有重要情况可以随时召开。

中央纪律检查委员会常务委员会会议由中央纪委书记召集并主持，会议议题由书记确定。

中央纪律检查委员会常务委员会会议应当有半数以上常委会委员到会方可召开。审议干部任免事项必须有三分之二以上常委会委员到会。根据需要，可以安排有关人员列席会议。

讨论和决定重要问题，应当进行表决。涉及多个事项的，应当逐项表决。表决可以根据讨论和决定事项的不同，采用口头、举手、无记名投票或者记名投票等方式进行，赞成票超过应到会常委会委员半数的为通过。

中央纪委办公会议的召开 中央纪律检查委员会办公会议一般定期召开，遇有重要情况可以随时召开。办公会议由中央纪委书记召集并主持，会议议题由书记确定，驻委的副书记、常委会委员及有关负责同志参加。办公会议研究或者决定以下事项：

1. 学习贯彻党中央决策部署。

2. 机关日常工作中需要研究、决定或者通报的重要事项。

3. 按照权限讨论和决定对违犯党纪的党的组织、党员处理、处分等事项。

4. 按照干部管理权限讨论和决定有关干部任免事项。

5. 其他需要提交办公会议讨论的重要事项。

中央纪委的内设机构 中央纪律检查委员会机关根据工作需要，设立必要的内设机构，依照有关规定配置机构职能和权限。

地方纪委的产生与任期 党的地方各级纪律检查委员会由同级党的代表大会选举产生，每届任期和同级党的委员会任期相同。

党的地方各级纪律检查委员会全体会议，选举常务委员会和书记、副书记，并由同级党的委员会通过，报上级党的委员会批准。

上级党的委员会可以根据工作需要，在下级党的代表大会闭会期间，调动、任免下级纪律检查委员会书记、副书记。

地方纪委的职权 党的地方各级纪律检查委员会通过召开全体会

议的方式行使以下职权：

1. 制定贯彻落实党中央决策部署以及中央纪委工作部署，同级党的代表大会和党委决议决定、上级纪委工作要求的重大措施。

2. 听取和审议常务委员会工作报告。

3. 选举常务委员会和书记、副书记。

4. 讨论和决定管辖范围内纪检监察工作的重大问题、重大事项。

5. 按照权限审议规范性文件。

6. 决定或者追认给予本级纪委委员撤销党内职务以上处分。

7. 研究决定常务委员会提请决定的事项，或者应当由全体会议决定的其他重要事项。

地方纪委党委会的职权　地方各级纪律检查委员会常务委员会贯彻落实党中央决策部署以及中央纪委工作部署，落实同级党委、上级纪委、本级纪委全体会议的工作部署，向全体会议报告工作，接受监督。在全体会议闭会期间，行使本级纪律检查委员会职权，主要包括：

1. 讨论向同级党的代表大会的工作报告，向同级党委和上级纪委请示报告工作。

2. 召集全体会议，对拟提交全体会议讨论和决定的事项先行审议、提出意见。

3. 讨论和决定管辖范围内纪检监察工作的重要问题、重要事项。

4. 按照权限审议规范性文件。

5. 听取以本级纪委名义立案审查的有关案件情况通报。

6. 按照权限讨论和决定对违犯党纪的党组织、党员处理、处分等事项。

7. 决定给予本级纪委委员撤销党内职务以上处分，并报同级党委批准后，按照规定报上一级纪委备案或者批准，待召开本级纪委全体会议时予以追认。

8. 按照干部管理权限审议干部任免事项。

9. 研究决定应当由常务委员会决定的其他重要事项。

地方纪委委员的任职条件、履职要求等事项　地方各级纪律检查委员会委员的任职条件、履职要求，全体会议和常务委员会会议的召开、表决，以及机关机构设置等事项，参照上述中央纪委的职责、中央纪委全会的召开、中央纪委常委会的召开、中央纪委的内设机构的规定执行。

基层纪委的设立　党的基层委

员会是设立纪律检查委员会,还是设立纪律检查委员,由它的上一级党组织根据有关规定和具体情况决定。

党的基层纪律检查委员会由党员大会或者党员代表大会选举产生,每届任期和同级党的委员会任期相同。

党的基层纪律检查委员会选出的书记、副书记,经同级党的委员会通过后,报上级党组织批准。

基层纪律检查委员会委员的任职条件、履职要求等事项,按照有关规定执行。

基层纪委全体会议的召开 党的基层纪律检查委员会根据需要及时召开全体会议,传达学习党中央决策部署以及中央纪委工作部署,传达学习同级党委和上级纪委的工作部署,提出贯彻落实的具体措施,研究讨论管辖范围内纪律检查工作的重要问题、重要事项,按照权限讨论或者决定对违犯党纪的党组织、党员处理、处分等事项。

乡镇和企业、机关、高校等单位中的纪委监督执纪的事项 乡镇和企业、机关、高校等单位中的党的基层纪律检查委员会应当按照党章、本条例和其他党内法规的有关规定,结合实际建立健全议事规则、工作制度,注重发挥纪委委员在监督执纪、议事决策方面的作用,根据工作需要可以组织纪委委员参与监督执纪有关事项。

党的基层纪律检查委员会可以按照有关规定,设立必要的工作机构,配备专职工作人员。

党的基层纪律检查委员会应当指导和督促同级党的委员会所属基层党组织纪律检查委员履行职责、发挥作用。

不适宜继续担任纪委委员职务人员的处理 因调离本地区、辞去公职、退休等原因不适宜继续担任纪律检查委员会委员职务的,应当辞去或者按照程序免去其纪委委员职务。死亡、丧失国籍、被追究刑事责任、被停止党籍、受到撤销党内职务以上处分的,其纪委委员职务自动终止。辞去、免去或者自动终止地方纪委委员、基层纪委委员职务的,应当报上一级党的委员会备案。

各级纪委的主要任务 党的各级纪律检查委员会坚定维护党章,促进党组织和党员牢固树立党章意识、严格遵守党章规定,发挥党章作为管党治党总章程的作用,以严明的纪律巩固党的团结统一。切实维护各项党内法规,有规必依、执规必严、违规必究,保证党内法规得到有效执行,促进依规治党。

确保党中央政令畅通　党的各级纪律检查委员会检查党的理论和路线方针政策的执行情况,坚持服务党和国家工作大局,坚决维护党中央权威和集中统一领导,推动党组织和党员统一意志、统一行动。加强对党中央决策部署落实情况的监督检查,坚持跟进监督、精准监督、全程监督,督促党组织和党员履职尽责、担当作为,确保党中央政令畅通、令行禁止。

全面从严治党　党的各级纪律检查委员会协助同级党的委员会推进全面从严治党:

1. 协助同级党委制定全面从严治党规划、计划,推动各项工作落实。

2. 推动全面从严治党主体责任制度执行,检查同级党委领导班子成员包括"一把手"管党治党责任落实情况,监督下级党组织落实主体责任情况。

3. 加强对同级党委领导班子监督,发现班子成员包括"一把手"履职尽责、廉洁自律等方面重要问题,按照规定如实报告。

4. 协助同级党委加强对本地区本单位政治生态、党风廉政等情况分析,有关问题向同级党委报告并提出意见建议。

5. 协助同级党委开展巡视巡察工作。

6. 对日常监督、巡视巡察、审计监督等发现问题整改情况开展检查,通过加强监督推动整改常态化。

7. 协助起草相关党内法规和规范性文件。

8. 参与党委组织的管党治党有关专项工作。

坚持履行协助职责和监督责任有机结合,促进全面从严治党党委主体责任和纪委监督责任贯通协同。

落实中央八项规定精神　党的各级纪律检查委员会协助同级党的委员会加强党风建设,锲而不舍落实中央八项规定精神,大力弘扬党的光荣传统和优良作风,驰而不息纠治形式主义、官僚主义、享乐主义和奢靡之风,坚决纠正损害群众利益的不正之风,保持党同人民群众的血肉联系。

组织协调反腐败工作　党的各级纪律检查委员会协助同级党的委员会组织协调反腐败工作,坚定不移推进反腐败斗争,坚持和完善党中央集中统一领导、各级党委统筹指挥、纪委监委组织协调、职能部门高效协同、人民群众支持参与的反腐败工作体制机制。

发挥党委反腐败协调机构的统筹协调作用,开展反腐败国际追逃追赃等工作,加强相关部门协作配合,增强反腐败整体合力。

一体推进"三不" 党的纪律检查工作坚持把一体推进不敢腐、不能腐、不想腐作为反腐败斗争的基本方针、新时代全面从严治党的重要方略,惩治震慑、制度约束、提高觉悟一体发力,系统施治、标本兼治,努力取得更多制度性成果和更大治理成效:

1. 坚持无禁区、全覆盖、零容忍,坚持重遏制、强高压、长震慑,坚持受贿行贿一起查,巩固不敢腐。

2. 坚持将惩治腐败与深化改革、促进治理贯通起来,深入查找制度和体制机制存在的问题,推动补齐制度短板、堵塞监管漏洞、规范权力运行,强化不能腐。

3. 坚持教育党员、干部坚定理想信念宗旨,提高党性觉悟,提升道德修养,涵养廉洁文化,筑牢思想上拒腐防变的堤坝,自觉不想腐。

强化监督制约 发挥党的纪律检查工作在党和国家监督体系中的重要作用,强化对权力运行的制约和监督,重点加强对领导干部特别是主要领导干部的监督,提升监督全覆盖质量,增强监督的政治性、严肃性、协同性、有效性。

深化纪检监察体制改革,推进纪律监督、监察监督、派驻监督、巡视监督统筹衔接,整合运用监督力量,构建系统集成、协同高效的监督机制。坚持以党内监督为主导,促进人大监督、民主监督、行政监督、司法监督、审计监督、财会监督、统计监督、群众监督、舆论监督等各类监督有机贯通、相互协调,健全信息沟通、线索移交、措施配合、成果共享等机制,形成常态长效的监督合力。

监督执纪"四种形态" 党的各级纪律检查委员会围绕实现党章赋予的任务,坚持聚焦主责主业,履行监督、执纪、问责职责。

坚持把监督作为基本职责,抓早抓小、防微杜渐,综合考虑错误性质、情节后果、主观态度等因素,依规依纪依法、精准有效运用监督执纪"四种形态":

1. 党员、干部有作风纪律方面

的苗头性、倾向性问题或者轻微违纪问题，或者有一般违纪问题但具备免予处分情形的，运用监督执纪第一种形态，按照规定进行谈话提醒、批评教育、责令检查等，或者予以诫勉。

2. 党员、干部有一般违纪问题，或者违纪问题严重但具有主动交代等从轻减轻处分情形的，运用监督执纪第二种形态，按照规定给予警告、严重警告处分，或者建议单处、并处停职检查、调整职务、责令辞职、免职等处理。

3. 党员、干部有严重违纪问题，或者严重违纪并构成严重职务违法的，运用监督执纪第三种形态，按照规定给予撤销党内职务、留党察看、开除党籍处分，同时建议给予降职或者依法给予撤职、开除公职、调整其享受的待遇等处理。

4. 党员、干部严重违纪、涉嫌犯罪的，运用监督执纪第四种形态，按照规定给予开除党籍处分，同时依法给予开除公职、调整或者取消其享受的待遇等处理，再移送司法机关依法追究刑事责任。

加强日常教育 党的各级纪律检查委员会应当把自觉遵守纪律的教育作为基础性工作，经常开展党章党规教育，强化党的政治纪律、组织纪律、廉洁纪律、群众纪律、工作纪律、生活纪律教育，深入开展警示教育，以案明纪、以案说法。

开展廉政教育，加强全面从严治党、党风廉政建设和反腐败工作的形势任务以及家风家教等宣传教育，推进廉洁文化建设，营造崇廉拒腐氛围。

根据形势需要，着眼保障党的中心工作，作出维护党纪的决定，制定相关法规文件，严明纪律要求，教育、引导和规范党组织、党员行为。

政治监督 党的纪律检查委员会应当强化政治监督，重点监督党组织、党员特别是领导干部以下情况：

1. 对党忠诚，坚持党的领导，贯彻落实党的理论和路线方针政策、党中央决策部署，践行"两个维护"的情况。

2. 坚定理想信念宗旨，牢记初心使命，践行入党誓词，坚持中国特色社会主义制度的情况。

3. 落实全面从严治党主体责任和监督责任的情况。

4. 贯彻执行民主集中制，公正用权、依法用权、廉洁用权、担当作为的情况。

政治监督应当突出"关键少数",重点加强对"一把手"、同级党委特别是常委会委员的监督。

日常监督 党的纪律检查委员会应当加强日常监督,监督方式主要包括:座谈,召集、参加或者列席会议,了解党内同志和社会群众反映;查阅查询相关资料和信息数据;现场调查,驻点监督;督促巡视巡察整改;谈心谈话,听取工作汇报,听取述责述廉;建立健全党员领导干部廉政档案,开展党风廉政意见回复等工作。

专项监督 开展专项监督,针对落实党中央决策部署中的突出问题,行业性、系统性、区域性的管党治党重点问题,形式主义、官僚主义、享乐主义和奢靡之风问题,群众反映强烈、损害群众利益的突出问题加强监督检查。必要时,可以组织、参加或者督促开展集中整治、专项治理。

基层监督 加强基层监督,促进基层监督资源和力量整合,发挥纪检监察、巡察等作用,有效衔接村(居)务监督,建立监督信息网络平台,扩大群众参与,及时发现、处理群众身边的腐败问题和不正之风。

信访举报 党的各级纪律检查委员会应当畅通信访举报渠道,依规依纪受理党员群众的信访举报,健全分办、交办、督办、反馈等工作机制。

对信访举报情况应当定期分析研判,对反映的典型性、普遍性、苗头性问题提出有针对性的工作建议,形成综合分析或者专题分析材料,向同级党委、上级纪委报告或者向有关党组织通报。

对于信访举报反映、监督执纪中发现以及巡视巡察机构和其他单位移交的问题线索,应当实行集中管理,采取谈话函询、初步核实、暂存待查、予以了结等方式分类处置,做到件件有着落。

立案审查 党的各级纪律检查委员会对反映党组织、党员的问题线索经过初步核实,对于涉嫌违纪、需要追究党纪责任的,应当按照规定予以立案审查。

各级纪律检查委员会按照管理权限,审查违反党章和其他党内法规的比较重要或者复杂的案件,主要包括:同级党委委员、候补委员,同级纪委委员,同级党委管理的党员干部,以及同级党委工作部门,同级党委批准设立的党组(党委),下一级党委、纪委等涉嫌违纪案件;

案情重大复杂,需要采取重要审查措施的案件;同级党委、上级纪委交办的其他案件。

地方各级纪律检查委员会和基层纪律检查委员会对于处理涉及同级党委委员、候补委员,同级党委管理的正职领导干部,同级纪委常委、监委委员等人员的案件,以及涉及政治问题、国家安全等特别重要或者复杂案件中的问题和处理的结果,在向同级党委报告的同时,即向上级纪委一并报告。

纪律审查工作应当依规依纪采取谈话、查询、调取、暂扣、封存、勘验检查、鉴定等措施,以及通过要求相关组织作出说明等方式,收集证据,查明事实,处置违纪所得。

纪律处理、处分的程序 党的各级纪律检查委员会根据纪律审查结果,依据相关党内法规,对应当追究党纪责任的党组织和党员进行纪律处理、处分。

对于各级纪律检查委员会立案审查的党员,需要给予纪律处分的,一般由负责审查的纪委提出处分意见,经被审查人所在党支部的党员大会讨论形成决议,并按照规定报党的基层委员会批准或者有权处分的党组织审批。在特殊情况下,县级和县级以上各级纪委有权直接决定给予党员纪律处分,主要包括:案情涉密、敏感;违纪案件跨地区跨部门跨单位;违纪党员所在的基层党组织无法正常履行职责、不正确履行职责或者其负责人同违纪问题有关联;违纪党员为县级或者县级以上各级党委管理的党员干部;党章和其他党内法规明确规定的相关情况。

地方各级纪律检查委员会和基层纪律检查委员会对同级党的委员会处理案件的决定有不同意见的,可以请求上一级纪委予以复查。

建立健全处分决定执行公示、回访教育、情况报告和专项检查等制度,加强与相关党组织及职能部门的协作沟通,确保处分决定得到严格执行。

问责调查 党的纪律检查委员会发现党组织、党的领导干部在党的建设、党的事业中失职失责的,应当依据相关党内法规开展问责调查,查明失职失责问题,向党的委员会提出责任追究的建议,或者按照规定的权限和程序作出问责决定。

申诉的处理 党的纪律检查委员会对于党员因合法权益受到党组织或者其他党员侵害提出的控告,

按照规定予以受理,及时恰当进行处理。通过办理党员的控告发现的违纪违法问题,按照本章规定进行检查和处理。

对于党员因不服纪委或者其他党组织给予本人的处理、处分而提出的申诉,按照规定予以受理,进行复议复查。

保障党员权利　党的各级纪律检查委员会应当依据相关党内法规,加强对党组织和领导干部履行保障党员权利工作职责的监督检查,依规依纪查处侵犯党员权利的行为。开展监督执纪工作,应当落实保障党员权利的规定和要求。

纪律检查建议　在监督检查、纪律审查等过程中,应当注意查找分析监督对象所在党组织党风廉政建设、管理监督等方面存在的突出问题,采取制发纪律检查建议书或者其他适当方式,提出有关强化管党治党、净化政治生态、健全制度、整改纠正等意见建议,督促指导和推动有关地区、部门、单位党组织举一反三、切实整改。

对于涉及党的建设、党的事业的普遍性、倾向性问题,应当进行深入调研,形成专题报告,报送同级党委、上级纪委或者通报相关党组织,推动解决问题、规范决策、完善政策、健全制度。

纪检监察组的派驻　党的中央纪律检查委员会国家监察委员会、地方各级纪律检查委员会监察委员会向同级党和国家机关全面派驻纪检监察组,按照规定可以向国有企业、事业单位等其他组织和单位派驻纪检监察组。

党的中央和地方各级委员会派出党的机关工作委员会、街道工作委员会等代表机关的,党的中央纪律检查委员会国家监察委员会、地方各级纪律检查委员会监察委员会可以相应派出纪检监察工作委员会。

派驻机构的领导　派驻机构是派出它的党的纪律检查委员会监察委员会的组成部分,由派出机关直接领导、统一管理。

派出机构在派出它的党的纪律检查委员会监察委员会和本级党的工作委员会双重领导下进行工作。派出机构按照规定开展纪律检查工作,领导管辖范围内机关纪委等纪检机构的工作。

派驻机构的工作　派驻机构根据派出机关授权开展监督执纪问责工作:

1. 加强对驻在单位（含综合监督单位）的监督，重点对驻在单位领导班子及其成员、党组（党委）管理的领导班子及其成员等进行监督。

2. 监督促进驻在单位领导班子贯彻落实党的理论和路线方针政策、党中央决策部署，履行全面从严治党主体责任。

3. 经常、及时地向派出机关报告情况和问题。

4. 加强对驻在单位纪检机构的业务指导和监督检查，促进其履行监督责任。

5. 认真处理信访举报，对问题线索进行集中管理和处置。

6. 依规依纪开展纪律审查，严肃查处违纪问题。

7. 按照管理权限作出问责决定或者提出问责建议。

8. 协助驻在单位党组（党委）做好巡视巡察工作。

9. 完成派出机关交办的其他任务。

健全派驻工作机制 健全派驻监督工作机制，统筹协调派出机关内设监督检查室、派驻纪检监察组、地方纪检监察机关、巡视巡察机构等力量，通过"室组"联动监督、"室组地"联合办案等方式，提高派驻监督质量。

县（市、区）纪律检查委员会监察委员会开展派驻监督工作，应当保证派驻机构人员力量，推动监督工作向基层延伸，采取综合派驻、工作协作等方式，提升监督效能。

纪委的政治建设 党的各级纪律检查委员会必须坚持以习近平新时代中国特色社会主义思想武装头脑、指导实践、推动工作，突出抓好党的政治建设，教育引导纪检干部不断提高政治判断力、政治领悟力、政治执行力，带头践行"两个维护"，敢于善于斗争，做到忠诚干净担当。

纪检干部队伍建设 贯彻新时代党的组织路线，坚持党管干部，严把干部准入关，加强思想淬炼、政治历练、实践锻炼、专业训练，加强理论研究和学科建设，提高把握政策、监督执纪、做思想政治工作等能力，建设高素质专业化干部队伍。

作风建设和纪律建设 加强作风建设和纪律建设，保证纪检干部严守政治纪律和政治规矩，模范遵守党的纪律和国家法律，坚持实事求是，深入开展调查研究，密切联系群众，树立纪律严明、作风深入、工作扎实、谦虚谨慎、秉公执纪的良好形象。

监督执纪规范化建设 加强监督执纪规范化建设,健全法规制度,规范工作流程,牢固树立法治意识、程序意识、证据意识,依规依纪依法行使纪律检查权。

自觉接受监督 党的纪律检查委员会必须接受最严格的约束和监督,在同级党委和上级纪委的领导、监督下强化自我监督,自觉接受党的组织和党员的监督。建立完善监督检查、审查调查、案件监督管理、案件审理相互协调、相互制约的工作机制,发挥内设干部监督机构、机关纪委等作用,加大监管和自我净化力度,坚决防治"灯下黑"。

党的纪律检查委员会应当自觉接受民主监督、群众监督、舆论监督等各方面监督。任何单位和个人对纪检机关、纪检干部的违纪违法行为,有权提出检举、控告。

打听过问案情登记备案制度 严格执行纪检干部打听案情、过问案件、说情干预问题报告制度,有关情况应当登记备案。

纪检干部发现审查组工作人员未经批准接触被审查人、涉案人员及其特定关系人,或者存在交往情形的,应当及时报告并登记备案。

回避制度 办理纪检事项的纪检干部存在可能影响事项公正处理情形的,应当主动申请回避,被审查人、检举控告人以及其他有关人员也有权要求其回避。

保密制度 纪检干部应当严格执行保密制度,不准私自留存、隐匿、查阅、摘抄、复制、携带问题线索和涉案资料,严禁泄露审查工作情况。

纪检干部离职的,应当严格遵守有关离职后从业限制的规定,三年内不得从事与纪律检查工作相关的职业。

安全责任制 建立健全安全责任制,严格防范发生审查安全事故。组织开展经常性检查和不定期抽查,发现问题及时督促整改。

问责 纪检干部有以案谋私、跑风漏气、滥用职权以及其他违规违纪违法行为的,必须严肃查处;构成犯罪的,依法追究刑事责任。

纪检机关及其领导干部履行职责过程中失职失责造成严重后果或者恶劣影响的,应当严肃问责。

第三章

落实中央八项规定精神

党政机关厉行节约反对浪费遵循的原则 坚持从严从简,勤俭办一切事业,降低公务活动成本;坚持依法依规,遵守国家法律法规和党内法规制度的相关规定,严格按程序办事;坚持总量控制,科学设定相关标准,严格控制经费支出总额,加强厉行节约绩效考评;坚持实事求是,从实际出发安排公务活动,取消不必要的公务活动,保证正常公务活动;坚持公开透明,除涉及国家秘密事项外,公务活动中的资金、资产、资源使用等情况应予以公开,接受各方面监督;坚持深化改革,通过改革创新破解体制机制障碍,建立健全厉行节约反对浪费工作长效机制。

浪费 是指党政机关及其工作人员违反规定进行不必要的公务活动,或者在履行公务中超出规定范围、标准和要求,不当使用公共资金、资产和资源,给国家和社会造成损失的行为。

支出的原则 是指党政机关应当遵循先有预算、后有支出的原则,严格执行预算,严禁超预算或者无预算安排支出,严禁虚列支出、转移或者套取预算资金。

严格控制国内差旅费、因公临时出国(境)费、公务接待费、公务用车购置及运行费、会议费、培训费等支出。年度预算执行中不予追加，因特殊需要确需追加的，由财政部门审核后按程序报批。

建立预算执行全过程动态监控机制，完善预算执行管理办法，建立健全预算绩效管理体系，增强预算执行的严肃性，提高预算执行的准确率，防止年底突击花钱等现象发生。

公务卡制度 是指党政机关全面实行公务卡制度。健全公务卡强制结算目录，党政机关国内发生的公务差旅费、公务接待费、公务用车购置及运行费、会议费、培训费等经费支出，除按规定实行财政直接支付或者银行转账外，应当使用公务卡结算。

差旅费 工作人员临时到常驻地以外地区公务出差所发生的城市间交通费、住宿费、伙食补助费和市内交通费。

城市间交通费 城市间交通费是指工作人员因公到常驻地以外地区出差乘坐火车、轮船、飞机等交通工具所发生的费用。

住宿费 工作人员因公出差期间入住宾馆（包括饭店、招待所）发生的房租费用。

伙食补助费 对工作人员在因公出差期间给予的伙食补助费用。

市内交通费 工作人员因公出差期间发生的市内交通费用。

公款国内旅游 明目张胆、公开地组织、参加参观、游览等旅游活动，并且用公款支付旅游费用，这些旅游活动与公务或者工作没有任何关联性或者必要性。

借公务差旅之机旅游 确实有实际公务需要出差，但改变公务行程，绕道没有列入出差计划的名山大川、著名景点，借机进行游览、参观等旅游活动。这种情况属于"搭车"公款旅游的形式，搭的是正常公务差旅活动的便车。

变相用公款出国（境）旅游 无实质性出国（境）公务，以考察、学习、培训、研讨、招商、参展、参加会议等名义，组织或者参加由公款支付全部或者部分费用，到国（境）外进行参观、游览等旅游活动的行为。

公车私用 违反公车使用管理规定，不按照规定用途使用公务用车，将公务用车用于私人事务。

违规购买配备更换公务用车 违反公务用车管理规定，规避审批、购买、配备、更换高档豪华小汽车。

挪用执法执勤用车 违反执法

执勤用车管理使用规定,将本应用于执法执勤使用的车辆,挪作普通公务用车或者挪给私人使用。

违规借用管理和服务对象车辆 党政机关不得以任何方式换用、借用、占用下属单位或其他单位和个人的车辆,不得接受企事业单位和个人赠送的车辆。

私车公养 用公款支付应由个人支付的车辆使用费用。

超标准接待 公务接待安排的迎送方式、陪同人数、活动场所、活动项目和活动方式、住宿、用餐以及出行活动的标准超过了《党政机关国内公务接待管理规定》和当地公务活动接待的规定标准。

超范围接待 将不应当纳入公务接待范围的人员纳入接待范围,如以公务接待名义接待私人亲友,将上级机关或者其他单位工作人员探亲旅游等私人活动纳入公务接待范围,等等。

借机大吃大喝 借公务接待之机,或者以公务接待的名义,用公款进行大规模、高档次的吃喝活动。

公务 在党和国家机关、军队、社会团体、国有企业、事业单位中从事有关组织、监督、管理、服务等方面的工作。

宴请 一般是指比较正式、隆重的请客吃饭,一般有较高档的菜肴,有较多的陪餐人员,吃饭场所比较高档豪华,提供高档烟酒,等等。

会议的分类 一类会议是以党中央和国务院名义召开的,要求省、自治区、直辖市、计划单列市或中央部门负责同志参加的会议。二类会议是党中央和国务院各部委、各直属机构,最高人民法院,最高人民检察院,各人民团体召开的,要求省、自治区、直辖市、计划单列市有关厅(局)或本系统、直属机构负责同志参加的会议。三类会议是党中央和国务院各部委、各直属机构,最高人民法院,最高人民检察院,各人民团体及其所属内设机构召开的,要求省、自治区、直辖市、计划单列市有关厅(局)或本系统机构有关人员参加的会议。四类会议是指除上述一、二、三类会议以外的其他业务性会议,包括小型研讨会、座谈会、评审会等。

会议的审批程序 是指中央和国家机关会议的审批程序。

一类会议,应当由主办单位报经党中央和国务院批准。会议总务、经费预算及费用结算等工作分别由中共中央直属机关事务管理局和国家机关事务管理局负责。

二类会议。党中央和国务院各部委、各直属机构,各人民团体应当于每年12月底前,将下一年度会议计划(包括会议名称、召开的理由、主要内容、时间地点、代表人数、工作人员数、所需经费及列支渠道等)送财政部审核会签,按程序经中央办公厅、国务院办公厅审核后报批。各单位召开二类会议原则上每年不超过一次。

三类会议。各单位应当建立会议计划编报和审批制度,年度会议计划(包括会议数量、会议名称、召开的理由、主要内容、时间地点、代表人数、工作人员数、所需经费及列支渠道等)经单位领导办公会或党组(党委)会审批后执行。

四类会议。由单位分管领导审核后列入单位年度会议计划。

开会时间 一类会议会期按照批准文件,根据工作需要从严控制;二、三、四类会议会期均不得超过2天;传达、布置类会议会期不得超过1天。

会议报到和离开时间 一、二、三类会议合计不得超过2天,四类会议合计不得超过1天。

会议规模 各单位应当严格控制会议规模。

一类会议参会人员按照批准文件,根据会议性质和主要内容确定,严格限定会议代表和工作人员数量。

二类会议参会人员不得超过300人,其中,工作人员控制在会议代表人数的15%以内;不请省、自治区、直辖市和中央部门主要负责同志、分管负责同志出席。

三类会议参会人员不得超过150人,其中,工作人员控制在会议代表人数的10%以内。

四类会议参会人员视内容而定,一般不得超过50人。

培训费 各单位开展培训直接发生的各项费用支出,包括师资费、住宿费、伙食费、培训场地费、培训资料费、交通费以及其他费用。

师资费 聘请师资授课发生的费用,包括授课老师讲课费、住宿费、伙食费、城市间交通费等。

住宿费 参训人员及工作人员培训期间发生的租住房间的费用。

伙食费 参训人员及工作人员培训期间发生的用餐费用。

培训场地费 用于培训的会议室或教室租金。

培训资料费 培训期间必要的

资料及办公用品费。

交通费 用于培训所需的人员接送以及与培训有关的考察、调研等发生的交通支出。

以学习培训、考察调研、职工疗养等为名变相公款旅游 以外出学习、考察、培训、开会、职工疗养等从事公务差旅活动的名义外出旅游，其真实目的是旅游观光，所到之处也与工作不相干，多是到风景名胜、名山大川游览。

违反有关规定兴建楼堂馆所 违反规定决定或者批准新建、改建、扩建、改造办公楼、培训中心等楼堂馆所。

违反办公用房管理等规定 是指违反《党政机关厉行节约反对浪费条例》《机关事务管理条例》《机关团体建设楼堂馆所管理条例》《党政机关办公用房管理办法》等有关规定，未经审批或者超标准对办公用房进行装修改造。

超标准配备、使用办公用房 违反规定，配备、使用超过党员干部应当配备、使用的规定面积的办公用房。这里的"标准"，是指《机关团体建设楼堂馆所建设条例》《党政机关办公用房管理办法》《党政机关办公用房建设标准》等相关法规所规定的不同级别单位和人员应当配备使用的办公用房的建筑面积等标准。

礼品 是指礼物、礼金、礼券以及以象征性低价收款的物品。

可能影响公正执行公务的财物 与执行公务相关联的、与公正执行公务相冲突的礼品、礼金、消费卡等财物。

利用职权或者职务上的影响 既包括利用本人职务上主管、负责、承办某项公共事务的职权，也包括利用职务上有隶属、制约关系的其他人员的职权，以及行为人与被其利用的人员之间在职务上虽然没有隶属、制约关系，但是行为人利用了本人职权或者地位产生的影响和一定的工作联系。

津贴补贴 包括国家统一规定的津贴补贴和工作性津贴、生活性补贴、离退休人员补贴、改革性补贴以及奖金、实物、有价证券等。

"小金库" 是指违反法律法规及其他有关规定，应列入而未列入符合规定的单位账簿的各项资金（含有价证券）及其形成的资产。

违规发放津补贴奖金 违反国家有关津贴、补贴、奖金发放的规定，在国家规定的政策性津贴、补贴、奖金之外,以各种名目发放津贴、补贴、奖金。

私人会所 实行会员制、只有会员才能出入的会所或不向公众开放、只对少数人开放的餐饮服务、休闲娱乐、美容健身等场所。

第四章

纪委监督

双重领导 党的中央纪律检查委员会在党的中央委员会领导下进行工作。党的地方各级纪律检查委员会和基层纪律检查委员会在同级党的委员会和上级纪律检查委员会双重领导下进行工作。上级党的纪律检查委员会加强对下级纪律检查委员会的领导。

党的各级纪委的任期 党的各级纪律检查委员会每届任期和同级党的委员会相同。

常务委员会和书记副书记的产生 党的中央纪律检查委员会全体会议,选举常务委员会和书记、副书记,并报党的中央委员会批准。党的地方各级纪律检查委员会全体会议,选举常务委员会和书记、副书记,并由同级党的委员会通过,报上级党的委员会批准。党的基层委员会是设立纪律检查委员会,还是设立纪律检查委员,由它的上一级党组织根据具体情况决定。党的总支部委员会和支部委员会设纪律检查委员。

纪律检查组的派驻 党的中央和地方纪律检查委员会向同级党和国家机关全面派驻党的纪律检查组。纪律检查组组长参加驻在部门党的领导组织的有关会议。他们的工作必须受到该机关党的领导组织的支持。

纪委的主要任务 党的各级纪律检查委员会是党内监督专责机关,主要任务是:维护党的章程和其他党内法规,检查党的路线、方针、政策和决议的执行情况,协助党的委员会推进全面从严治党、加强党风建设和组织协调反腐败工作。

纪委的职责和经常性工作 党的各级纪律检查委员会的职责是监督、执纪、问责,要经常对党员进行遵守纪律的教育,作出关于维护党纪的决定;对党的组织和党员领导干部履行职责、行使权力进行监督,受理处置党员群众检举举报,开展谈话提醒、约谈函询;检查和处理党的组织和党员违反党的章程和其他党内法规的比较重要或复杂的案件,决定或取消对这些案件中的党员的处分;进行问责或提出责任追究的建议;受理党员的控告和申诉;保障党员的权利。

处理特别重要或复杂的案件中的问题和处理结果的报告 各级纪律检查委员会要把处理特别重要或复杂的案件中的问题和处理的结果,向同级党的委员会报告。党的地方各级纪律检查委员会和基层纪律检查委员会要同时向上级纪律检查委员会报告。

纪委的同级监督 各级纪律检查委员会发现同级党的委员会委员有违犯党的纪律的行为,可以先进行初步核实,如果需要立案检查的,应当在向同级党的委员会报告的同时向上一级纪律检查委员会报告;涉及常务委员的,报告上一级纪律检查委员会,由上一级纪律检查委员会进行初步核实,需要审查的,由上一级纪律检查委员会报它的同级党的委员会批准。

上级纪委检查下级纪委的工作、批准和改变下级纪委对案件所作的决定 上级纪律检查委员会有权检查下级纪律检查委员会的工作,并且有权批准和改变下级纪律检查委员会对于案件所作的决定。如果所要改变的该下级纪律检查委员会的决定,已经得到它的同级党的委员会的批准,这种改变必须经过它的上一级党的委员会批准。

复查和申诉 党的地方各级纪律检查委员会和基层纪律检查委员会如果对同级党的委员会处理案件的决定有不同意见,可以请求上一级纪律检查委员会予以复查;如果发现同级党的委员会或它的成员有违犯党的纪律的情况,在同级党的委员会不给予解决或不给予正确解决的时候,有权向上级纪律检查委员会提出申诉,请求协助处理。

依规依纪依法严格监督执纪的指导思想 坚持以马克思列宁主义、毛泽东思想、邓小平理论、"三个代表"重要思想、科学发展观、习近平新时代中国特色社会主义思想为指导,全面贯彻纪律检查委员会和监察委员会合署办公要求,依规依纪依法严格监督执纪,坚持打铁必须自身硬,把权力关进制度笼子,建设忠诚干净担当的纪检监察干部队伍。

监督执纪工作的原则 监督执纪工作应当遵循以下原则:

1. 坚持和加强党的全面领导,牢固树立政治意识、大局意识、核心意识、看齐意识,坚定中国特色社会主义道路自信、理论自信、制度自信、文化自信,坚决维护习近平总书记党中央的核心、全党的核心地位,坚决维护党中央权威和集中统一领导,严守政治纪律和政治规矩,体现监督执纪工作的政治性,构建党统一指挥、全面覆盖、权威高效的监督体系;

2. 坚持纪律检查工作双重领导体制,监督执纪工作以上级纪委领导为主,线索处置、立案审查等在向同级党委报告的同时应当向上级纪委报告;

3. 坚持实事求是,以事实为依据,以党章党规党纪和国家法律法规为准绳,强化监督、严格执纪,把握政策、宽严相济,对主动投案、主动交代问题的宽大处理,对拒不交代、欺瞒组织的从严处理;

4. 坚持信任不能代替监督,执纪者必先守纪,以更高的标准、更严的要求约束自己,严格工作程序,有效管控风险,强化对监督执纪各环节的监督制约,确保监督执纪工作经得起历史和人民的检验。

坚持惩前毖后治病救人的方针
坚持惩前毖后、治病救人,把纪律挺在前面,精准有效运用监督执纪"四种形态",把思想政治工作贯穿监督执纪全过程,严管和厚爱结合,激励和约束并重,注重教育转化,促使党员自觉防止和纠正违纪行为,惩治极少数,教育大多数,实现政治效果、纪法效果和社会效果相统一。

执纪执法贯通 党的纪律检查机关和国家监察机关是党和国家自我监督的专责机关,中央纪委和地方各级纪委贯彻党中央关于国家监察工作的决策部署,审议决定监委依法履职中的重要事项，把执纪和执法贯通起来，实现党内监督和国家监察的有机统一。

监督执纪工作实行分级负责制 监督执纪工作实行分级负责制：

1. 中央纪委国家监委负责监督检查和审查调查中央委员、候补中央委员，中央纪委委员，中央管理的领导干部，党中央工作部门、党中央批准设立的党组（党委），各省、自治区、直辖市党委、纪委等党组织的涉嫌违纪或者职务违法、职务犯罪问题。

2. 地方各级纪委监委负责监督检查和审查调查同级党委委员、候补委员，同级纪委委员，同级党委管理的党员、干部以及监察对象，同级党委工作部门、党委批准设立的党组（党委），下一级党委、纪委等党组织的涉嫌违纪或者职务违法、职务犯罪问题。

3. 基层纪委负责监督检查和审查同级党委管理的党员，同级党委下属的各级党组织的涉嫌违纪问题；未设立纪律检查委员会的党的基层委员会，由该委员会负责监督执纪工作。

地方各级纪委监委依照规定加强对同级党委履行职责、行使权力情况的监督。

谁主管谁负责的原则 对党的组织关系在地方、干部管理权限在主管部门的党员、干部以及监察对象涉嫌违纪违法问题，应当按照谁主管谁负责的原则进行监督执纪，由设在主管部门、有管辖权的纪检监察机关进行审查调查，主管部门认为有必要的，可以与地方纪检监察机关联合审查调查。地方纪检监察机关接到问题线索反映的，经与主管部门协调，可以对其进行审查调查，也可以与主管部门组成联合审查调查组，审查调查情况及时向对方通报。

指定下级纪检监察机关进行审查调查 上级纪检监察机关有权指定下级纪检监察机关对其他下级纪检监察机关管辖的党组织和党员、干部以及监察对象涉嫌违纪或者职务违法、职务犯罪问题进行审查调查，必要时也可以直接进行审查调查。上级纪检监察机关可以将其直接管辖的事项指定下级纪检监察机关进行审查调查。

纪检监察机关之间对管辖事项有争议的，由其共同的上级纪检监察机关确定；认为所管辖的事项重大、复杂，需要由上级纪检监察机关管辖的,可以报请上级纪检监察机关管辖。

请示报告制度 纪检监察机关应当严格执行请示报告制度。中央纪委定期向党中央报告工作,研究涉及全局的重大事项、遇有重要问题以及作出立案审查调查决定、给予党纪政务处分等事项应当及时向党中央请示报告,既要报告结果也要报告过程。执行党中央重要决定的情况应当专题报告。

地方各级纪检监察机关对作出立案审查调查决定、给予党纪政务处分等重要事项,应当向同级党委请示汇报并向上级纪委监委报告,形成明确意见后再正式行文请示。遇有重要事项应当及时报告。

纪检监察机关应当坚持民主集中制,对于线索处置、谈话函询、初步核实、立案审查调查、案件审理、处置执行中的重要问题,经集体研究后,报纪检监察机关相关负责人、主要负责人审批。

相互协调、相互制约的工作机制 纪检监察机关应当建立监督检查、审查调查、案件监督管理、案件审理相互协调、相互制约的工作机制。市地级以上纪委监委实行监督检查和审查调查部门分设,监督检查部门主要负责联系地区和部门、单位的日常监督检查和对涉嫌一般违纪问题线索处置,审查调查部门主要负责对涉嫌严重违纪或者职务违法、职务犯罪问题线索进行初步核实和立案审查调查;案件监督管理部门负责对监督检查、审查调查工作全过程进行监督管理,案件审理部门负责对需要给予党纪政务处分的案件审核把关。

纪检监察机关在工作中需要协助的,有关组织和机关、单位、个人应当依规依纪依法予以协助。

监督管理 纪检监察机关案件监督管理部门负责对监督执纪工作全过程进行监督管理,做好线索管理、组织协调、监督检查、督促办理、统计分析等工作。党风政风监督部门应当加强对党风政风建设的综合协调,做好督促检查、通报曝光和综合分析等工作。

第五章

监委职能

监察委员会的性质和职能 各级监察委员会是行使国家监察职能的专责机关,依照监察法对所有行使公权力的公职人员进行监察,调查职务违法和职务犯罪,开展廉政建设和反腐败工作,维护宪法和法律的尊严。

监察工作指导思想 坚持中国共产党对国家监察工作的领导,以马克思列宁主义、毛泽东思想、邓小平理论、"三个代表"重要思想、科学发展观、习近平新时代中国特色社会主义思想为指导,构建集中统一、权威高效的中国特色国家监察体制。

监察委员会独立行使职权 监察委员会依照法律规定独立行使监察权,不受行政机关、社会团体和个人的干涉。监察机关办理职务违法和职务犯罪案件,应当与审判机关、检察机关、执法部门互相配合,互相制约。监察机关在工作中需要协助的,有关机关和单位应当根据监察机关的要求依法予以协助。

监察工作原则 国家监察工作严格遵照宪法和法律,以事实为根据,以法律为准绳;在适用法律上一律平等,保障当事人的合法权益;权责对等,严格监督;惩戒与教育相结合,宽严相济。

监察工作方针 国家监察工作坚持标本兼治、综合治理,强化监督问责,严厉惩治腐败;深化改革、健全法治,有效制约和监督权力;加强法治教育和道德教育,弘扬中华优秀传统文化,构建不敢腐、不能腐、不想腐的长效机制。

监察委员会的职责 监察委员会依照监察法和有关法律规定履行监督、调查、处置职责:

1. 对公职人员开展廉政教育,对其依法履职、秉公用权、廉洁从政从业以及道德操守情况进行监督检查;

2. 对涉嫌贪污贿赂、滥用职权、玩忽职守、权力寻租、利益输送、徇私舞弊以及浪费国家资财等职务违法和职务犯罪进行调查;

3. 对违法的公职人员依法作出政务处分决定;对履行职责不力、失职失责的领导人员进行问责;对涉嫌职务犯罪的,将调查结果移送人民检察院依法审查、提起公诉;向监察对象所在单位提出监察建议。

监察机构、监察专员的派驻或派出 各级监察委员会可以向本级中国共产党机关、国家机关、法律法规授权或者委托管理公共事务的组织和单位以及所管辖的行政区域、国有企业等派驻或者派出监察机构、监察专员。

监察机构、监察专员对派驻或者派出它的监察委员会负责。

派驻或派出监察机构、监察专员的职责 派驻或者派出的监察机构、监察专员根据授权,按照管理权限依法对公职人员进行监督,提出监察建议,依法对公职人员进行调查、处置。

监察对象范围 监察机关对下列公职人员和有关人员进行监察:

1. 中国共产党机关、人民代表大会及其常务委员会机关、人民政府、监察委员会、人民法院、人民检察院、中国人民政治协商会议各级委员会机关、民主党派机关和工商业联合会机关的公务员,以及参照《公务员法》管理的人员;

2. 法律、法规授权或者受国家机关依法委托管理公共事务的组织中从事公务的人员;

3. 国有企业管理人员;

4. 公办的教育、科研、文化、医疗卫生、体育等单位中从事管理的人员;

5. 基层群众性自治组织中从事管理的人员;

6. 其他依法履行公职的人员。

监察机关管辖原则 各级监察机关按照管理权限管辖本辖区内《监察法》第十五条（即上条）规定的人员所涉监察事项。

上级监察机关可以办理下一级监察机关管辖范围内的监察事项，必要时也可以办理所辖各级监察机关管辖范围内的监察事项。

监察机关之间对监察事项的管辖有争议的，由其共同的上级监察机关确定。

指定管辖和报请提级管辖原则

上级监察机关可以将其所管辖的监察事项指定下级监察机关管辖，也可以将下级监察机关有管辖权的监察事项指定给其他监察机关管辖。

监察机关认为所管辖的监察事项重大、复杂，需要由上级监察机关管辖的，可以报请上级监察机关管辖。

监察机关收集证据一般原则

监察机关行使监督、调查职权，有权依法向有关单位和个人了解情况，收集、调取证据。有关单位和个人应当如实提供。

监察机关及其工作人员对监督、调查过程中知悉的国家秘密、商业秘密、个人隐私，应当保密。

任何单位和个人不得伪造、隐匿或者毁灭证据。

谈话 监察机关直接或者依法委托有关主体，对有问题线索反映、可能发生职务违法的监察对象，以面对面谈话的方式了解情况或者予以提醒。

讯问 通过监察机关工作人员提问、被调查人回答的方式，取得印证被调查人以及涉嫌行贿犯罪或者共同职务犯罪的涉案人员有关贪污贿赂、失职渎职等职务犯罪事实的口供及其他证据的过程。

询问 监察机关调查人员为查明案件事实、收集证据，依照法定程序用口头的方式向证人等人员获取证人证言等证据的调查措施。

留置 监察机关调查涉嫌贪污贿赂、失职渎职等严重职务违法和职务犯罪时，已经掌握被调查人部分违法犯罪事实及证据，仍有重要问题需要进一步调查，并且具备法定情形，经依法审批后，将被调查人带至并留在特定场所，使其就案件所涉及的问题配合调查而采取的内容相一项案件调查措施。

查询或冻结 监察机关调查涉嫌贪污贿赂、失职渎职等严重职务违法或者职务犯罪,根据工作需要,可以依照规定查询、冻结涉案单位和个人的存款、汇款、债券、股票、基金份额等财产。查询,是对《行政监察法》关于查询规定的吸收和完善。《行政监察法》第二十一条规定,监察机关在调查贪污、贿赂、挪用公款等违反行政纪律的行为时,经县级以上监察机关领导人员批准,可以查询案件涉嫌单位和涉嫌人员在银行或者其他金融机构的存款;必要时,可以提请人民法院采取保全措施,依法冻结涉嫌人员在银行或者其他金融机构的存款。

搜查 监察机关为了收集犯罪证据、查获涉嫌职务犯罪的被调查人,对被调查人以及可能隐藏被调查人或者犯罪证据的人的身体、物品、住处和其他有关地方进行搜索和检查的调查措施。

勘验检查 监察机关为了发现、收集问题线索和违法犯罪证据,借助感觉器官和科学技术手段,对与违法犯罪行为相关的场所和存在于这些场所中的人身、痕迹、物品等进行的调查措施。

鉴定 监察机关为了查明案情,就案件中某些专门性问题指派、聘请专业机构和专业人员进行科学鉴别和判断的一种调查措施。

调取 监察机关为获取被调查人涉嫌职务违法或职务犯罪证据,要求有关单位或个人提供相关材料,并根据需要拍照、录像、复印和复制的一种调查措施。

查封 监察机关在调查过程中,对被调查人涉嫌违法犯罪的财物、文件和电子数据等信息进行检查后,就地封存,禁止任何单位和个人动用的一种调查措施。

扣押 监察机关在调查过程中,为防止涉嫌违法犯罪的单位或者人员藏匿、毁灭证据,对被调查人涉嫌违法犯罪的财物、文件和电子数据等信息采取扣留、保管的一种调查措施。扣押对象通常是动产、文件、存储电子数据的设备等。

技术调查 监察机关调查涉嫌重大贪污贿赂等职务犯罪,根据需要,经过严格的批准手续,可以采取技术调查措施,按照规定交有关机关执行。

批准决定应当明确采取技术调查措施的种类和适用对象,自签发之日起三个月以内有效;对于复杂、疑难案件,期限届满仍有必要继续采取技术调查措施的,经过批准,有效期可以延长,每次不得超过三个月。对于不需要继续采取技术调查措施的,应当及时解除。

通缉 通缉是查获逃匿的被调查人的一项重要措施,该措施的特点主要是需要监察机关和公安机关分工协作、互相配合。依法应当留置的被调查人如果在逃,监察机关可以决定在本行政区域内通缉,由公安机关发布通缉令,追捕归案。通缉范围超出本行政区域的,应当报请有权决定的上级监察机关决定。

限制出境 监察机关为防止被调查人及相关人员逃匿境外,经省级以上监察机关批准,可以对被调查人及相关人员采取限制出境措施,由公安机关依法执行。对于不需要继续采取限制出境措施的,应当及时解除。

监察机关对职务犯罪的涉案人员提出从宽处罚建议 职务违法犯罪的涉案人员揭发有关被调查人职务违法犯罪行为,查证属实的,或者提供重要线索,有助于调查其他案件的,监察机关经领导人员集体研究,并报上一级监察机关批准,可以在移送人民检察院时提出从宽处罚的建议。

监察机关收集的证据的法律效力 监察机关依照本法规定收集的物证、书证、证人证言、被调查人供述和辩解、视听资料、电子数据等证据材料,在刑事诉讼中可以作为证据使用。

职务违法犯罪问题线索移送制度和管辖 人民法院、人民检察院、公安机关、审计机关等国家机关在工作中发现公职人员涉嫌贪污贿赂、失职渎职等职务违法或者职务犯罪的问题线索,应当移送监察机关,由监察机关依法调查处置。

被调查人既涉嫌严重职务违法或者职务犯罪,又涉嫌其他违法犯罪的,一般应当由监察机关为主调查,其他机关予以协助。

国家监察委员会统筹、组织协调反腐败国际合作 国家监察委员会统筹协调与其他国家、地区、国际组织开展的反腐败国际交流、合作,组织反腐败国际条约实施工作。

国家监察委员会组织协调有关方面加强与有关国家、地区、国际组织在反腐败执法、引渡、司法协助、被判刑人的移管、资产追回和信息交流等领域的合作。

反腐败国际追逃追赃和防逃工作 国家监察委员会加强对反腐败国际追逃追赃和防逃工作的组织协

调,督促有关单位做好相关工作:

1. 对于重大贪污贿赂、失职渎职等职务犯罪案件,被调查人逃匿到国(境)外,掌握证据比较确凿的,通过开展境外追逃合作,追捕归案;

2. 向赃款赃物所在国请求查询、冻结、扣押、没收、追缴、返还涉案资产;

3. 查询、监控涉嫌职务犯罪的公职人员及其相关人员进出国(境)和跨境资金流动情况,在调查案件过程中设置防逃程序。

各级人大及其常务委员会对监察委员会进行监督　各级监察委员会应当接受本级人民代表大会及其常务委员会的监督。

各级人民代表大会常务委员会听取和审议本级监察委员会的专项工作报告,组织执法检查。

县级以上各级人民代表大会及其常务委员会举行会议时,人民代表大会代表或者常务委员会组成人员可以依照法律规定的程序,就监察工作中的有关问题提出询问或者质询。

监察机关接受外部监督　监察机关应当依法公开监察工作信息,接受民主监督、社会监督与舆论监督。

监督机关加强内部监督　监察机关通过设立内部专门的监督机构等方式,加强对监察人员执行职务和遵守法律情况的监督,建设忠诚、干净、担当的监察队伍。

监察人员的守法义务和业务能力　监察人员必须模范遵守宪法和法律,忠于职守、秉公执法,清正廉洁、保守秘密;必须具有良好的政治素质,熟悉监察业务,具备运用法律、法规、政策和调查取证等能力,自觉接受监督。

监察事项报告备案　对于监察人员打听案情、过问案件、说情干预的,办理监察事项的监察人员应当及时报告。有关情况应当登记备案。

发现办理监察事项的监察人员未经批准接触被调查人、涉案人员及其特定关系人,或者存在交往情形的,知情人应当及时报告。有关情况应当登记备案。

监察人员的回避　办理监察事项的监察人员有下列情形之一的,应当自行回避,监察对象、检举人及其他有关人员也有权要求其回避:

1. 是监察对象或者检举人的近亲属的;

2. 担任过本案的证人的;

3. 本人或者其近亲属与办理的监察事项有利害关系的；

4. 有可能影响监察事项公正处理的其他情形的。

监察人员脱密期管理和从业限制 监察机关涉密人员离岗离职后，应当遵守脱密期管理规定，严格履行保密义务，不得泄露相关秘密。

监察人员辞职、退休三年内，不得从事与监察和司法工作相关联且可能发生利益冲突的职业。

被调查人的申诉 监察机关及其工作人员有下列行为之一的，被调查人及其近亲属有权向该机关申诉：

1. 留置法定期限届满，不予以解除的；

2. 查封、扣押、冻结与案件无关的财物的；

3. 应当解除查封、扣押、冻结措施而不解除的；

4. 贪污、挪用、私分、调换以及违反规定使用查封、扣押、冻结的财物的；

5. 其他违反法律法规、侵害被调查人合法权益的行为。

受理申诉的监察机关应当在受理申诉之日起一个月内作出处理决定。申诉人对处理决定不服的，可以在收到处理决定之日起一个月内向上一级监察机关申请复查，上一级监察机关应当在收到复查申请之日起二个月内作出处理决定，情况属实的，及时予以纠正。

一案双查 对调查工作结束后发现立案依据不充分或者失实，案件处置出现重大失误，监察人员严重违法的，应当追究负有责任的领导人员和直接责任人员的责任。

对阻碍、干扰监察工作的行为进行处理 有关人员违反监察法规定，有下列行为之一的，由其所在单位、主管部门、上级机关或者监察机关责令改正，依法给予处理：

1. 不按要求提供有关材料，拒绝、阻碍调查措施实施等拒不配合监察机关调查的；

2. 提供虚假情况，掩盖事实真相的；

3. 串供或者伪造、隐匿、毁灭证据的；

4. 阻止他人揭发检举、提供证据的；

5. 其他违反监察法规定的行为，情节严重的。

对监察机关及其工作人员违法行使职权的责任追究 监察机关及其工作人员有下列行为之一的，对

负有责任的领导人员和直接责任人员依法给予处理:

1. 未经批准、授权处置问题线索,发现重大案情隐瞒不报,或者私自留存、处理涉案材料的;

2. 利用职权或者职务上的影响干预调查工作、以案谋私的;

3. 违法窃取、泄露调查工作信息,或者泄露举报事项、举报受理情况以及举报人信息的;

4. 对被调查人或者涉案人员逼供、诱供,或者侮辱、打骂、虐待、体罚或者变相体罚的;

5. 违反规定处置查封、扣押、冻结的财物的;

6. 违反规定发生办案安全事故,或者发生安全事故后隐瞒不报、报告失实、处置不当的;

7. 违反规定采取留置措施的;

8. 违反规定限制他人出境,或者不按规定解除出境限制的;

9. 其他滥用职权、玩忽职守、徇私舞弊的行为。

第六章

监察法的实施

监察法实施条例 经2021年7月20日国家监察委员会全体会议决定,《监察法实施条例》(以下简称《条例》),自2021年9月20日起施行。

《条例》以习近平新时代中国特色社会主义思想为指导,认真落实党中央关于深化国家监察体制改革的重大部署,坚持加强党的全面领导,坚守以人民为中心的根本政治立场,加强规范化、法治化、正规化建设,完善监察权运行机制,是纪检监察机关深入践行习近平法治思想,推进监察法规制度建设系统集成、协同高效的重大成果。

《条例》分为总则、监察机关及其职责、监察范围和管辖、监察权限、监察程序、反腐败国际合作、对监察机关和监察人员的监督、法律责任、附则等9章,共287条,与监察法各章相对应。

该《条例》坚持中国共产党对监察工作的全面领导,增强政治意识、大局意识、核心意识、看齐意识,坚定中国特色社会主义道路自信、理论自信、制度自信、文化自信,坚决维护习近平总书记党中央的核心、全党的核心地位,坚决维护党中央权威和集中统一领导,把党的领导贯彻到监察工作各方面和全过程。

合署办公 监察机关与党的纪律检查机关合署办公,坚持法治思维和法治方式,促进执纪执法贯通、有效衔接司法,实现依纪监督和依法监察、适用纪律和适用法律有机融合。

监察机关职责 监察机关应当依法履行监督、调查、处置职责,坚持实事求是,坚持惩前毖后、治病救人,坚持惩戒与教育相结合,实现政治效果、法律效果和社会效果相统一。

三不体制机制建设 监察机关应当坚定不移惩治腐败,推动深化改革、完善制度,规范权力运行,加强思想道德教育、法治教育、廉洁教育,引导公职人员提高觉悟、担当作为、依法履职,一体推进不敢腐、不能腐、不想腐体制机制建设。

重要事项请示报告 监察机关坚持民主集中制,对于线索处置、立案调查、案件审理、处置执行、复审复核中的重要事项应当集体研究,严格按照权限履行请示报告程序。

合法权益 监察机关应当在适用法律上一律平等,充分保障监察对象以及相关人员的人身权、知情权、财产权、申辩权、申诉权以及申请复审复核权等合法权益。

沟通协调 监察机关办理职务犯罪案件,应当与人民法院、人民检察院互相配合、互相制约,在案件管辖、证据审查、案件移送、涉案财物处置等方面加强沟通协调,对于人民法院、人民检察院提出的退回补充调查、排除非法证据、调取同步录音录像、要求调查人员出庭等意见依法办理。

协助配合 监察机关开展监察工作,可以依法提请组织人事、公安、国家安全、审计、统计、市场监管、金融监管、财政、税务、自然资源、银行、证券、保险等有关部门、单位予以协助配合。

有关部门、单位应当根据监察机关的要求,依法协助采取有关措施、共享相关信息、提供相关资料和专业技术支持,配合开展监察工作。

领导体制 国家监察委员会在党中央领导下开展工作。地方各级监察委员会在同级党委和上级监察委员会双重领导下工作,监督执法调查工作以上级监察委员会领导为主,线索处置和案件查办在向同级党委报告的同时应当一并向上一级监察委员会报告。

上级监察委员会应当加强对下级监察委员会的领导。下级监察委员会对上级监察委员会的决定必须执行,认为决定不当的,应当在执行的同时向上级监察委员会反映。上级监察委员会对下级监察委员会作出的错误决定,应当按程序予以纠正,或者要求下级监察委员会予以纠正。

监察事项办理机制 上级监察委员会可以依法统一调用所辖各级监察机关的监察人员办理监察事项。调用决定应当以书面形式作出。

监察机关办理监察事项应当加强互相协作和配合,对于重要、复杂事项可以提请上级监察机关予以协调。

监察机构、监察专员的派驻、派出 各级监察委员会依法向本级中国共产党机关、国家机关、法律法规授权或者受委托管理公共事务的组织和单位以及所管辖的国有企业事业单位等派驻或者派出监察机构、监察专员。

省级和设区的市级监察委员会依法向地区、盟、开发区等不设置人民代表大会的区域派出监察机构或者监察专员。县级监察委员会和直辖市所辖区(县)监察委员会可以向街道、乡镇等区域派出监察机构或者监察专员。

监察机构、监察专员开展监察工作,受派出机关领导。

监察机构、监察专员的职责 派驻或者派出的监察机构、监察专员根据派出机关授权,按照管理权限依法对派驻或者派出监督单位、区域等的公职人员开展监督,对职务违法和职务犯罪进行调查、处置。监察机构、监察专员可以按规定与地方监察委员会联合调查严重职务违法、职务犯罪,或者移交地方监察委员会调查。

未被授予职务犯罪调查权的监察机构、监察专员发现监察对象涉嫌职务犯罪线索的,应当及时向派出机关报告,由派出机关调查或者依法移交有关地方监察委员会调查。

监察监督 监察机关依法履行监察监督职责,对公职人员政治品行、行使公权力和道德操守情况进行监督检查,督促有关机关、单位加强对所属公职人员的教育、管理、监督。

监察机关职责 监察机关应当坚决维护宪法确立的国家指导思想,加强对公职人员特别是领导人员坚持党的领导、坚持中国特色社会主义制度,贯彻落实党和国家路线方针政策、重大决策部署,履行从严管理监督职责,依法行使公权力等情况的监督。

监察机关教育职责 监察机关应当加强对公职人员理想教育、为人民服务教育、宪法法律法规教育、优秀传统文化教育,弘扬社会主义核心价值观,深入开展警示教育,教育引导公职人员树立正确的权力观、责任观、利益观,保持为民务实清廉本色。

日常监督 监察机关应当结合公职人员的职责加强日常监督,通过收集群众反映、座谈走访、查阅资料、召集或者列席会议、听取工作汇报和述责述廉、开展监督检查等方式,促进公职人员依法用权、秉公用权、廉洁用权。

谈心谈话 监察机关可以与公职人员进行谈心谈话,发现政治品行、行使公权力和道德操守方面有苗头性、倾向性问题的,及时进行教育提醒。

专项检查 监察机关对于发现的系统性、行业性的突出问题,以及群众反映强烈的问题,可以通过专项检查进行深入了解,督促有关机关、单位强化治理,促进公职人员履职尽责。

以案促改 监察机关应当以办案促进整改、以监督促进治理,在查清问题、依法处置的同时,剖析问题发生的原因,发现制度建设、权力配置、监督机制等方面存在的问题,向有关机关、单位提出改进工作的意见或者监察建议,促进完善制度,提高治理效能。

监督协调机制 监察机关开展监察监督,应当与纪律监督、派驻监督、巡视监督统筹衔接,与人大监督、民主监督、行政监督、司法监督、审计监督、财会监督、统计监督、群众监督和舆论监督等贯通协调,健全信息、资源、成果共享等机制,形成监督合力。

监察调查职责 监察机关依法履行监察调查职责,依据监察法、《公职人员政务处分法》和《刑法》等规定对职务违法和职务犯罪进行调查。

监察机关负责调查的职务违法 是指公职人员实施的与其职务相关联,虽不构成犯罪但依法应当承担法律责任的下列违法行为:

1. 利用职权实施的违法行为;
2. 利用职务上的影响实施的违法行为;

3. 履行职责不力、失职失责的违法行为；

4. 其他违反与公职人员职务相关的特定义务的违法行为。

监察机关发现公职人员存在其他违法行为 具有下列情形之一的，可以依法进行调查、处置：

1. 超过行政违法追究时效，或者超过犯罪追诉时效、未追究刑事责任，但需要依法给予政务处分的；

2. 被追究行政法律责任，需要依法给予政务处分的；

3. 监察机关调查职务违法或者职务犯罪时，对被调查人实施的事实简单、清楚，需要依法给予政务处分的其他违法行为一并查核的。

监察机关发现公职人员成为监察对象前有前款规定的违法行为的，依照前款规定办理。

职务犯罪调查 监察机关依法对《监察法》第十一条第二项规定的职务犯罪进行调查。

监察机关依法调查涉嫌贪污贿赂犯罪 监察机关依法调查涉嫌贪污贿赂犯罪，包括贪污罪、挪用公款罪、受贿罪、单位受贿罪、利用影响力受贿罪、行贿罪、对有影响力的人行贿罪、对单位行贿罪、介绍贿赂罪、单位行贿罪、巨额财产来源不明罪、隐瞒境外存款罪、私分国有资产罪、私分罚没财物罪，以及公职人员在行使公权力过程中实施的职务侵占罪、挪用资金罪，对外国公职人员、国际公共组织官员行贿罪，非国家工作人员受贿罪和相关联的对非国家工作人员行贿罪。

监察机关依法调查公职人员涉嫌滥用职权犯罪 监察机关依法调查公职人员涉嫌滥用职权犯罪，包括滥用职权罪，国有公司、企业、事业单位人员滥用职权罪，滥用管理公司、证券职权罪，食品、药品监管渎职罪，故意泄露国家秘密罪，报复陷害罪，阻碍解救被拐卖、绑架妇女、儿童罪，帮助犯罪分子逃避处罚罪，违法发放林木采伐许可证罪，办理偷越国（边）境人员出入境证件罪，放行偷越国（边）境人员罪，挪用特定款物罪，非法剥夺公民宗教信仰自由罪，侵犯少数民族风俗习惯罪，打击报复会计、统计人员罪，以及司法工作人员以外的公职人员利用职权实施的非法拘禁罪、虐待被监管人罪、非法搜查罪。

监察机关依法调查公职人员涉嫌玩忽职守犯罪 监察机关依法调查公职人员涉嫌玩忽职守犯罪，包括玩忽职守罪，国有公司、企业、事业单位人员失职罪，签订、履行合同失职被骗罪，国家机关工作人员签订、履行合同失职被骗罪，环境监管失职罪，传染病防治失职罪，商检失职罪，动植物检疫失职罪，不解救被拐卖、绑架妇女、儿童罪，失职造成珍贵文物损毁、流失罪，过失泄露国家秘密罪。

监察机关依法调查公职人员涉嫌徇私舞弊犯罪 监察机关依法调查公职人员涉嫌徇私舞弊犯罪，包括徇私舞弊低价折股、出售国有资产罪，非法批准征收、征用、占用土地罪，非法低价出让国有土地使用权罪，非法经营同类营业罪，为亲友非法牟利罪，枉法仲裁罪，徇私舞弊发售发票、抵扣税款、出口退税罪，商检徇私舞弊罪，动植物检疫徇私舞弊罪，放纵走私罪，放纵制售伪劣商品犯罪行为罪，招收公务员、学生徇私舞弊罪，徇私舞弊不移交刑事案件罪，违法提供出口退税凭证罪，徇私舞弊不征、少征税款罪。

监察机关依法调查公职人员重大责任事故犯罪 监察机关依法调查公职人员在行使公权力过程中涉及的重大责任事故犯罪，包括重大责任事故罪，教育设施重大安全事故罪，消防责任事故罪，重大劳动安全事故罪，强令、组织他人违章冒险作业罪，危险作业罪，不报、谎报安全事故罪，铁路运营安全事故罪，重大飞行事故罪，大型群众性活动重大安全事故罪，危险物品肇事罪，工程重大安全事故罪。

其他犯罪 监察机关依法调查公职人员在行使公权力过程中涉及的其他犯罪，包括破坏选举罪，背信损害上市公司利益罪，金融工作人员购买假币、以假币换取货币罪，利用未公开信息交易罪，诱骗投资者买卖证券、期货合约罪，背信运用受托财产罪，违法运用资金罪，违法发放贷款罪，吸收客户资金不入账罪，违规出具金融票证罪，对违法票据承兑、付款、保证罪，非法转让、倒卖土地使用权罪，私自开拆、隐匿、毁弃邮件、电报罪，故意延误投递邮件罪，泄露不应公开的案件信息罪，披露、报道不应公开的案件信息罪，接送不合格兵员罪。

违法犯罪线索的移送 监察机关发现依法由其他机关管辖的违法犯罪线索，应当及时移送有管辖权的机关。

监察机关调查结束后，对于应当给予被调查人或者涉案人员行政处罚等其他处理的，依法移送有关机关。

政务处分 监察机关对违法的公职人员，依据《监察法》《公职人员政务处分法》等规定作出政务处分决定。

问责 监察机关在追究违法的公职人员直接责任的同时，依法对履行职责不力、失职失责，造成严重后果或者恶劣影响的领导人员予以问责。

监察机关应当组成调查组依法开展问责调查。调查结束后经集体讨论形成调查报告，需要进行问责的按照管理权限作出问责决定，或者向有权作出问责决定的机关、单位书面提出问责建议。

移送审查起诉 监察机关对涉嫌职务犯罪的人员，经调查认为犯罪事实清楚，证据确实、充分，需要追究刑事责任的，依法移送人民检察院审查起诉。

监察建议 监察机关根据监督、调查结果，发现监察对象所在单位在廉政建设、权力制约、监督管理、制度执行以及履行职责等方面存在问题需要整改纠正的，依法提出监察建议。

监察机关应当跟踪了解监察建议的采纳情况，指导、督促有关单位限期整改，推动监察建议落实到位。

监察对象 监察机关依法对所有行使公权力的公职人员进行监察，实现国家监察全面覆盖。

公务员范围 《监察法》第十五条第一项所称公务员范围，依据《公务员法》确定。

《监察法》第十五条第一项所称参照《公务员法》管理的人员，是指有关单位中经批准参照《公务员法》进行管理的工作人员。

法律、法规授权或者受国家机关依法委托管理公共事务的组织中从事公务的人员 是指在上述组织中，除参照《公务员法》管理的人员外，对公共事务履行组织、领导、管理、监督等职责的人员，包括具有公共事务管理职能的行业协会等组织中从事公务的人员，以及法定检验检测、检疫等机构中从事公务的人员。

国有企业管理人员 是指国家出资企业中的下列人员：

1. 在国有独资、全资公司、企业中履行组织、领导、管理、监督等职责的人员；

2. 经党组织或者国家机关，国有独资、全资公司、企业，事业单位提名、推荐、任命、批准等，在国有控股、参股公司及其分支机构中履行组织、领导、管理、监督等职责的人员；

3. 经国家出资企业中负有管理、监督国有资产职责的组织批准或者研究决定，代表其在国有控股、参股公司及其分支机构中从事组织、领导、管理、监督等工作的人员。

公办的教育、科研、文化、医疗卫生、体育等单位中从事管理的人员 是指国家为了社会公益目的，由国家机关举办或者其他组织利用国有资产举办的教育、科研、文化、医疗卫生、体育等事业单位中，从事组织、领导、管理、监督等工作的人员。

基层群众性自治组织中从事管理的人员 是指该组织中的下列人员：

1. 从事集体事务和公益事业管理的人员；

2. 从事集体资金、资产、资源管理的人员；

3. 协助人民政府从事行政管理工作的人员，包括从事救灾、防疫、抢险、防汛、优抚、帮扶、移民、救济款物的管理，社会捐助公益事业款物的管理，国有土地的经营和管理，土地征收、征用补偿费用的管理，代征、代缴税款，有关计划生育、户籍、征兵工作，协助人民政府等国家机关在基层群众性自治组织中从事的其他管理工作。

其他依法履行公职的人员 下列人员属于《监察法》第十五条第六项所称其他依法履行公职的人员：

1. 履行人民代表大会职责的各级人民代表大会代表，履行公职的中国人民政治协商会议各级委员会委员、人民陪审员、人民监督员；

2. 虽未列入党政机关人员编制，但在党政机关中从事公务的人员；

3. 在集体经济组织等单位、组织中，由党组织或者国家机关，国有独资、全资公司、企业，国家出资企业中负有管理监督国有和集体资产职责的组织，事业单位提名、推荐、任命、批准等，从事组织、领导、管理、监督等工作的人员；

4. 在依法组建的评标、谈判、询价等组织中代表国家机关，国有独资、全资公司、企业，事业单位，人民团体临时履行公共事务组织、领导、管理、监督等职责的人员；

5. 其他依法行使公权力的人员。

集体作出的决定违法或者实施

违法的行为 有关机关、单位、组织集体作出的决定违法或者实施违法行为的,监察机关应当对负有责任的领导人员和直接责任人员中的公职人员依法追究法律责任。

分级负责制 监察机关开展监督、调查、处置,按照管理权限与属地管辖相结合的原则,实行分级负责制。

公职人员涉嫌职务违法和职务犯罪案件的管辖权限 设区的市级以上监察委员会按照管理权限,依法管辖同级党委管理的公职人员涉嫌职务违法和职务犯罪案件。

县级监察委员会和直辖市所辖区(县)监察委员会按照管理权限,依法管辖本辖区内公职人员涉嫌职务违法和职务犯罪案件。

地方各级监察委员会按照本条例监察机构、监察专员的职责,工作单位在地方、管理权限在主管部门的公职人员涉嫌职务违法和职务犯罪的管辖规定,可以依法管辖工作单位在本辖区内的有关公职人员涉嫌职务违法和职务犯罪案件。

监察机关调查公职人员涉嫌职务犯罪案件,可以依法对涉嫌行贿犯罪、介绍贿赂犯罪或者共同职务犯罪的涉案人员中的非公职人员一并管辖。非公职人员涉嫌利用影响力受贿罪的,按照其所利用的公职人员的管理权限确定管辖。

提级管辖 上级监察机关对于下一级监察机关管辖范围内的职务违法和职务犯罪案件,具有下列情形之一的,可以依法提级管辖:

1. 在本辖区有重大影响的;

2. 涉及多个下级监察机关管辖的监察对象,调查难度大的;

3. 其他需要提级管辖的重大、复杂案件。

上级监察机关对于所辖各级监察机关管辖范围内有重大影响的案件,必要时可以依法直接调查或者组织、指挥、参与调查。

地方各级监察机关所管辖的职务违法和职务犯罪案件,具有上述情形的,可以依法报请上一级监察机关管辖。

指定管辖 上级监察机关可以依法将其所管辖的案件指定下级监察机关管辖。

设区的市级监察委员会将同级党委管理的公职人员涉嫌职务违法或者职务犯罪案件指定下级监察委员会管辖的,应当报省级监察委员会批准;省级监察委员会将同级党委管理的公职人员涉嫌职务违法或者职务犯罪案件指定下级监察委员会管辖的,应当报国家监察委员会相关监督检查部门备案。

上级监察机关对于下级监察机关管辖的职务违法和职务犯罪案件,具有下列情形之一,认为由其他下级监察机关管辖更为适宜的,可以依法指定给其他下级监察机关管辖:

1. 管辖有争议的;

2. 指定管辖有利于案件公正处理的;

3. 下级监察机关报请指定管辖的;

4. 其他有必要指定管辖的。

被指定的下级监察机关未经指定管辖的监察机关批准,不得将案件再行指定管辖。发现新的职务违法或者职务犯罪线索,以及其他重要情况、重大问题,应当及时向指定管辖的监察机关请示报告。

工作单位在地方、管理权限在主管部门的公职人员涉嫌职务违法和职务犯罪的管辖 工作单位在地方、管理权限在主管部门的公职人员涉嫌职务违法和职务犯罪,一般由驻在主管部门、有管辖权的监察机构、监察专员管辖;经协商,监察机构、监察专员可以按规定移交公职人员工作单位所在地的地方监察委员会调查,或者与地方监察委员会联合调查。地方监察委员会在工作中发现上述公职人员有关问题线索,应当向驻在主管部门、有管辖权的监察机构、监察专员通报,并协商确定管辖。

前款规定单位的其他公职人员涉嫌职务违法和职务犯罪,可以由地方监察委员会管辖;驻在主管部门的监察机构、监察专员自行立案调查的,应当及时通报地方监察委员会。

地方监察委员会调查前两款规定案件,应当将立案、留置、移送审查起诉、撤销案件等重要情况向驻在主管部门的监察机构、监察专员通报。

无隶属关系的其他监察机关的监察对象管辖 监察机关办理案件中涉及无隶属关系的其他监察机关的监察对象,认为需要立案调查的,应当商请有管理权限的监察机关依法立案调查。商请立案时,应当提供涉案人员基本情况、已经查明的涉嫌违法犯罪事实以及相关证据材料。

承办案件的监察机关认为由其一并调查更为适宜的,可以报请有权决定的上级监察机关指定管辖。

互涉案件监察机关为主调查 公职人员既涉嫌贪污贿赂、失职渎职等严重职务违法和职务犯罪，又涉嫌公安机关、人民检察院等机关管辖的犯罪，依法由监察机关为主调查的，应当由监察机关和其他机关分别依职权立案，监察机关承担组织协调职责，协调调查和侦查工作进度、重要调查和侦查措施使用等重要事项。

监察机关必要时可以依法调查司法工作人员 监察机关必要时可以依法调查司法工作人员利用职权实施的涉嫌非法拘禁、刑讯逼供、非法搜查等侵犯公民权利、损害司法公正的犯罪，并在立案后及时通报同级人民检察院。

监察机关在调查司法工作人员涉嫌贪污贿赂等职务犯罪中，可以对其涉嫌的前款规定的犯罪一并调查，并及时通报同级人民检察院。人民检察院在办理直接受理侦查的案件中，发现犯罪嫌疑人同时涉嫌监察机关管辖的其他职务犯罪，经沟通全案移送监察机关管辖的，监察机关应当依法进行调查。

对退休公职人员的调查 监察机关对于退休公职人员在退休前或者退休后，或者离职、死亡的公职人员在履职期间实施的涉嫌职务违法或者职务犯罪行为，可以依法进行调查。

对前款规定人员，按照其原任职务的管辖规定确定管辖的监察机关；由其他监察机关管辖更为适宜的，可以依法指定或者交由其他监察机关管辖。

监督执法调查规范化 监察机关应当加强监督执法调查工作规范化建设，严格按规定对监察措施进行审批和监管，依照法定的范围、程序和期限采取相关措施，出具、送达法律文书。

初步核实和立案后采取的措施 监察机关在初步核实中，可以依法采取谈话、询问、查询、调取、勘验检查、鉴定措施；立案后可以采取讯问、留置、冻结、搜查、查封、扣押、通缉措施。需要采取技术调查、限制出境措施的，应当按照规定交有关机关依法执行。设区的市级以下监察机关在初步核实中不得采取技术调查措施。

开展问责调查，根据具体情况可以依法采取相关监察措施。

全程同步录音录像 开展讯问、搜查、查封、扣押以及重要的谈话、询问等调查取证工作，应当全程同步录音录像，并保持录音录像资料的完整性。录音录像资料应当妥善保管、及时归档，留存备查。

人民检察院、人民法院需要调取同步录音录像的，监察机关应当予以配合，经审批依法予以提供。

商请协助调查 需要商请其他监察机关协助收集证据材料的，应当依法出具《委托调查函》；商请其他监察机关对采取措施提供一般性协助的，应当依法出具《商请协助采取措施函》。商请协助事项涉及协助地监察机关管辖的监察对象的，应当由协助地监察机关按照所涉人员的管理权限报批。协助地监察机关对于协助请求，应当依法予以协助配合。

监察措施告知方式 采取监察措施需要告知、通知相关人员的，应当依法办理。告知包括口头、书面两种方式，通知应当采取书面方式。采取口头方式告知的，应当将相关情况制作工作记录；采取书面方式告知、通知的，可以通过直接送交、邮寄、转交等途径送达，将有关回执或者凭证附卷。

无法告知、通知，或者相关人员拒绝接收的，调查人员应当在工作记录或者有关文书上记明。

证据 可以用于证明案件事实的材料都是证据，包括：

1. 物证；
2. 书证；
3. 证人证言；
4. 被害人陈述；
5. 被调查人陈述、供述和辩解；
6. 鉴定意见；
7. 勘验检查、辨认、调查实验等笔录；
8. 视听资料、电子数据。

监察机关向有关单位和个人收集、调取证据时，应当告知其必须依法如实提供证据。对于不按要求提供有关材料，泄露相关信息，伪造、隐匿、毁灭证据，提供虚假情况或者阻止他人提供证据的，依法追究法律责任。

监察机关依照《监察法》和本《条例》规定收集的证据材料，经审查符合法定要求的，在刑事诉讼中可以作为证据使用。

证据的认定 监察机关认定案件事实应当以证据为根据，全面、客观地收集、固定被调查人有无违法犯罪以及情节轻重的各种证据，形成相互印证、完整稳定的证据链。

只有被调查人陈述或者供述,没有其他证据的,不能认定案件事实;没有被调查人陈述或者供述,证据符合法定标准的,可以认定案件事实。

审查认定证据　证据必须经过查证属实,才能作为定案的根据。审查认定证据,应当结合案件的具体情况,从证据与待证事实的关联程度、各证据之间的联系、是否依照法定程序收集等方面进行综合判断。

证据确凿的条件　监察机关调查终结的职务违法案件,应当事实清楚、证据确凿。证据确凿,应当符合下列条件:

1. 定性处置的事实都有证据证实;

2. 定案证据真实、合法;

3. 据以定案的证据之间不存在无法排除的矛盾;

4. 综合全案证据,所认定事实清晰且令人信服。

证据确实、充分的条件　监察机关调查终结的职务犯罪案件,应当事实清楚,证据确实、充分。证据确实、充分,应当符合下列条件:

1. 定罪量刑的事实都有证据证明;

2. 据以定案的证据均经法定程序查证属实;

3. 综合全案证据,对所认定事实已排除合理怀疑。

证据不足的,不得移送人民检察院审查起诉。

严禁非法方法收集证据　严禁以暴力、威胁、引诱、欺骗以及非法限制人身自由等非法方法收集证据,严禁侮辱、打骂、虐待、体罚或者变相体罚被调查人、涉案人员和证人。

非法证据排除　对于调查人员采用暴力、威胁以及非法限制人身自由等非法方法收集的被调查人供述、证人证言、被害人陈述,应当依法予以排除。

前款所称暴力的方法,是指采用殴打、违法使用戒具等方法或者变相肉刑的恶劣手段,使人遭受难以忍受的痛苦而违背意愿作出供述、证言、陈述;威胁的方法,是指采用以暴力或者严重损害本人及其近亲属合法权益等进行威胁的方法,使人遭受难以忍受的痛苦而违背意愿作出供述、证言、陈述。

收集物证、书证不符合法定程序,可能严重影响案件公正处理的,应当予以补正或者作出合理解释;

不能补正或者作出合理解释的,对该证据应当予以排除。

非法证据的调查核实 监察机关监督检查、调查、案件审理、案件监督管理等部门发现监察人员在办理案件中,可能存在以非法方法收集证据情形的,应当依据职责进行调查核实。对于被调查人控告、举报调查人员采用非法方法收集证据,并提供涉嫌非法取证的人员、时间、地点、方式和内容等材料或者线索的,应当受理并进行审核。根据现有材料无法证明证据收集合法性的,应当进行调查核实。

经调查核实,确认或者不能排除以非法方法收集证据的,对有关证据依法予以排除,不得作为案件定性处置、移送审查起诉的依据。认定调查人员非法取证的,应当依法处理,另行指派调查人员重新调查取证。

监察机关接到对下级监察机关调查人员采用非法方法收集证据的控告、举报,可以直接进行调查核实,也可以交由下级监察机关调查核实。交由下级监察机关调查核实的,下级监察机关应当及时将调查结果报告上级监察机关。

财物的保管 对收集的证据材料及扣押的财物应当妥善保管,严格履行交接、调用手续,定期对账核实,不得违规使用、调换、损毁或者自行处理。

行政机关收集的证据使用 监察机关对行政机关在行政执法和查办案件中收集的物证、书证、视听资料、电子数据,勘验、检查等笔录,以及鉴定意见等证据材料,经审查符合法定要求的,可以作为证据使用。

根据法律、行政法规规定行使国家行政管理职权的组织在行政执法和查办案件中收集的证据材料,视为行政机关收集的证据材料。

司法机关收集的证据使用 监察机关对人民法院、人民检察院、公安机关、国家安全机关等在刑事诉讼中收集的物证、书证、视听资料、电子数据,勘验、检查、辨认、侦查实验等笔录,以及鉴定意见等证据材料,经审查符合法定要求的,可以作为证据使用。

监察机关办理职务违法案件,对于人民法院生效刑事判决、裁定和人民检察院不起诉决定采信的证据材料,可以直接作为证据使用。

谈话 监察机关在问题线索处置、初步核实和立案调查中,可以依法对涉嫌职务违法的监察对象进行谈话,要求其如实说明情况或者作出陈述。

谈话应当个别进行。负责谈话的人员不得少于二人。

一般性问题线索的处置 对一般性问题线索的处置,可以采取谈话方式进行,对监察对象给予警示、批评、教育。谈话应当在工作地点等场所进行,明确告知谈话事项,注重谈清问题、取得教育效果。

采取谈话方式处置问题线索 采取谈话方式处置问题线索的,经审批可以由监察人员或者委托被谈话人所在单位主要负责人等进行谈话。

监察机关谈话应当形成谈话笔录或者记录。谈话结束后,可以根据需要要求被谈话人在十五个工作日以内作出书面说明。被谈话人应当在书面说明每页签名,修改的地方也应当签名。

委托谈话的,受委托人应当在收到委托函后的十五个工作日以内进行谈话。谈话结束后及时形成谈话情况材料报送监察机关,必要时附被谈话人的书面说明。

初步核实工作 监察机关开展初步核实工作,一般不与被核查人接触;确有需要与被核查人谈话的,应当按规定报批。

立案后的谈话 监察机关对涉嫌职务违法的被调查人立案后,可以依法进行谈话。

与被调查人首次谈话时,应当出示《被调查人权利义务告知书》,由其签名、捺指印。被调查人拒绝签名、捺指印的,调查人员应当在文书上记明。对于被调查人未被限制人身自由的,应当在首次谈话时出具《谈话通知书》。

与涉嫌严重职务违法的被调查人进行谈话的,应当全程同步录音录像,并告知被调查人。告知情况应当在录音录像中予以反映,并在笔录中记明。

走读式谈话的安全保障 立案后,与未被限制人身自由的被调查人谈话的,应当在具备安全保障条件的场所进行。

调查人员按规定通知被调查人所在单位派员或者被调查人家属陪同被调查人到指定场所的,应当与陪同人员办理交接手续,填写《陪送交接单》。

与被留置的被调查人谈话 调查人员与被留置的被调查人谈话的,按照法定程序在留置场所进行。

与在押的犯罪嫌疑人、被告人

谈话的,应当持以监察机关名义出具的介绍信、工作证件,商请有关案件主管机关依法协助办理。

与在看守所、监狱服刑的人员谈话的,应当持以监察机关名义出具的介绍信、工作证件,商请有关案件主管机关依法协助办理。

谈话时间 与被调查人进行谈话,应当合理安排时间、控制时长,保证其饮食和必要的休息时间。

谈话笔录 谈话笔录应当在谈话现场制作。笔录应当详细具体,如实反映谈话情况。笔录制作完成后,应当交给被调查人核对。被调查人没有阅读能力的,应当向其宣读。

笔录记载有遗漏或者差错的,应当补充或者更正,由被调查人在补充或者更正处捺指印。被调查人核对无误后,应当在笔录中逐页签名、捺指印。被调查人拒绝签名、捺指印的,调查人员应当在笔录中记明。调查人员也应当在笔录中签名。

被调查人自书材料 被调查人请求自行书写说明材料的,应当准许。必要时,调查人员可以要求被调查人自行书写说明材料。

被调查人应当在说明材料上逐页签名、捺指印,在末页写明日期。对说明材料有修改的,在修改之处应当捺指印。说明材料应当由二名调查人员接收,在首页记明接收的日期并签名。

上述关于谈话的规定,也适用于在初步核实中开展的谈话。

讯问 监察机关对涉嫌职务犯罪的被调查人,可以依法进行讯问,要求其如实供述涉嫌犯罪的情况。

讯问地点 讯问被留置的被调查人,应当在留置场所进行。

讯问程序 讯问应当个别进行,调查人员不得少于二人。

首次讯问时,应当向被讯问人出示《被调查人权利义务告知书》,由其签名、捺指印。被讯问人拒绝签名、捺指印的,调查人员应当在文书上记明。被讯问人未被限制人身自由的,应当在首次讯问时向其出具《讯问通知书》。

讯问一般按照下列顺序进行:

1. 核实被讯问人的基本情况,包括姓名、曾用名、出生年月日、户籍地、身份证件号码、民族、职业、政治面貌、文化程度、工作单位及职务、住所、家庭情况、社会经历,是否属于党代表大会代表、人大代表、政协委员,是否受到过党纪政务处分,是否受到过刑事处罚等；

2. 告知被讯问人如实供述自己罪行可以依法从宽处理和认罪认罚的法律规定；

3. 讯问被讯问人是否有犯罪行为,让其陈述有罪的事实或者无罪的辩解,应当允许其连贯陈述。

调查人员的提问应当与调查的案件相关。被讯问人对调查人员的提问应当如实回答。调查人员对被讯问人的辩解,应当如实记录,认真查核。

讯问时,应当告知被讯问人将进行全程同步录音录像。告知情况应当在录音录像中予以反映,并在笔录中记明。

"与未被限制人身自由的被调查人谈话"至"被调查人请求自行书写说明材料"的要求,也适用于讯问。

询问 监察机关按规定报批后,可以依法对证人、被害人等人员进行询问,了解核实有关问题或者案件情况。

询问地点 证人未被限制人身自由的,可以在其工作地点、住所或者其提出的地点进行询问,也可以通知其到指定地点接受询问。到证人提出的地点或者调查人员指定的地点进行询问的,应当在笔录中记明。

调查人员认为有必要或者证人提出需要由所在单位派员或者其家属陪同到询问地点的,应当办理交接手续并填写《陪送交接单》。

询问程序 询问应当个别进行。负责询问的调查人员不得少于二人。

首次询问时,应当向证人出示《证人权利义务告知书》,由其签名、捺指印。证人拒绝签名、捺指印的,调查人员应当在文书上记明。证人未被限制人身自由的,应当在首次询问时向其出具《询问通知书》。

询问时,应当核实证人身份,问明证人的基本情况,告知证人应当如实提供证据、证言,以及作伪证或者隐匿证据应当承担的法律责任。不得向证人泄露案情,不得采用非法方法获取证言。

询问重大或者有社会影响案件的重要证人,应当对询问过程全程同步录音录像,并告知证人。告知情况应当在录音录像中予以反映,并在笔录中记明。

对未成年人的询问 询问未成年人,应当通知其法定代理人到场。无法通知或者法定代理人不能到场的,应当通知未成年人的其他成年亲属或者所在学校、居住地基层组织的代表等有关人员到场。询问结束后,由法定代理人或者有关人员在笔录中签名。调查人员应当将到场情况记录在案。

对聋、哑人的询问 询问聋、哑人,应当有通晓聋、哑手势的人员参加。调查人员应当在笔录中记明证人的聋、哑情况,以及翻译人员的姓名、工作单位和职业。询问不通晓当地通用语言、文字的证人,应当有翻译人员。询问结束后,由翻译人员在笔录中签名。

证人义务 凡是知道案件情况的人,都有如实作证的义务。对故意提供虚假证言的证人,应当依法追究法律责任。

证人或者其他任何人不得帮助被调查人隐匿、毁灭、伪造证据或者串供,不得实施其他干扰调查活动的行为。

证人保护 证人、鉴定人、被害人因作证,本人或者近亲属人身安全面临危险,向监察机关请求保护的,监察机关应当受理并及时进行审查;对于确实存在人身安全危险的,监察机关应当采取必要的保护措施。监察机关发现存在上述情形的,应当主动采取保护措施。

监察机关可以采取下列一项或者多项保护措施:

1. 不公开真实姓名、住址和工作单位等个人信息;

2. 禁止特定的人员接触证人、鉴定人、被害人及其近亲属;

3. 对人身和住宅采取专门性保护措施;

4. 其他必要的保护措施。

依法决定不公开证人、鉴定人、被害人的真实姓名、住址和工作单位等个人信息的,可以在询问笔录等法律文书、证据材料中使用化名。但是应当另行书面说明使用化名的情况并标明密级,单独成卷。

监察机关采取保护措施需要协助的,可以提请公安机关等有关单位和要求有关个人依法予以协助。

"与被留置的被调查人谈话"至"被调查人请求自行书写说明材料"的内容,也适用于询问。询问重要涉案人员,根据情况适用上述"与未被限制人身自由的被调查人谈话"的规定。

询问被害人,适用询问证人的规定。

留置 监察机关调查严重职务违法或者职务犯罪,对于符合《监察法》第二十二条第一款规定的,经依法审批,可以对被调查人采取留置措施。

《监察法》第二十二条第一款规定的严重职务违法,是指根据监察机关已经掌握的事实及证据,被调查人涉嫌的职务违法行为情节严重,可能被给予撤职以上政务处分;重要问题,是指对被调查人涉嫌的职务违法或者职务犯罪,在定性处置、定罪量刑等方面有重要影响的事实、情节及证据。

《监察法》第二十二条第一款规定的已经掌握其部分违法犯罪事实及证据,是指同时具备下列情形:

1. 有证据证明发生了违法犯罪事实;

2. 有证据证明该违法犯罪事实是被调查人实施;

3. 证明被调查人实施违法犯罪行为的证据已经查证属实。

部分违法犯罪事实,既可以是单一违法犯罪行为的事实,也可以是数个违法犯罪行为中任何一个违法犯罪行为的事实。

被调查人可能逃跑、自杀的认定 被调查人具有下列情形之一的,可以认定为《监察法》第二十二条第一款第二项所规定的可能逃跑、自杀:

1. 着手准备自杀、自残或者逃跑的;

2. 曾经有自杀、自残或者逃跑行为的;

3. 有自杀、自残或者逃跑意图的;

4. 其他可能逃跑、自杀的情形。

串供等的认定 被调查人具有下列情形之一的,可以认定为《监察法》第二十二条第一款第三项所规定的可能串供或者伪造、隐匿、毁灭证据:

1. 曾经或者企图串供,伪造、隐匿、毁灭、转移证据的;

2. 曾经或者企图威逼、恐吓、利诱、收买证人,干扰证人作证的;

3. 有同案人或者与被调查人存在密切关联违法犯罪的涉案人员在逃,重要证据尚未收集完成的;

4. 其他可能串供或者伪造、隐匿、毁灭证据的情形。

其他妨碍调查行为的认定 被调查人具有下列情形之一的,可以认定为《监察法》第二十二条第一款第四项所规定的可能有其他妨碍调查行为:

1. 可能继续实施违法犯罪行

为的;

2. 有危害国家安全、公共安全等现实危险的;

3. 可能对举报人、控告人、被害人、证人、鉴定人等相关人员实施打击报复的;

4. 无正当理由拒不到案,严重影响调查的;

5. 其他可能妨碍调查的行为。

不得采取留置措施的人员 对下列人员不得采取留置措施:

1. 患有严重疾病、生活不能自理的;

2. 怀孕或者正在哺乳自己婴儿的妇女;

3. 系生活不能自理的人的唯一扶养人。

上述情形消除后,根据调查需要可以对相关人员采取留置措施。

留置措施宣布 采取留置措施时,调查人员不得少于二人,应当向被留置人员宣布《留置决定书》,告知被留置人员权利义务,要求其在《留置决定书》上签名、捺指印。被留置人员拒绝签名、捺指印的,调查人员应当在文书上记明。

采取留置措施后的工作 采取留置措施后,应当在二十四小时以内通知被留置人员所在单位和家属。当面通知的,由有关人员在《留置通知书》上签名。无法当面通知的,可以先以电话等方式通知,并通过邮寄、转交等方式送达《留置通知书》,要求有关人员在《留置通知书》上签名。

因可能毁灭、伪造证据,干扰证人作证或者串供等有碍调查情形而不宜通知的,应当按规定报批,记录在案。有碍调查的情形消失后,应当立即通知被留置人员所在单位和家属。

县级以上监察机关需要提请公安机关协助采取留置措施的规定

县级以上监察机关需要提请公安机关协助采取留置措施的,应当按规定报批,请同级公安机关依法予以协助。提请协助时,应当出具《提请协助采取留置措施函》,列明提请协助的具体事项和建议,协助采取措施的时间、地点等内容,附《留置决定书》复印件。

因保密需要,不适合在采取留置措施前向公安机关告知留置对象姓名的,可以作出说明,进行保密处理。

需要提请异地公安机关协助采取留置措施的,应当按规定报批,向协作地同级监察机关出具协作函件和相关文书，由协作地监察机关提请当地公安机关依法予以协助。

保障被留置人员的合法权益 留置过程中，应当保障被留置人员的合法权益，尊重其人格和民族习俗，保障饮食、休息和安全，提供医疗服务。

留置时间 留置时间不得超过三个月，自向被留置人员宣布之日起算。具有下列情形之一的，经审批可以延长一次，延长时间不得超过三个月：

1. 案情重大，严重危害国家利益或者公共利益的；

2. 案情复杂，涉案人员多、金额巨大，涉及范围广的；

3. 重要证据尚未收集完成，或者重要涉案人员尚未到案，导致违法犯罪的主要事实仍须继续调查的；

4. 其他需要延长留置时间的情形。

省级以下监察机关采取留置措施的，延长留置时间应当报上一级监察机关批准。

延长留置时间的，应当在留置期满前向被留置人员宣布延长留置时间的决定，要求其在《延长留置时间决定书》上签名、捺指印。被留置人员拒绝签名、捺指印的，调查人员应当在文书上记明。

延长留置时间的，应当通知被留置人员家属。

留置措施的解除 对被留置人员不需要继续采取留置措施的，应当按规定报批，及时解除留置。

调查人员应当向被留置人员宣布解除留置措施的决定，由其在《解除留置决定书》上签名、捺指印。被留置人员拒绝签名、捺指印的，调查人员应当在文书上记明。

解除留置措施的，应当及时通知被留置人员所在单位或者家属。调查人员应当与交接人办理交接手续，并由其在《解除留置通知书》上签名。无法通知或者有关人员拒绝签名的，调查人员应当在文书上记明。

案件依法移送人民检察院审查起诉的，留置措施自犯罪嫌疑人被执行拘留时自动解除，不再办理解除法律手续。

留置场所安全 留置场所应当建立健全保密、消防、医疗、餐饮及安保等安全工作责任制，制定紧急突发事件处置预案，采取安全防范措施。

留置期间发生被留置人员死

亡、伤残、脱逃等办案安全事故、事件的,应当及时做好处置工作。相关情况应当立即报告监察机关主要负责人,并在二十四小时以内逐级上报至国家监察委员会。

查询、冻结财产 监察机关调查严重职务违法或者职务犯罪,根据工作需要,按规定报批后,可以依法查询、冻结涉案单位和个人的存款、汇款、债券、股票、基金份额等财产。

查询、冻结财产手续和内容 查询、冻结财产时,调查人员不得少于二人。调查人员应当出具《协助查询财产通知书》或者《协助冻结财产通知书》,送交银行或者其他金融机构、邮政部门等单位执行。有关单位和个人应当予以配合,并严格保密。

查询财产应当在《协助查询财产通知书》中填写查询账号、查询内容等信息。没有具体账号的,应当填写足以确定账户或者权利人的自然人姓名、身份证件号码或者企业法人名称、统一社会信用代码等信息。

冻结财产应当在《协助冻结财产通知书》中填写冻结账户名称、冻结账号、冻结数额、冻结期限起止时间等信息。冻结数额应当具体、明确,暂时无法确定具体数额的,应当在《协助冻结财产通知书》上明确写明"只收不付"。冻结证券和交易结算资金时,应当明确冻结的范围是否及于孳息。

冻结财产,应当为被调查人及其所扶养的亲属保留必需的生活费用。

查询结果的处理 调查人员可以根据需要对查询结果进行打印、抄录、复制、拍照,要求相关单位在有关材料上加盖证明印章。对查询结果有疑问的,可以要求相关单位进行书面解释并加盖印章。

查询信息的管理 监察机关对查询信息应当加强管理,规范信息交接、调阅、使用程序和手续,防止滥用和泄露。

调查人员不得查询与案件调查工作无关的信息。

冻结财产的期限 冻结财产的期限不得超过六个月。冻结期限到期未办理续冻手续的,冻结自动解除。

有特殊原因需要延长冻结期限的,应当在到期前按原程序报批,办理续冻手续。每次续冻期限不得超过六个月。

轮候冻结 已被冻结的财产可以轮候冻结，不得重复冻结。轮候冻结的，监察机关应当要求有关银行或者其他金融机构等单位在解除冻结或者作出处理前予以通知。

监察机关接受司法机关、其他监察机关等国家机关移送的涉案财物后，该国家机关采取的冻结期限届满，监察机关续行冻结的顺位与该国家机关冻结的顺位相同。

冻结财产的程序和权利 冻结财产应当通知权利人或者其法定代理人、委托代理人，要求其在《冻结财产告知书》上签名。冻结股票、债券、基金份额等财产，应当告知权利人或者其法定代理人、委托代理人有权申请出售。

对于被冻结的股票、债券、基金份额等财产，权利人或者其法定代理人、委托代理人申请出售，不损害国家利益、被害人利益，不影响调查正常进行的，经审批可以在案件办结前由相关机构依法出售或者变现。对于被冻结的汇票、本票、支票即将到期的，经审批可以在案件办结前由相关机构依法出售或者变现。出售上述财产的，应当出具《许可出售冻结财产通知书》。

出售或者变现所得价款应当继续冻结在其对应的银行账户中；没有对应的银行账户的，应当存入监察机关指定的专用账户保管，并将存款凭证送监察机关登记。监察机关应当及时向权利人或者其法定代理人、委托代理人出具《出售冻结财产通知书》，并要求其签名。拒绝签名的，调查人员应当在文书上记明。

冻结财产的解除 对于冻结的财产，应当及时核查。经查明与案件无关的，经审批，应当在查明后三日以内将《解除冻结财产通知书》送交有关单位执行。解除情况应当告知被冻结财产的权利人或者其法定代理人、委托代理人。

搜查 监察机关调查职务犯罪案件，为了收集犯罪证据、查获被调查人，按规定报批后，可以依法对被调查人以及可能隐藏被调查人或者犯罪证据的人的身体、物品、住处、工作地点和其他有关地方进行搜查。

搜查的参加人数和见证人 搜查应当在调查人员主持下进行，调查人员不得少于二人。搜查女性的身体，由女性工作人员进行。

搜查时，应当有被搜查人或者其家属、其所在单位工作人员或者其他见证人在场。监察人员不得作为见证人。调查人员应当向被搜查人或者其家属、见证人出示《搜查证》,要求其签名。被搜查人或者其家属不在场,或者拒绝签名的,调查人员应当在文书上记明。

搜查的配合 搜查时,应当要求在场人员予以配合,不得进行阻碍。对以暴力、威胁等方法阻碍搜查的,应当依法制止。对阻碍搜查构成违法犯罪的,依法追究法律责任。

提请公安机关协助搜查 县级以上监察机关需要提请公安机关依法协助采取搜查措施的,应当按规定报批,请同级公安机关予以协助。提请协助时,应当出具《提请协助采取搜查措施函》,列明提请协助的具体事项和建议,搜查时间、地点、目的等内容,附《搜查证》复印件。

需要提请异地公安机关协助采取搜查措施的,应当按规定报批,向协作地同级监察机关出具协作函件和相关文书,由协作地监察机关提请当地公安机关予以协助。

搜查取证工作的相关内容 对搜查取证工作,应当全程同步录音录像。

对搜查情况应当制作《搜查笔录》,由调查人员和被搜查人或者其家属、见证人签名。被搜查人或者其家属不在场,或者拒绝签名的,调查人员应当在笔录中记明。

对于查获的重要物证、书证、视听资料、电子数据及其放置、存储位置应当拍照,并在《搜查笔录》中作出文字说明。

搜查时未成年人等不得在现场 搜查时,应当避免未成年人或者其他不适宜在搜查现场的人在场。

搜查人员应当服从指挥、文明执法,不得擅自变更搜查对象和扩大搜查范围。搜查的具体时间、方法,在实施前应当严格保密。

查封、扣押财物和文件的处理 在搜查过程中查封、扣押财物和文件的,按照查封、扣押的有关规定办理。

调取证据 监察机关按规定报批后,可以依法向有关单位和个人调取用以证明案件事实的证据材料。

调取证据材料的手续 调取证据材料时,调查人员不得少于二人。调查人员应当依法出具《调取证据通知书》,必要时附《调取证据清单》。

有关单位和个人配合监察机关调取证据,应当严格保密。

调取证据的一般规则 调取物证应当调取原物。原物不便搬运、保存，或者依法应当返还，或者因保密工作需要不能调取原物的，可以将原物封存，并拍照、录像。对原物拍照或者录像时，应当足以反映原物的外形、内容。

调取书证、视听资料应当调取原件。取得原件确有困难或者因保密工作需要不能调取原件的，可以调取副本或者复制件。

调取物证的照片、录像和书证、视听资料的副本、复制件的，应当书面记明不能调取原物、原件的原因，原物、原件存放地点，制作过程，是否与原物、原件相符，并由调查人员和物证、书证、视听资料原持有人签名或者盖章。持有人无法签名、盖章或者拒绝签名、盖章的，应当在笔录中记明，由见证人签名。

外文材料的调取 调取外文材料作为证据使用的，应当交由具有资质的机构和人员出具中文译本。中文译本应当加盖翻译机构公章。

电子数据的提取 收集、提取电子数据，能够扣押原始存储介质的，应当予以扣押、封存并在笔录中记录封存状态。无法扣押原始存储介质的，可以提取电子数据，但应当在笔录中记明不能扣押的原因、原始存储介质的存放地点或者电子数据的来源等情况。

由于客观原因无法或者不宜采取前款规定方式收集、提取电子数据的，可以采取打印、拍照或者录像等方式固定相关证据，并在笔录中说明原因。

收集、提取的电子数据，足以保证完整性，无删除、修改、增加等情形的，可以作为证据使用。

收集、提取电子数据，应当制作笔录，记录案由、对象、内容、收集、提取电子数据的时间、地点、方法、过程，并附电子数据清单，注明类别、文件格式、完整性校验值等，由调查人员、电子数据持有人（提供人）签名或者盖章；电子数据持有人（提供人）无法签名或者拒绝签名的，应当在笔录中记明，由见证人签名或者盖章。有条件的，应当对相关活动进行录像。

与案件无关的物证等的处理 调取的物证、书证、视听资料等原件，经查明与案件无关的，经审批，应当在查明后三日以内退还，并办理交接手续。

查封、扣押 监察机关按规定报批后，可以依法查封、扣押用以证明被调查人涉嫌违法犯罪以及情节轻重的财物、文件、电子数据等证据材料。

对于被调查人到案时随身携带的物品,以及被调查人或者其他相关人员主动上交的财物和文件,依法需要扣押的,依照前款规定办理。对于被调查人随身携带的与案件无关的个人用品,应当逐件登记,随案移交或者退还。

查封、扣押的执行 查封、扣押时,应当出具《查封/扣押通知书》,调查人员不得少于二人。持有人拒绝交出应当查封、扣押的财物和文件的,可以依法强制查封、扣押。

调查人员对于查封、扣押的财物和文件,应当会同在场见证人和被查封、扣押财物持有人进行清点核对,开列《查封/扣押财物、文件清单》,由调查人员、见证人和持有人签名或者盖章。持有人不在场或者拒绝签名、盖章的,调查人员应当在清单上记明。

查封、扣押财物,应当为被调查人及其所扶养的亲属保留必需的生活费用和物品。

不动产的查封、扣押 查封、扣押不动产和置于该不动产上不宜移动的设施、家具和其他相关财物,以及车辆、船舶、航空器和大型机械、设备等财物,必要时可以依法扣押其权利证书,经拍照或者录像后原地封存。调查人员应当在查封清单上记明相关财物的所在地址和特征,已经拍照或者录像及其权利证书被扣押的情况,由调查人员、见证人和持有人签名或者盖章。持有人不在场或者拒绝签名、盖章的,调查人员应当在清单上记明。

查封、扣押前款规定财物的,必要时可以将被查封财物交给持有人或者其近亲属保管。调查人员应当告知保管人妥善保管,不得对被查封财物进行转移、变卖、毁损、抵押、赠予等处理。

调查人员应当将《查封/扣押通知书》送达不动产、生产设备或者车辆、船舶、航空器等财物的登记、管理部门,告知其在查封期间禁止办理抵押、转让、出售等权属关系变更、转移登记手续。相关情况应当在查封清单上记明。被查封、扣押的财物已经办理抵押登记的,监察机关在执行没收、追缴、责令退赔等决定时应当及时通知抵押权人。

查封、扣押物品的处理 查封、扣押下列物品,应当依法进行相应的处理:

1. 查封、扣押外币、金银珠宝、文物、名贵字画以及其他不易辨别真伪的贵重物品，具备当场密封条件的，应当当场密封，由二名以上调查人员在密封材料上签名并记明密封时间。不具备当场密封条件的，应当在笔录中记明，以拍照、录像等方法加以保全后进行封存。查封、扣押的贵重物品需要鉴定的，应当及时鉴定。

2. 查封、扣押存折、银行卡、有价证券等支付凭证和具有一定特征能够证明案情的现金，应当记明特征、编号、种类、面值、张数、金额等，当场密封，由二名以上调查人员在密封材料上签名并记明密封时间。

3. 查封、扣押易损毁、灭失、变质等不宜长期保存的物品以及有消费期限的卡、券，应当在笔录中记明，以拍照、录像等方法加以保全后进行封存，或者经审批委托有关机构变卖、拍卖。变卖、拍卖的价款存入专用账户保管，待调查终结后一并处理。

4. 对于可以作为证据使用的录音录像、电子数据存储介质，应当记明案由、对象、内容、录制、复制的时间、地点、规格、类别、应用长度、文件格式及长度等，制作清单。具备查封、扣押条件的电子设备、存储介质应当密封保存。必要时，可以请有关机关协助。

5. 对被调查人使用违法犯罪所得与合法收入共同购置的不可分割的财产，可以先行查封、扣押。对无法分割退还的财产，涉及违法的，可以在结案后委托有关单位拍卖、变卖，退还不属于违法所得的部分及孳息；涉及职务犯罪的，依法移送司法机关处置。

6. 查封、扣押危险品、违禁品，应当及时送交有关部门，或者根据工作需要严格封存保管。

启封财物和文件的办理 对于需要启封的财物和文件，应当由二名以上调查人员共同办理。重新密封时，由二名以上调查人员在密封材料上签名、记明时间。

涉案财物信息管理 查封、扣押涉案财物，应当按规定将涉案财物详细信息、《查封/扣押财物、文件清单》录入并上传监察机关涉案财物信息管理系统。

对于涉案款项，应当在采取措施后十五日以内存入监察机关指定的专用账户。对于涉案物品，应当在采取措施后三十日以内移交涉案财物保管部门保管。因特殊原因不能按时存入专用账户或者移交保管的,应当按规定报批,将保管情况录入涉案财物信息管理系统,在原因消除后及时存入或者移交。

涉案财物临时调用 对于已移交涉案财物保管部门保管的涉案财物,根据调查工作需要,经审批可以临时调用,并应当确保完好。调用结束后,应当及时归还。调用和归还时,调查人员、保管人员应当当面清点查验。保管部门应当对调用和归还情况进行登记,全程录像并上传涉案财物信息管理系统。

对被扣押的股票、债券、基金份额等的处理 对于被扣押的股票、债券、基金份额等财产,以及即将到期的汇票、本票、支票,依法需要出售或者变现的,按照本条例关于出售冻结财产的规定办理。

国家机关移送的涉案财物后的处理 监察机关接受司法机关、其他监察机关等国家机关移送的涉案财物后,该国家机关采取的查封、扣押期限届满,监察机关续行查封、扣押的顺位与该国家机关查封、扣押的顺位相同。

解除查封、扣押的办理 对查封、扣押的财物和文件,应当及时进行核查。经查明与案件无关的,经审批,应当在查明后三日以内解除查封、扣押,予以退还。解除查封、扣押的,应当向有关单位、原持有人或者近亲属送达《解除查封/扣押通知书》,附《解除查封/扣押财物、文件清单》,要求其签名或者盖章。

立案调查之前,相关人员主动上交的财物的处理 在立案调查之前,对监察对象及相关人员主动上交的涉案财物,经审批可以接收。

接收时,应当由二名以上调查人员,会同持有人和见证人进行清点核对,当场填写《主动上交财物登记表》。调查人员、持有人和见证人应当在登记表上签名或者盖章。

对于主动上交的财物,应当根据立案及调查情况及时决定是否依法查封、扣押。

勘验检查 监察机关按规定报批后,可以依法对与违法犯罪有关的场所、物品、人身、尸体、电子数据等进行勘验检查。

需要勘验检查的办理 依法需要勘验检查的,应当制作《勘验检查证》;需要委托勘验检查的,应当出具《委托勘验检查书》,送具有专门知识、勘验检查资格的单位(人员)办理。

勘验检查的程序 勘验检查应

当由二名以上调查人员主持,邀请与案件无关的见证人在场。勘验检查情况应当制作笔录,并由参加勘验检查人员和见证人签名。

勘验检查现场、拆封电子数据存储介质应当全程同步录音录像。对现场情况应当拍摄现场照片、制作现场图,并由勘验检查人员签名。

人身检查 为了确定被调查人或者相关人员的某些特征、伤害情况或者生理状态,可以依法对其人身进行检查。必要时可以聘请法医或者医师进行人身检查。检查女性身体,应当由女性工作人员或者医师进行。被调查人拒绝检查的,可以依法强制检查。

人身检查不得采用损害被检查人生命、健康或者贬低其名誉、人格的方法。对人身检查过程中知悉的个人隐私,应当严格保密。

对人身检查的情况应当制作笔录,由参加检查的调查人员、检查人员、被检查人员和见证人签名。被检查人员拒绝签名的,调查人员应当在笔录中记明。

调查实验 为查明案情,在必要的时候,经审批可以依法进行调查实验。调查实验,可以聘请有关专业人员参加,也可以要求被调查人、被害人、证人参加。

进行调查实验,应当全程同步录音录像,制作调查实验笔录,由参加实验的人签名。进行调查实验,禁止一切足以造成危险、侮辱人格的行为。

辨认 调查人员在必要时,可以依法让被害人、证人和被调查人对与违法犯罪有关的物品、文件、尸体或者场所进行辨认;也可以让被害人、证人对被调查人进行辨认,或者让被调查人对涉案人员进行辨认。

辨认工作应当由二名以上调查人员主持进行。在辨认前,应当向辨认人详细询问辨认对象的具体特征,避免辨认人见到辨认对象,并告知辨认人作虚假辨认应当承担的法律责任。几名辨认人对同一辨认对象进行辨认时,应当由辨认人个别进行。辨认应当形成笔录,并由调查人员、辨认人签名。

辨认的人数 辨认人员时,被辨认的人数不得少于七人,照片不得少于十张。

辨认人不愿公开进行辨认时,应当在不暴露辨认人的情况下进行辨认,并为其保守秘密。

物品的辨认 组织辨认物品时

一般应当辨认实物。被辨认的物品系名贵字画等贵重物品或者存在不便搬运等情况的,可以对实物照片进行辨认。辨认人进行辨认时,应当在辨认出的实物照片与附纸骑缝上捺指印予以确认,在附纸上写明该实物涉案情况并签名、捺指印。

辨认物品时,同类物品不得少于五件,照片不得少于五张。

对于难以找到相似物品的特定物,可以将该物品照片交由辨认人进行确认后,在照片与附纸骑缝上捺指印,在附纸上写明该物品涉案情况并签名、捺指印。在辨认人确认前,应当向其详细询问物品的具体特征,并对确认过程和结果形成笔录。

笔录的辨认 辨认笔录具有下列情形之一的,不得作为认定案件的依据:

1. 辨认开始前使辨认人见到辨认对象的;

2. 辨认活动没有个别进行的;

3. 辨认对象没有混杂在具有类似特征的其他对象中,或者供辨认的对象数量不符合规定的,但特定辨认对象除外;

4. 辨认中给辨认人明显暗示或者明显有指认嫌疑的;

5. 辨认不是在调查人员主持下进行的;

6. 违反有关规定,不能确定辨认笔录真实性的其他情形。

辨认笔录存在其他瑕疵的,应当结合全案证据审查其真实性和关联性,作出综合判断。

鉴定 监察机关为解决案件中的专门性问题,按规定报批后,可以依法进行鉴定。

鉴定时应当出具《委托鉴定书》,由二名以上调查人员送交具有鉴定资格的鉴定机构、鉴定人进行鉴定。

鉴定的内容 监察机关可以依法开展下列鉴定:

1. 对笔迹、印刷文件、污损文件、制成时间不明的文件和以其他形式表现的文件等进行鉴定;

2. 对案件中涉及的财务会计资料及相关财物进行会计鉴定;

3. 对被调查人、证人的行为能力进行精神病鉴定;

4. 对人体造成的损害或者死因进行人身伤亡医学鉴定;

5. 对录音录像资料进行鉴定;

6. 对因电子信息技术应用而出现的材料及其派生物进行电子证据鉴定;

7. 其他可以依法进行的专业鉴定。

鉴定的必要条件 监察机关应当为鉴定提供必要条件，向鉴定人送交有关检材和对比样本等原始材料，介绍与鉴定有关的情况。调查人员应当明确提出要求鉴定事项，但不得暗示或者强迫鉴定人作出某种鉴定意见。

监察机关应当做好检材的保管和送检工作，记明检材送检环节的责任人，确保检材在流转环节的同一性和不被污染。

鉴定意见 鉴定人应当在出具的鉴定意见上签名，并附鉴定机构和鉴定人的资质证明或者其他证明文件。多个鉴定人的鉴定意见不一致的，应当在鉴定意见上记明分歧的内容和理由，并且分别签名。

监察机关对于法庭审理中依法决定鉴定人出庭作证的，应当予以协调。

鉴定人故意作虚假鉴定的，应当依法追究法律责任。

鉴定意见的审查 调查人员应当对鉴定意见进行审查。对经审查作为证据使用的鉴定意见，应当告知被调查人及相关单位、人员，送达《鉴定意见告知书》。

被调查人或者相关单位、人员提出补充鉴定或者重新鉴定申请，经审查符合法定要求的，应当按规定报批，进行补充鉴定或者重新鉴定。

对鉴定意见告知情况可以制作笔录，载明告知内容和被告知人的意见等。

补充鉴定 经审查具有下列情形之一的，应当补充鉴定：

1. 鉴定内容有明显遗漏的；

2. 发现新的有鉴定意义的证物的；

3. 对鉴定证物有新的鉴定要求的；

4. 鉴定意见不完整，委托事项无法确定的；

5. 其他需要补充鉴定的情形。

重新鉴定 经审查具有下列情形之一的，应当重新鉴定：

1. 鉴定程序违法或者违反相关专业技术要求的；

2. 鉴定机构、鉴定人不具备鉴定资质和条件的；

3. 鉴定人故意作出虚假鉴定或者违反回避规定的；

4. 鉴定意见依据明显不足的；

5. 检材虚假或者被损坏的；

6. 其他应当重新鉴定的情形。

决定重新鉴定的,应当另行确定鉴定机构和鉴定人。

专门性问题报告 因无鉴定机构,或者根据法律法规等规定,监察机关可以指派、聘请具有专门知识的人就案件的专门性问题出具报告。

技术调查 监察机关根据调查涉嫌重大贪污贿赂等职务犯罪需要,依照规定的权限和程序报经批准,可以依法采取技术调查措施,按照规定交公安机关或者国家有关执法机关依法执行。

前款所称重大贪污贿赂等职务犯罪,是指具有下列情形之一:

1. 案情重大复杂,涉及国家利益或者重大公共利益的;

2. 被调查人可能被判处十年以上有期徒刑、无期徒刑或者死刑的;

3. 案件在全国或者本省、自治区、直辖市范围内有较大影响的。

技术调查程序 依法采取技术调查措施的,监察机关应当出具《采取技术调查措施委托函》《采取技术调查措施决定书》和《采取技术调查措施适用对象情况表》,送交有关机关执行。其中,设区的市级以下监察机关委托有关执行机关采取技术调查措施,还应当提供《立案决定书》。

技术调查措施的期限 技术调查措施的期限按照《监察法》的规定执行,期限届满前未办理延期手续的,到期自动解除。

对于不需要继续采取技术调查措施的,监察机关应当按规定及时报批,将《解除技术调查措施决定书》送交有关机关执行。

需要依法变更技术调查措施种类或者增加适用对象的,监察机关应当重新办理报批和委托手续,依法送交有关机关执行。

技术调查证据使用 对于采取技术调查措施收集的信息和材料,依法需要作为刑事诉讼证据使用的,监察机关应当按规定报批,出具《调取技术调查证据材料通知书》向有关执行机关调取。

对于采取技术调查措施收集的物证、书证及其他证据材料,监察机关应当制作书面说明,写明获取证据的时间、地点、数量、特征以及采取技术调查措施的批准机关、种类等。调查人员应当在书面说明上签名。

对于采取技术调查措施获取的证据材料,如果使用该证据材料可能危及有关人员的人身安全,或者可能产生其他严重后果的,应当采取不暴露有关人员身份、技术方法等保护措施。必要时,可以建议由审判人员在庭外进行核实。

严格保密 调查人员对采取技术调查措施过程中知悉的国家秘密、商业秘密、个人隐私,应当严格保密。

采取技术调查措施获取的证据、线索及其他有关材料,只能用于对违法犯罪的调查、起诉和审判,不得用于其他用途。

对采取技术调查措施获取的与案件无关的材料,应当经审批及时销毁。对销毁情况应当制作记录,由调查人员签名。

通缉 县级以上监察机关对在逃的应当被留置人员,依法决定在本行政区域内通缉的,应当按规定报批,送交同级公安机关执行。送交执行时,应当出具《通缉决定书》,附《留置决定书》等法律文书和被通缉人员信息,以及承办单位、承办人员等有关情况。

通缉范围超出本行政区域的,应当报有决定权的上级监察机关出具《通缉决定书》,并附《留置决定书》及相关材料,送交同级公安机关执行。

公安部通缉令的发布 国家监察委员会依法需要提请公安部对在逃人员发布公安部通缉令的,应当先提请公安部采取网上追逃措施。如情况紧急,可以向公安部同时出具《通缉决定书》和《提请采取网上追逃措施函》。

省级以下监察机关报请国家监察委员会提请公安部发布公安部通缉令的,应当先提请本地公安机关采取网上追逃措施。

抓获被通缉人员的处理 监察机关接到公安机关抓获被通缉人员的通知后,应当立即核实被抓获人员身份,并在接到通知后二十四小时以内派员办理交接手续。边远或者交通不便地区,至迟不得超过三日。

公安机关在移交前,将被抓获人员送往当地监察机关留置场所临时看管的,当地监察机关应当接收,并保障临时看管期间的安全,对工作信息严格保密。

监察机关需要提请公安机关协助将被抓获人员带回的,应当按规定报批,请本地同级公安机关依法予以协助。提请协助时,应当出具《提请协助采取留置措施函》,附《留置决定书》复印件及相关材料。

撤销通缉 监察机关对于被通缉人员已经归案、死亡，或者依法撤销留置决定以及发现有其他不需要继续采取通缉措施情形的，应当经审批出具《撤销通缉通知书》，送交协助采取原措施的公安机关执行。

限制出境 监察机关为防止被调查人及相关人员逃匿境外，按规定报批后，可以依法决定采取限制出境措施，交由移民管理机构依法执行。

限制出境程序 监察机关采取限制出境措施应当出具有关函件，与《采取限制出境措施决定书》一并送交移民管理机构执行。其中，采取边控措施的，应当附《边控对象通知书》；采取法定不批准出境措施的，应当附《法定不准出境人员报备表》。

限制出境措施的期限 限制出境措施有效期不超过三个月，到期自动解除。

到期后仍有必要继续采取措施的，应当按原程序报批。承办部门应当出具有关函件，在到期前与《延长限制出境措施期限决定书》一并送交移民管理机构执行。延长期限每次不得超过三个月。

查获被决定采取留置措施的边控对象后的处理 监察机关接到口岸移民管理机构查获被决定采取留置措施的边控对象的通知后，应当于二十四小时以内到达口岸办理移交手续。无法及时到达的，应当委托当地监察机关及时前往口岸办理移交手续。当地监察机关应当予以协助。

限制出境措施的解除 对于不需要继续采取限制出境措施的，应当按规定报批，及时予以解除。承办部门应当出具有关函件，与《解除限制出境措施决定书》一并送交移民管理机构执行。

临时限制出境措施 县级以上监察机关在重要紧急情况下，经审批可以依法直接向口岸所在地口岸移民管理机构提请办理临时限制出境措施。

问题线索处置 监察机关应当对问题线索归口受理、集中管理、分类处置、定期清理。

报案（举报） 监察机关对于报案或者举报应当依法接受。属于本级监察机关管辖的，依法予以受理；属于其他监察机关管辖的，应当在五个工作日以内予以转送。

监察机关可以向下级监察机关

发函交办检举控告,并进行督办,下级监察机关应当按期回复办理结果。

主动投案 对于涉嫌职务违法或者职务犯罪的公职人员主动投案的,应当依法接待和办理。

移送的问题线索的办理 监察机关对于执法机关、司法机关等其他机关移送的问题线索,应当及时审核,并按照下列方式办理:

1. 本单位有管辖权的,及时研究提出处置意见;

2. 本单位没有管辖权但其他监察机关有管辖权的,在五个工作日以内转送有管辖权的监察机关;

3. 本单位对部分问题线索有管辖权的,对有管辖权的部分提出处置意见,并及时将其他问题线索转送有管辖权的机关;

4. 监察机关没有管辖权的,及时退回移送机关。

信访举报的处理 信访举报部门归口受理本机关管辖监察对象涉嫌职务违法和职务犯罪问题的检举控告,统一接收有关监察机关以及其他单位移送的相关检举控告,移交本机关监督检查部门或者相关部门,并将移交情况通报案件监督管理部门。

案件监督管理部门统一接收巡视巡察机构和审计机关、执法机关、司法机关等其他机关移送的职务违法和职务犯罪问题线索,按程序移交本机关监督检查部门或者相关部门办理。

监督检查部门、调查部门在工作中发现的相关问题线索,属于本部门受理范围的,应当报送案件监督管理部门备案;属于本机关其他部门受理范围的,经审批后移交案件监督管理部门分办。

问题线索的管理 案件监督管理部门应当对问题线索实行集中管理、动态更新,定期汇总、核对问题线索及处置情况,向监察机关主要负责人报告,并向相关部门通报。

问题线索承办部门应当指定专人负责管理线索,逐件编号登记、建立管理台账。线索管理处置各环节应当由经手人员签名,全程登记备查,及时与案件监督管理部门核对。

问题线索处置意见 监督检查部门应当结合问题线索所涉及地区、部门、单位总体情况进行综合分析,提出处置意见并制定处置方案,经审批按照谈话、函询、初步核实、暂存待查、予以了结等方式进行处置,或者按照职责移送调查部门处置。

函询应当以监察机关办公厅（室）名义发函给被反映人，并抄送其所在单位和派驻监察机构主要负责人。被函询人应当在收到函件后十五个工作日以内写出说明材料，由其所在单位主要负责人签署意见后发函回复。被函询人为所在单位主要负责人的，或者被函询人所作说明涉及所在单位主要负责人的，应当直接发函回复监察机关。

被函询人已经退休的，按照第二款规定程序办理。

监察机关根据工作需要，经审批可以对谈话、函询情况进行核实。

实名检举控告 检举控告人使用本人真实姓名或者本单位名称，有电话等具体联系方式的，属于实名检举控告。监察机关对实名检举控告应当优先办理、优先处置，依法给予答复。虽有署名但不是检举控告人真实姓名（单位名称）或者无法验证的检举控告，按照匿名检举控告处理。

信访举报部门对属于本机关受理的实名检举控告，应当在收到检举控告之日起十五个工作日以内按规定告知实名检举控告人受理情况，并做好记录。

调查人员应当将实名检举控告的处理结果在办结之日起十五个工作日以内向检举控告人反馈，并记录反馈情况。对检举控告人提出异议的应当如实记录，并向其进行说明；对提供新证据材料的，应当依法核查处理。

初步核实 监察机关对具有可查性的职务违法和职务犯罪问题线索，应当按规定报批后，依法开展初步核实工作。

核查组的成立 采取初步核实方式处置问题线索，应当确定初步核实对象，制定工作方案，明确需要核实的问题和采取的措施，成立核查组。

在初步核实中应当注重收集客观性证据，确保真实性和准确性。

新的具有可查性的问题线索 在初步核实中发现或者受理被核查人新的具有可查性的问题线索的，应当经审批纳入原初核方案开展核查。

初步核实情况报告 核查组在初步核实工作结束后应当撰写初步核实情况报告，列明被核查人基本情况、反映的主要问题、办理依据、初步核实结果、存在疑点、处理建议，由全体人员签名。

承办部门应当综合分析初步核实情况，按照拟立案调查、予以了结、谈话提醒、暂存待查，或者移送有关部门、机关处理等方式提出处置建议，按照批准初步核实的程序报批。

立案 监察机关经过初步核实，对于已经掌握监察对象涉嫌职务违法或者职务犯罪的部分事实和证据，认为需要追究其法律责任的，应当按规定报批后，依法立案调查。

涉案人员立案 监察机关立案调查职务违法或者职务犯罪案件，需要对涉嫌行贿犯罪、介绍贿赂犯罪或者共同职务犯罪的涉案人员立案调查的，应当一并办理立案手续。需要交由下级监察机关立案的，经审批交由下级监察机关办理立案手续。

对单位涉嫌受贿、行贿等职务犯罪，需要追究法律责任的，依法对该单位办理立案调查手续。对事故（事件）中存在职务违法或者职务犯罪问题，需要追究法律责任，但相关责任人员尚不明确的，可以以事立案。对单位立案或者以事立案后，经调查确定相关责任人员的，按照管理权限报批确定被调查人。

监察机关根据人民法院生效刑事判决、裁定和人民检察院不起诉决定认定的事实，需要对监察对象给予政务处分的，可以由相关监督检查部门依据司法机关的生效判决、裁定、决定及其认定的事实、性质和情节，提出给予政务处分的意见，按程序移送审理。对依法被追究行政法律责任的监察对象，需要给予政务处分的，应当依法办理立案手续。

案情简单的立案 对案情简单、经过初步核实已查清主要职务违法事实，应当追究监察对象法律责任，不再需要开展调查的，立案和移送审理可以一并报批，履行立案程序后再移送审理。

上级监察机关指定下级监察机关立案调查的办理 上级监察机关需要指定下级监察机关立案调查的，应当按规定报批，向被指定管辖的监察机关出具《指定管辖决定书》，由其办理立案手续。

立案决定的宣布 批准立案后，应当由二名以上调查人员出示证件，向被调查人宣布立案决定。宣布立案决定后，应当及时向被调查人所在单位等相关组织送达《立案通知书》，并向被调查人所在单位主要负责人通报。

对涉嫌严重职务违法或者职务犯罪的公职人员立案调查并采取留置措施的,应当按规定通知被调查人家属,并向社会公开发布。

调查 监察机关对已经立案的职务违法或者职务犯罪案件应当依法进行调查,收集证据查明违法犯罪事实。

调查职务违法或者职务犯罪案件,对被调查人没有采取留置措施的,应当在立案后一年以内作出处理决定;对被调查人解除留置措施的,应当在解除留置措施后一年以内作出处理决定。案情重大复杂的案件,经上一级监察机关批准,可以适当延长,但延长期限不得超过六个月。

被调查人在监察机关立案调查以后逃匿的,调查期限自被调查人到案之日起重新计算。

调查方案的批准 案件立案后,监察机关主要负责人应当依照法定程序批准确定调查方案。

监察机关应当组成调查组依法开展调查。调查工作应当严格按照批准的方案执行,不得随意扩大调查范围、变更调查对象和事项,对重要事项应当及时请示报告。调查人员在调查工作期间,未经批准不得单独接触任何涉案人员及其特定关系人,不得擅自采取调查措施。

涉嫌违法犯罪事实的书面材料 调查组应当将调查认定的涉嫌违法犯罪事实形成书面材料,交给被调查人核对,听取其意见。被调查人应当在书面材料上签署意见。对被调查人签署不同意见或者拒不签署意见的,调查组应当作出说明或者注明情况。对被调查人提出申辩的事实、理由和证据应当进行核实,成立的予以采纳。

调查组对于立案调查的涉嫌行贿犯罪、介绍贿赂犯罪或者共同职务犯罪的涉案人员,在查明其涉嫌犯罪问题后,依照前款规定办理。

对于按照本《条例》规定,对立案和移送审理一并报批的案件,应当在报批前履行本条第一款规定的程序。

调查报告 调查组在调查工作结束后应当集体讨论,形成调查报告。调查报告应当列明被调查人基本情况、问题线索来源及调查依据、调查过程,涉嫌的主要职务违法或者职务犯罪事实,被调查人的态度和认识,处置建议及法律依据,并由调查组组长以及有关人员签名。

对调查过程中发现的重要问题

和形成的意见建议,应当形成专题报告。

《起诉建议书》 调查组对被调查人涉嫌职务犯罪拟依法移送人民检察院审查起诉的,应当起草《起诉建议书》。《起诉建议书》应当载明被调查人基本情况、调查简况、认罪认罚情况、采取留置措施的时间、涉嫌职务犯罪事实以及证据,对被调查人从重、从轻、减轻或者免除处罚等情节,提出对被调查人移送起诉的理由和法律依据,采取强制措施的建议,并注明移送案卷数及涉案财物等内容。

调查组应当形成被调查人到案经过及量刑情节方面的材料,包括案件来源、到案经过、自动投案、如实供述、立功等量刑情节,认罪悔罪态度、退赃、避免和减少损害结果发生等方面的情况说明及相关材料。被检举揭发的问题已被立案、查破,被检举揭发人已被采取调查措施或者刑事强制措施、起诉或者审判的,还应当附有关法律文书。

移送审理 经调查认为被调查人构成职务违法或者职务犯罪的,应当区分不同情况提出相应处理意见,经审批将调查报告、职务违法或者职务犯罪事实材料、涉案财物报告、涉案人员处理意见等材料,连同全部证据和文书手续移送审理。

对涉嫌职务犯罪的案件材料应当按照刑事诉讼要求单独立卷,与《起诉建议书》、涉案财物报告、同步录音录像资料及其自查报告等材料一并移送审理。

调查全过程形成的材料应当案结卷成、事毕归档。

案件审理 案件审理部门收到移送审理的案件后,应当审核材料是否齐全、手续是否完备。对被调查人涉嫌职务犯罪的,还应当审核相关案卷材料是否符合职务犯罪案件立卷要求,是否在调查报告中单独表述已查明的涉嫌犯罪问题,是否形成《起诉建议书》。

经审核符合移送条件的,应当予以受理;不符合移送条件的,经审批可以暂缓受理或者不予受理,并要求调查部门补充完善材料。

案卷材料的审理 案件审理部门受理案件后,应当成立由二人以上组成的审理组,全面审理案卷材料。

案件审理部门对于受理的案件,应当以《监察法》《公职人员政务处分法》《刑法》《刑事诉讼法》等法律法规为准绳,对案件事实证据、性质认定、程序手续、涉案财物等进行全面审理。

案件审理部门应当强化监督制约职能,对案件严格审核把关,坚持实事求是、独立审理,依法提出审理意见。坚持调查与审理相分离的原则,案件调查人员不得参与审理。

审理意见 审理工作应当坚持民主集中制原则,经集体审议形成审理意见。

审理时间 审理工作应当在受理之日起一个月以内完成,重大复杂案件经批准可以适当延长。

案件审理部门与被调查人的谈话 案件审理部门根据案件审理情况,经审批可以与被调查人谈话,告知其在审理阶段的权利义务,核对涉嫌违法犯罪事实,听取其辩解意见,了解有关情况。与被调查人谈话时,案件审理人员不得少于二人。

具有下列情形之一的,一般应当与被调查人谈话:

1. 对被调查人采取留置措施,拟移送起诉的;

2. 可能存在以非法方法收集证据情形的;

3. 被调查人对涉嫌违法犯罪事实材料签署不同意见或者拒不签署意见的;

4. 被调查人要求向案件审理人员当面陈述的;

5. 其他有必要与被调查人进行谈话的情形。

退回重新调查 经审理认为主要违法犯罪事实不清、证据不足的,应当经审批将案件退回承办部门重新调查。

有下列情形之一,需要补充完善证据的,经审批可以退回补充调查:

1. 部分事实不清、证据不足的;

2. 遗漏违法犯罪事实的;

3. 其他需要进一步查清案件事实的情形。

案件审理部门将案件退回重新调查或者补充调查的,应当出具审核意见,写明调查事项、理由、调查方向、需要补充收集的证据及其证明作用等,连同案卷材料一并送交承办部门。

承办部门补充调查结束后,应当经审批将补证情况报告及相关证据材料,连同案卷材料一并移送案件审理部门;对确实无法查明的事项或者无法补充的证据,应当作出书面说明。重新调查终结后,应当重新形成调查报告,依法移送审理。

重新调查完毕移送审理的,审理期限重新计算。补充调查期间不计入审理期限。

审理报告 审理工作结束后应当形成审理报告,载明被调查人基本情况、调查简况、涉嫌违法或者犯罪事实、被调查人态度和认识、涉案财物处置、承办部门意见、审理意见等内容,提请监察机关集体审议。

对被调查人涉嫌职务犯罪需要追究刑事责任的,应当形成《起诉意见书》,作为审理报告附件。《起诉意见书》应当忠实于事实真相,载明被调查人基本情况、调查简况,采取留置措施的时间,依法查明的犯罪事实和证据,从重、从轻、减轻或者免除处罚等情节,涉案财物情况,涉嫌罪名和法律依据,采取强制措施的建议,以及其他需要说明的情况。

案件审理部门经审理认为现有证据不足以证明被调查人存在违法犯罪行为,且通过退回补充调查仍无法达到证明标准的,应当提出撤销案件的建议。

上级监察机关办理下级监察机关管辖案件的处置 上级监察机关办理下级监察机关管辖案件的,可以经审理后按程序直接进行处置,也可以经审理形成处置意见后,交由下级监察机关办理。

被指定管辖的案件的审理 被指定管辖的监察机关在调查结束后应当将案件移送审理,提请监察机关集体审议。

上级监察机关将其所管辖的案件指定管辖的,被指定管辖的下级监察机关应当按照前款规定办理后,将案件报上级监察机关依法作出政务处分决定。上级监察机关在作出决定前,应当进行审理。

上级监察机关将下级监察机关管辖的案件指定其他下级监察机关管辖的,被指定管辖的监察机关应当按照第一款规定办理后,将案件送交有管理权限的监察机关依法作出政务处分决定。有管理权限的监察机关应当进行审理,审理意见与被指定管辖的监察机关意见不一致的,双方应当进行沟通;经沟通不能取得一致意见的,报请有权决定的上级监察机关决定。经协商,有管理权限的监察机关在被指定管辖的监察机关审理阶段可以提前阅卷,沟通了解情况。

对于前款规定的重大、复杂案件,被指定管辖的监察机关经集体审议后将处理意见报有权决定的上级监察机关审核同意的,有管理权限的监察机关可以经集体审议后依法处置。

处置 监察机关根据监督、调查结果,依据《监察法》《公职人员政务处分法》等规定进行处置。

谈话提醒、批评教育、责令检查、诫勉 监察机关对于公职人员有职务违法行为但情节较轻的,可以依法进行谈话提醒、批评教育、责令检查,或者予以诫勉。上述方式可以单独使用,也可以依据规定合并使用。

谈话提醒、批评教育应当由监察机关相关负责人或者承办部门负责人进行,可以由被谈话提醒、批评教育人所在单位有关负责人陪同;经批准也可以委托其所在单位主要负责人进行。对谈话提醒、批评教育情况应当制作记录。

被责令检查的公职人员应当作出书面检查并进行整改。整改情况在一定范围内通报。

诫勉由监察机关以谈话或者书面方式进行。以谈话方式进行的,应当制作记录。

政务处分决定 对违法的公职人员依法需要给予政务处分的,应当根据情节轻重作出警告、记过、记大过、降级、撤职、开除的政务处分决定,制作《政务处分决定书》。

《政务处分决定书》宣布告知程序 监察机关应当将《政务处分决定书》在作出后一个月以内送达被处分人和被处分人所在机关、单位,并依法履行宣布、书面告知程序。

政务处分决定自作出之日起生效。有关机关、单位、组织应当依法及时执行处分决定,并将执行情况向监察机关报告。处分决定应当在作出之日起一个月以内执行完毕,特殊情况下经监察机关批准可以适当延长办理期限,最迟不得超过六个月。

监察机关对不履行或者不正确履行职责造成严重后果的处理 监察机关对不履行或者不正确履行职责造成严重后果或者恶劣影响的领导人员,可以按照管理权限采取通报、诫勉、政务处分等方式进行问责;提出组织处理的建议。

《监察建议书》 监察机关依法向监察对象所在单位提出监察建议的,应当经审批制作《监察建议书》。

《监察建议书》一般应当包括下列内容:

1. 监督调查情况;

2. 调查中发现的主要问题及其产生的原因;

3. 整改建议、要求和期限;

4. 向监察机关反馈整改情况的要求。

撤销案件 监察机关经调查,对没有证据证明或者现有证据不足以证明被调查人存在违法犯罪行为的,应当依法撤销案件。省级以下监察机关撤销案件后,应当在七个工作日以内向上一级监察机关报送备案报告。上一级监察机关监督检查部门负责备案工作。

省级以下监察机关拟撤销上级监察机关指定管辖或者交办案件的,应当将《撤销案件意见书》连同案卷材料,在法定调查期限到期七个工作日前报指定管辖或者交办案件的监察机关审查。对于重大、复杂案件,在法定调查期限到期十个工作日前报指定管辖或者交办案件的监察机关审查。

指定管辖或者交办案件的监察机关由监督检查部门负责审查工作。指定管辖或者交办案件的监察机关同意撤销案件的,下级监察机关应当作出撤销案件决定,制作《撤销案件决定书》;指定管辖或者交办案件的监察机关不同意撤销案件的,下级监察机关应当执行该决定。

监察机关对于撤销案件的决定应当向被调查人宣布,由其在《撤销案件决定书》上签名、捺指印,立即解除留置措施,并通知其所在机关、单位。

撤销案件后又发现重要事实或者有充分证据,认为被调查人有违法犯罪事实需要追究法律责任的,应当重新立案调查。

涉嫌行贿等犯罪的非监察对象的处理 对于涉嫌行贿等犯罪的非监察对象,案件调查终结后依法移送起诉。综合考虑行为性质、手段、后果、时间节点、认罪悔罪态度等具体情况,对于情节较轻,经审批不予移送起诉的,应当采取批评教育、责令具结悔过等方式处置;应当给予行政处罚的,依法移送有关行政执法部门。

对于有行贿行为的涉案单位和人员,按规定记入相关信息记录,可以作为信用评价的依据。

对于涉案单位和人员通过行贿等非法手段取得的财物及孳息,应当依法予以没收、追缴或者责令退赔。对于违法取得的其他不正当利益,依照法律法规及有关规定予以纠正处理。

对涉嫌职务犯罪所得财物的处理 对查封、扣押、冻结的涉嫌职务犯罪所得财物及孳息应当妥善保管，并制作《移送司法机关涉案财物清单》随案移送人民检察院。对作为证据使用的实物应当随案移送；对不宜移送的，应当将清单、照片和其他证明文件随案移送。

对于移送人民检察院的涉案财物，价值不明的，应当在移送起诉前委托进行价格认定。在价格认定过程中，需要对涉案财物先行作出真伪鉴定或者出具技术、质量检测报告的，应当委托有关鉴定机构或者检测机构进行真伪鉴定或者技术、质量检测。

对不属于犯罪所得但属于违法取得的财物及孳息，应当依法予以没收、追缴或者责令退赔，并出具有关法律文书。

对经认定不属于违法所得的财物及孳息，应当及时予以返还，并办理签收手续。

涉案财物的追缴 监察机关经调查，对违法取得的财物及孳息决定追缴或者责令退赔的，可以依法要求公安、自然资源、住房城乡建设、市场监管、金融监管等部门以及银行等机构、单位予以协助。

追缴涉案财物以追缴原物为原则，原物已经转化为其他财物的，应当追缴转化后的财物；有证据证明依法应当追缴、没收的涉案财物无法找到、被他人善意取得、价值灭失减损或者与其他合法财产混合且不可分割的，可以依法追缴、没收其他等值财产。

追缴或者责令退赔应当自处置决定作出之日起一个月以内执行完毕。因被调查人的原因逾期执行的除外。

人民检察院、人民法院依法将不认定为犯罪所得的相关涉案财物退回监察机关的，监察机关应当依法处理。

复审、复核的申请 监察对象对监察机关作出的涉及本人的处理决定不服的，可以在收到处理决定之日起一个月以内，向作出决定的监察机关申请复审。复审机关应当依法受理，并在受理后一个月以内作出复审决定。监察对象对复审决定仍不服的，可以在收到复审决定之日起一个月以内，向上一级监察机关申请复核。复核机关应当依法受理，并在受理后二个月以内作出复核决定。

上一级监察机关的复核决定和国家监察委员会的复审、复核决定为最终决定。

复审、复核的办理 复审、复核机关承办部门应当成立工作组,调阅原案卷宗,必要时可以进行调查取证。承办部门应当集体研究,提出办理意见,经审批作出复审、复核决定。决定应当送达申请人,抄送相关单位,并在一定范围内宣布。

复审、复核期间,不停止原处理决定的执行。复审、复核机关经审查认定处理决定有错误或者不当的,应当依法撤销、变更原处理决定,或者责令原处理机关及时予以纠正。复审、复核机关经审查认定处理决定事实清楚、适用法律正确的,应当予以维持。

坚持复审复核与调查审理分离,原案调查、审理人员不得参与复审复核。

移送审查起诉 监察机关决定对涉嫌职务犯罪的被调查人移送起诉的,应当出具《起诉意见书》,连同案卷材料、证据等,一并移送同级人民检察院。

监察机关案件审理部门负责与人民检察院审查起诉的衔接工作,调查、案件监督管理等部门应当予以协助。

国家监察委员会派驻或者派出的监察机构、监察专员调查的职务犯罪案件,应当依法移送省级人民检察院审查起诉。

从宽处罚建议 涉嫌职务犯罪的被调查人和涉案人员符合《监察法》第三十一条、第三十二条规定情形的,结合其案发前的一贯表现、违法犯罪行为的情节、后果和影响等因素,监察机关经综合研判和集体审议,报上一级监察机关批准,可以在移送人民检察院时依法提出从轻、减轻或者免除处罚等从宽处罚建议。报请批准时,应当一并提供主要证据材料、忏悔反思材料。

上级监察机关相关监督检查部门负责审查工作,重点审核拟认定的从宽处罚情形、提出的从宽处罚建议,经审批在十五个工作日以内作出批复。

自动投案,真诚悔罪悔过的认定 涉嫌职务犯罪的被调查人有下列情形之一,如实交代自己主要犯罪事实的,可以认定为《监察法》第三十一条第一项规定的自动投案,真诚悔罪悔过:

1. 职务犯罪问题未被监察机关掌握,向监察机关投案的;

2. 在监察机关谈话、函询过程中,如实交代监察机关未掌握的涉嫌职务犯罪问题的;

3. 在初步核实阶段，尚未受到监察机关谈话时投案的；

4. 职务犯罪问题虽被监察机关立案，但尚未受到讯问或者采取留置措施，向监察机关投案的；

5. 因伤病等客观原因无法前往投案，先委托他人代为表达投案意愿，或者以书信、网络、电话、传真等方式表达投案意愿，后到监察机关接受处理的；

6. 涉嫌职务犯罪潜逃后又投案，包括在被通缉、抓捕过程中投案的；

7. 经查实确已准备去投案，或者正在投案途中被有关机关抓获的；

8. 经他人规劝或者在他人陪同下投案的；

9. 虽未向监察机关投案，但向其所在党组织、单位或者有关负责人员投案，向有关巡视巡察机构投案，以及向公安机关、人民检察院、人民法院投案的；

10. 具有其他应当视为自动投案的情形的。

被调查人自动投案后不能如实交代自己的主要犯罪事实，或者自动投案并如实供述自己的罪行后又翻供的，不能适用前款规定。

积极配合调查工作，如实供述违法犯罪行为的认定　涉嫌职务犯罪的被调查人有下列情形之一的，可以认定为《监察法》第三十一条第二项规定的积极配合调查工作，如实供述监察机关还未掌握的违法犯罪行为：

1. 监察机关所掌握线索针对的犯罪事实不成立，在此范围外被调查人主动交代其他罪行的；

2. 主动交代监察机关尚未掌握的犯罪事实，与监察机关已掌握的犯罪事实属不同种罪行的；

3. 主动交代监察机关尚未掌握的犯罪事实，与监察机关已掌握的犯罪事实属同种罪行的；

4. 监察机关掌握的证据不充分，被调查人如实交代有助于收集定案证据的。

前款所称同种罪行和不同种罪行，一般以罪名区分。被调查人如实供述其他罪行的罪名与监察机关已掌握犯罪的罪名不同，但属选择性罪名或者在法律、事实上密切关联的，应当认定为同种罪行。

积极退赃的认定　涉嫌职务犯罪的被调查人有下列情形之一的，可以认定为《监察法》第三十一条第三项规定的积极退赃，减少损失：

1. 全额退赃的；

2. 退赃能力不足，但被调查人及其亲友在监察机关追缴赃款赃物过程中积极配合，且大部分已追缴到位的；

3. 犯罪后主动采取措施避免损失发生，或者积极采取有效措施减少、挽回大部分损失的。

重大立功表现的认定 涉嫌职务犯罪的被调查人有下列情形之一的，可以认定为《监察法》第三十一条第四项规定的具有重大立功表现：

1. 检举揭发他人重大犯罪行为且经查证属实的；

2. 提供其他重大案件的重要线索且经查证属实的；

3. 阻止他人重大犯罪活动的；

4. 协助抓捕其他重大职务犯罪案件被调查人、重大犯罪嫌疑人（包括同案犯）的；

5. 为国家挽回重大损失等对国家和社会有其他重大贡献的。

前款所称重大犯罪一般是指依法可能被判处无期徒刑以上刑罚的犯罪行为；重大案件一般是指在本省、自治区、直辖市或者全国范围内有较大影响的案件；查证属实一般是指有关案件已被监察机关或者司法机关立案调查、侦查，被调查人、犯罪嫌疑人被监察机关采取留置措施或者被司法机关采取强制措施，或者被告人被人民法院作出有罪判决，并结合案件事实、证据进行判断。

《监察法》第三十一条第四项规定的案件涉及国家重大利益，是指案件涉及国家主权和领土完整、国家安全、外交、社会稳定、经济发展等情形。

涉嫌行贿等犯罪的涉案人员揭发有关被调查人职务违法犯罪行为的认定 涉嫌行贿等犯罪的涉案人员有下列情形之一的，可以认定为《监察法》第三十二条规定的揭发有关被调查人职务违法犯罪行为，查证属实或者提供重要线索，有助于调查其他案件：

1. 揭发所涉案件以外的被调查人职务犯罪行为，经查证属实的；

2. 提供的重要线索指向具体的职务犯罪事实，对调查其他案件起到实质性推动作用的；

3. 提供的重要线索有助于加快其他案件办理进度，或者对其他案件固定关键证据、挽回损失、追逃追赃等起到积极作用的。

从宽处罚建议的移送 从宽处

罚建议一般应当在移送起诉时作为《起诉意见书》内容一并提出，特殊情况下也可以在案件移送后、人民检察院提起公诉前，单独形成从宽处罚建议书移送人民检察院。对于从宽处罚建议所依据的证据材料，应当一并移送人民检察院。

监察机关对于被调查人在调查阶段认罪认罚，但不符合《监察法》规定的提出从宽处罚建议条件，在移送起诉时没有提出从宽处罚建议的，应当在《起诉意见书》中写明其自愿认罪认罚的情况。

预告移送事宜 监察机关一般应当在正式移送起诉十日前，向拟移送的人民检察院采取书面通知等方式预告移送事宜。对于已采取留置措施的案件，发现被调查人因身体等原因存在不适宜羁押等可能影响刑事强制措施执行情形的，应当通报人民检察院。对于未采取留置措施的案件，可以根据案件具体情况，向人民检察院提出对被调查人采取刑事强制措施的建议。

指定管辖事宜 监察机关办理的职务犯罪案件移送起诉，需要指定起诉、审判管辖的，应当与同级人民检察院协商有关程序事宜。需要由同级人民检察院的上级人民检察院指定管辖的，应当商请同级人民检察院办理指定管辖事宜。

监察机关一般应当在移送起诉二十日前，将商请指定管辖函送交同级人民检察院。商请指定管辖函应当附案件基本情况，对于被调查人已被其他机关立案侦查的犯罪认为需要并案审查起诉的，一并进行说明。

派驻或者派出的监察机构、监察专员调查的职务犯罪案件需要指定起诉、审判管辖的，应当报派出机关办理指定管辖手续。

上级监察机关指定下级监察机关进行调查、移送起诉时的程序
上级监察机关指定下级监察机关进行调查，移送起诉时需要人民检察院依法指定管辖的，应当在移送起诉前由上级监察机关与同级人民检察院协商有关程序事宜。

补充移送起诉 监察机关对已经移送起诉的职务犯罪案件，发现遗漏被调查人罪行需要补充移送起诉的，应当经审批出具《补充起诉意见书》，连同相关案卷材料、证据等一并移送同级人民检察院。

对于经人民检察院指定管辖的案件需要补充移送起诉的，可以直接移送原受理移送起诉的人民检察院；需要追加犯罪嫌疑人、被告人的，应当再次商请人民检察院办理指定管辖手续。

关联案件的涉案人员随主案确定管辖 对于涉嫌行贿犯罪、介绍贿赂犯罪或者共同职务犯罪等关联案件的涉案人员，移送起诉时一般应当随主案确定管辖。

主案与关联案件由不同监察机关立案调查的，调查关联案件的监察机关在移送起诉前，应当报告或者通报调查主案的监察机关，由其统一协调案件管辖事宜。因特殊原因，关联案件不宜随主案确定管辖的，调查主案的监察机关应当及时通报和协调有关事项。

人民检察院在审查起诉中书面提出的要求监察机关应予配合 监察机关对于人民检察院在审查起诉中书面提出的下列要求应当予以配合：

1. 认为可能存在以非法方法收集证据情形，要求监察机关对证据收集的合法性作出说明或者提供相关证明材料的；

2. 排除非法证据后，要求监察机关另行指派调查人员重新取证的；

3. 对物证、书证、视听资料、电子数据及勘验检查、辨认、调查实验等笔录存在疑问，要求调查人员提供获取、制作的有关情况的；

4. 要求监察机关对案件中某些专门性问题进行鉴定，或者对勘验检查进行复验、复查的；

5. 认为主要犯罪事实已经查清，仍有部分证据需要补充完善，要求监察机关补充提供证据的；

6. 人民检察院依法提出的其他工作要求。

退回补充调查的案件 监察机关对于人民检察院依法退回补充调查的案件，应当向主要负责人报告，并积极开展补充调查工作。

退回补充调查的案件的处理 对人民检察院退回补充调查的案件，经审批分别作出下列处理：

1. 认定犯罪事实的证据不够充分的，应当在补充证据后，制作补充调查报告书，连同相关材料一并移送人民检察院审查，对无法补充完善的证据，应当作出书面情况说明，并加盖监察机关或者承办部门公章；

2. 在补充调查中发现新的同案犯或者增加、变更犯罪事实，需要追究刑事责任的，应当重新提出处理意见，移送人民检察院审查；

3. 犯罪事实的认定出现重大变化，认为不应当追究被调查人刑事责任的，应当重新提出处理意见，将处理结果书面通知人民检察院并说明理由；

4. 认为移送起诉的犯罪事实清楚，证据确实、充分的，应当说明理由，移送人民检察院依法审查。

人民检察院发现新的职务违法或者职务犯罪问题线索的处置　人民检察院在审查起诉过程中发现新的职务违法或者职务犯罪问题线索并移送监察机关的，监察机关应当依法处置。

人民检察院书面要求监察机关补充提供证据　在案件审判过程中，人民检察院书面要求监察机关补充提供证据，对证据进行补正、解释，或者协助人民检察院补充侦查的，监察机关应当予以配合。监察机关不能提供有关证据材料的，应当书面说明情况。

人民法院在审判过程中就证据收集合法性问题要求有关调查人员出庭说明情况时，监察机关应当依法予以配合。

不起诉决定提请复议　监察机关认为人民检察院不起诉决定有错误的，应当在收到不起诉决定书后三十日以内，依法向其上一级人民检察院提请复议。监察机关应当将上述情况及时向上一级监察机关书面报告。

不起诉或无罪判决的处理　对于监察机关移送起诉的案件，人民检察院作出不起诉决定，人民法院作出无罪判决，或者监察机关经人民检察院退回补充调查后不再移送起诉，涉及对被调查人已生效政务处分事实认定的，监察机关应当依法对政务处分决定进行审核。认为原政务处分决定认定事实清楚、适用法律正确的，不再改变；认为原政务处分决定确有错误或者不当的，依法予以撤销或者变更。

没收违法所得程序　对于贪污贿赂、失职渎职等职务犯罪案件，被调查人逃匿，在通缉一年后不能到案，或者被调查人死亡，依法应当追缴其违法所得及其他涉案财产的，承办部门在调查终结后应当依法移送审理。

监察机关应当经集体审议，出具《没收违法所得意见书》，连同案卷材料、证据等，一并移送人民检察院依法提出没收违法所得的申请。

监察机关将《没收违法所得意见书》移送人民检察院后，在逃的被调查人自动投案或者被抓获的,监察机关应当及时通知人民检察院。

缺席审判程序的处理 监察机关立案调查拟适用缺席审判程序的贪污贿赂犯罪案件,应当逐级报送国家监察委员会同意。

监察机关承办部门认为在境外的被调查人犯罪事实已经查清,证据确实、充分,依法应当追究刑事责任的,应当依法移送审理。

监察机关应当经集体审议,出具《起诉意见书》,连同案卷材料、证据等,一并移送人民检察院审查起诉。

在审查起诉或者缺席审判过程中,犯罪嫌疑人、被告人向监察机关自动投案或者被抓获的,监察机关应当立即通知人民检察院、人民法院。

反腐败国际合作工作职责和领导体制 国家监察委员会统筹协调与其他国家、地区、国际组织开展反腐败国际交流、合作。

国家监察委员会组织《联合国反腐败公约》等反腐败国际条约的实施以及履约审议等工作,承担《联合国反腐败公约》司法协助中央机关有关工作。

国家监察委员会组织协调有关单位建立集中统一、高效顺畅的反腐败国际追逃追赃和防逃协调机制,统筹协调、督促指导各级监察机关反腐败国际追逃追赃等涉外案件办理工作,具体履行下列职责:

1. 制定反腐败国际追逃追赃和防逃工作计划,研究工作中的重要问题;

2. 组织协调反腐败国际追逃追赃等重大涉外案件办理工作;

3. 办理由国家监察委员会管辖的涉外案件;

4. 指导地方各级监察机关依法开展涉外案件办理工作;

5. 汇总和通报全国职务犯罪外逃案件信息和追逃追赃工作信息;

6. 建立健全反腐败国际追逃追赃和防逃合作网络;

7. 承担监察机关开展国际刑事司法协助的主管机关职责;

8. 承担其他与反腐败国际追逃追赃等涉外案件办理工作相关的职责。

地方各级监察机关涉外案件办理 地方各级监察机关在国家监察委员会领导下,统筹协调、督促指导本地区反腐败国际追逃追赃等涉外案件办理工作,具体履行下列职责:

1. 落实上级监察机关关于反腐败国际追逃追赃和防逃工作部署，制定工作计划；

2. 按照管辖权限或者上级监察机关指定管辖，办理涉外案件；

3. 按照上级监察机关要求，协助配合其他监察机关开展涉外案件办理工作；

4. 汇总和通报本地区职务犯罪外逃案件信息和追逃追赃工作信息；

5. 承担本地区其他与反腐败国际追逃追赃等涉外案件办理工作相关的职责。

省级监察委员会应当会同有关单位，建立健全本地区反腐败国际追逃追赃和防逃协调机制。

国家监察委员会派驻或者派出的监察机构、监察专员统筹协调、督促指导本部门反腐败国际追逃追赃等涉外案件办理工作，参照第一款规定执行。

涉外案件办理部门　国家监察委员会国际合作局归口管理监察机关反腐败国际追逃追赃等涉外案件办理工作。地方各级监察委员会应当明确专责部门，归口管理本地区涉外案件办理工作。

国家监察委员会派驻或者派出的监察机构、监察专员和地方各级监察机关办理涉外案件中有关执法司法国际合作事项，应当逐级报送国家监察委员会审批。由国家监察委员会依法直接或者协调有关单位与有关国家（地区）相关机构沟通，以双方认可的方式实施。

追逃追赃内部联络机制　监察机关应当建立追逃追赃和防逃工作内部联络机制。承办部门在调查过程中，发现被调查人或者重要涉案人员外逃、违法所得及其他涉案财产被转移到境外的，可以请追逃追赃部门提供工作协助。监察机关将案件移送人民检察院审查起诉后，仍有重要涉案人员外逃或者未追缴的违法所得及其他涉案财产的，应当由追逃追赃部门继续办理，或者由追逃追赃部门指定协调有关单位办理。

建立健全防逃责任机制　监察机关应当将防逃工作纳入日常监督内容，督促相关机关、单位建立健全防逃责任机制。

监察机关在监督、调查工作中，应当根据情况制定对监察对象、重要涉案人员的防逃方案，防范人员外逃和资金外流风险。监察机关应当会同同级组织人事、外事、公安、移民管理等单位健全防逃预警机制，对存在外逃风险的监察对象早发现、早报告、早处置。

对离岸公司和地下钱庄等预防、打击 监察机关应当加强与同级人民银行、公安等单位的沟通协作，推动预防、打击利用离岸公司和地下钱庄等向境外转移违法所得及其他涉案财产，对涉及职务违法和职务犯罪的行为依法进行调查。

监察对象出逃、失踪、出走等的处理 国家监察委员会派驻或者派出的监察机构、监察专员和地方各级监察委员会发现监察对象出逃、失踪、出走，或者违法所得及其他涉案财产被转移至境外的，应当在二十四小时以内将有关信息逐级报送至国家监察委员会国际合作局，并迅速开展相关工作。

统一接收外逃信息 监察机关追逃追赃部门统一接收巡视巡察机构、审计机关、行政执法部门、司法机关等单位移交的外逃信息。

监察机关对涉嫌职务违法和职务犯罪的外逃人员，应当明确承办部门，建立案件档案。

全面收集外逃人员的犯罪证据 监察机关应当依法全面收集外逃人员涉嫌职务违法和职务犯罪证据。

涉外案件宽严相济刑事政策 开展反腐败国际追逃追赃等涉外案件办理工作，应当把思想教育贯穿始终，落实宽严相济刑事政策，依法适用认罪认罚从宽制度，促使外逃人员回国投案或者配合调查、主动退赃。开展相关工作，应当尊重所在国家（地区）的法律规定。

外逃人员违法所得及其他涉案财产的处置 外逃人员归案、违法所得及其他涉案财产被追缴后，承办案件的监察机关应当将情况逐级报送国家监察委员会国际合作局。监察机关应当依法对涉案人员和违法所得及其他涉案财产作出处置，或者请有关单位依法处置。对不需要继续采取相关措施的，应当及时解除或者撤销。

国际刑警组织红色通报的发布 监察机关对依法应当留置或者已经决定留置的外逃人员，需要申请发布国际刑警组织红色通报的，应当逐级报送国家监察委员会审核。国家监察委员会审核后，依法通过公安部向国际刑警组织提出申请。

需要延期、暂停、撤销红色通报的，申请发布红色通报的监察机关应当逐级报送国家监察委员会审核，由国家监察委员会依法通过公安部联系国际刑警组织办理。

引渡 地方各级监察机关通过引渡方式办理相关涉外案件的，应当按照引渡法、相关双边及多边国际条约等规定准备引渡请求书及相关材料，逐级报送国家监察委员会审核。由国家监察委员会依法通过外交等渠道向外国提出引渡请求。

刑事司法协助 地方各级监察机关通过刑事司法协助方式办理相关涉外案件的，应当按照国际刑事司法协助法、相关双边及多边国际条约等规定准备刑事司法协助请求书及相关材料，逐级报送国家监察委员会审核。由国家监察委员会依法直接或者通过对外联系机关等渠道，向外国提出刑事司法协助请求。

国家监察委员会收到外国提出的刑事司法协助请求书及所附材料，经审查认为符合有关规定的，作出决定并交由省级监察机关执行，或者转交其他有关主管机关。省级监察机关应当立即执行，或者交由下级监察机关执行，并将执行结果或者妨碍执行的情形及时报送国家监察委员会。在执行过程中，需要依法采取查询、调取、查封、扣押、冻结等措施或者需要返还涉案财物

的，根据我国法律规定和国家监察委员会的执行决定办理有关法律手续。

合作办理相关涉外案件 地方各级监察机关通过执法合作方式办理相关涉外案件的，应当将合作事项及相关材料逐级报送国家监察委员会审核。由国家监察委员会依法直接或者协调有关单位，向有关国家（地区）相关机构提交并开展合作。

境外追诉方式办理相关涉外案件 地方各级监察机关通过境外追诉方式办理相关涉外案件的，应当提供外逃人员相关违法线索和证据，逐级报送国家监察委员会审核。由国家监察委员会依法直接或者协调有关单位向有关国家（地区）相关机构提交，请其依法对外逃人员调查、起诉和审判，并商有关国家（地区）遣返外逃人员。

境外违法所得及其他涉案财产的追缴 监察机关对依法应当追缴的境外违法所得及其他涉案财产，应当责令涉案人员以合法方式退赔。涉案人员拒不退赔的，可以依法通过下列方式追缴：

1. 在开展引渡等追逃合作时，随附请求有关国家（地区）移交相关

违法所得及其他涉案财产;

2. 依法启动违法所得没收程序,由人民法院对相关违法所得及其他涉案财产作出冻结、没收裁定,请有关国家(地区)承认和执行,并予以返还;

3. 请有关国家(地区)依法追缴相关违法所得及其他涉案财产,并予以返还;

4. 通过其他合法方式追缴。

对监察机关和监察人员的监督

监察机关和监察人员必须自觉坚持党的领导,在党组织的管理、监督下开展工作,依法接受本级人民代表大会及其常务委员会的监督,接受民主监督、司法监督、社会监督、舆论监督,加强内部监督制约机制建设,确保权力受到严格的约束和监督。

报告专项工作 各级监察委员会应当按照《监察法》第五十三条第二款规定,由主任在本级人民代表大会常务委员会全体会议上报告专项工作。

在报告专项工作前,应当与本级人民代表大会有关专门委员会沟通协商,并配合开展调查研究等工作。各级人民代表大会常务委员会审议专项工作报告时,本级监察委员会应当根据要求派出领导成员列席相关会议,听取意见。

各级监察委员会应当认真研究办理本级人民代表大会常务委员会反馈的审议意见,并按照要求书面报告办理情况。

执法检查 各级监察委员会应当积极接受、配合本级人民代表大会常务委员会组织的执法检查。对本级人民代表大会常务委员会的执法检查报告,应当认真研究处理,并向其报告处理情况。

听取意见,回答询问 各级监察委员会在本级人民代表大会常务委员会会议审议与监察工作有关的议案和报告时,应当派相关负责人到会听取意见,回答询问。

监察机关对依法交由监察机关答复的质询案应当按照要求进行答复。口头答复的,由监察机关主要负责人或者委派相关负责人到会答复。书面答复的,由监察机关主要负责人签署。

监察信息公开 各级监察机关应当通过互联网政务媒体、报刊、广播、电视等途径,向社会及时准确公开下列监察工作信息:

1. 监察法规;

2. 依法应当向社会公开的案

件调查信息；

3. 检举控告地址、电话、网站等信息；

4. 其他依法应当公开的信息。

特约监察员 各级监察机关可以根据工作需要，按程序选聘特约监察员履行监督、咨询等职责。特约监察员名单应当向社会公布。

监察机关应当为特约监察员依法开展工作提供必要条件和便利。

监察人员准入制度 监察机关实行严格的人员准入制度，严把政治关、品行关、能力关、作风关、廉洁关。监察人员必须忠诚坚定、担当尽责、遵纪守法、清正廉洁。

相互协调制约的工作机制 监察机关应当建立监督检查、调查、案件监督管理、案件审理等部门相互协调制约的工作机制。

监督检查和调查部门实行分工协作、相互制约。监督检查部门主要负责联系地区、部门、单位的日常监督检查和对涉嫌一般违法问题线索处置。调查部门主要负责对涉嫌严重职务违法和职务犯罪问题线索进行初步核实和立案调查。

案件监督管理部门负责对监督检查、调查工作全过程进行监督管理，做好线索管理、组织协调、监督检查、督促办理、统计分析等工作。案件监督管理部门发现监察人员在监督检查、调查中有违规办案行为的，及时督促整改；涉嫌违纪违法的，根据管理权限移交相关部门处理。

经常性监督检查 监察机关应当对监察权运行关键环节进行经常性监督检查，适时开展专项督查。案件监督管理、案件审理等部门应当按照各自职责，对问题线索处置、调查措施使用、涉案财物管理等进行监督检查，建立常态化、全覆盖的案件质量评查机制。

对监察人员的监督 监察机关应当加强对监察人员执行职务和遵纪守法情况的监督，按照管理权限依法对监察人员涉嫌违法犯罪问题进行调查处置。

定期检查调查期间的录音录像等 监察机关及其监督检查、调查部门负责人应当定期检查调查期间的录音录像、谈话笔录、涉案财物登记资料，加强对调查全过程的监督，发现问题及时纠正并报告。

打听案情、过问案件、说情干预的处理 对监察人员打听案情、过问案件、说情干预的，办理监察事项的监察人员应当及时向上级负责人报告。有关情况应当登记备案。

发现办理监察事项的监察人员未经批准接触被调查人、涉案人员及其特定关系人，或者存在交往情形的，知情的监察人员应当及时向上级负责人报告。有关情况应当登记备案。

回避 办理监察事项的监察人员有《监察法》第五十八条所列情形之一的，应当自行提出回避；没有自行提出回避的，监察机关应当依法决定其回避，监察对象、检举人及其他有关人员也有权要求其回避。

选用借调人员、看护人员、调查场所，应当严格执行回避制度。

自行提出回避的办理 监察人员自行提出回避，或者监察对象、检举人及其他有关人员要求监察人员回避的，应当书面或者口头提出，并说明理由。口头提出的，应当形成记录。

监察机关主要负责人的回避，由上级监察机关主要负责人决定；其他监察人员的回避，由本级监察机关主要负责人决定。

对下级监察机关及监察人员的监督 上级监察机关应当通过专项检查、业务考评、开展复查等方式，强化对下级监察机关及监察人员执行职务和遵纪守法情况的监督。

培训 监察机关应当对监察人员有计划地进行政治、理论和业务培训。培训应当坚持理论联系实际、按需施教、讲求实效，突出政治机关特色，建设高素质专业化监察队伍。

保密制度 监察机关应当严格执行保密制度，控制监察事项知悉范围和时间。监察人员不准私自留存、隐匿、查阅、摘抄、复制、携带问题线索和涉案资料，严禁泄露监察工作秘密。

监察机关应当建立健全检举控告保密制度，对检举控告人的姓名（单位名称）、工作单位、住址、电话和邮箱等有关情况以及检举控告内容必须严格保密。

脱密期 监察机关涉密人员离岗离职后，应当遵守脱密期管理规定，严格履行保密义务，不得泄露相关秘密。

监察人员离任三年内的职业 监察人员离任三年以内，不得从事与监察和司法工作相关联且可能发生利益冲突的职业。

监察人员离任后，不得担任原任职监察机关办理案件的诉讼代理人或者辩护人，但是作为当事人的监护人或者近亲属代理诉讼或者进行辩护的除外。

严格遵守经商办企业的规定 监察人员应当严格遵守有关规范领导干部配偶、子女及其配偶经商办企业行为的规定。

依法保护企业产权和自主经营权 监察机关在履行职责过程中应当依法保护企业产权和自主经营权，严禁利用职权非法干扰企业生产经营。需要企业经营者协助调查的，应当依法保障其合法的人身、财产等权益，避免或者减少对涉案企业正常生产、经营活动的影响。

查封企业厂房、机器设备等生产资料，企业继续使用对该财产价值无重大影响的，可以允许其使用。对于正在运营或者正在用于科技创新、产品研发的设备和技术资料等，一般不予查封、扣押，确需调取违法犯罪证据的，可以采取拍照、复制等方式。

被调查人及其近亲属依据《监察法》第六十条第一款规定的有关情形提出申诉的处理 被调查人及其近亲属认为监察机关及监察人员存在《监察法》第六十条第一款规定的有关情形，向监察机关提出申诉的，由监察机关案件监督管理部门依法受理，并按照法定的程序和时限办理。

失职失责的处理 监察机关在维护监督执法调查工作纪律方面失职失责的，依法追究责任。监察人员涉嫌严重职务违法、职务犯罪或者对案件处置出现重大失误的，既应当追究直接责任，还应当严肃追究负有责任的领导人员责任。

监察机关应当建立办案质量责任制，对滥用职权、失职失责造成严重后果的，实行终身责任追究。

法律责任 有关单位拒不执行监察机关依法作出的下列处理决定的，应当由其主管部门、上级机关责令改正，对单位给予通报批评，对负有责任的领导人员和直接责任人员依法给予处理：

1. 政务处分决定；

2. 问责决定；

3. 谈话提醒、批评教育、责令检查，或者予以诫勉的决定；

4. 采取调查措施的决定；

5. 复审、复核决定；

6. 监察机关依法作出的其他处理决定。

监察对象行为打击、压制等报复陷害行为的处理 监察对象对控告人、申诉人、批评人、检举人、证人、监察人员进行打击、压制等报复陷害的,监察机关应当依法给予政务处分。构成犯罪的,依法追究刑事责任。

控告人、检举人、证人诬告陷害的处理 控告人、检举人、证人采取捏造事实、伪造材料等方式诬告陷害的,监察机关应当依法给予政务处分,或者移送有关机关处理。构成犯罪的,依法追究刑事责任。

监察人员因依法履行职责遭受不实举报、诬告陷害、侮辱诽谤,致使名誉受到损害的,监察机关应当会同有关部门及时澄清事实,消除不良影响,并依法追究相关单位或者个人的责任。

办案安全责任制 监察机关应当建立健全办案安全责任制。承办部门主要负责人和调查组组长是调查安全第一责任人。调查组应当指定专人担任安全员。

地方各级监察机关履行管理、监督职责不力发生严重办案安全事故的,或者办案中存在严重违规违纪违法行为的,省级监察机关主要负责人应当向国家监察委员会作出检讨,并予以通报、严肃追责问责。

案件监督管理部门应当对办案安全责任制落实情况组织经常性检查和不定期抽查,发现问题及时报告并督促整改。

监察人员在履行职责中的职务违法和职务犯罪行为 监察人员在履行职责中有下列行为之一的,依法严肃处理;构成犯罪的,依法追究刑事责任:

1．贪污贿赂、徇私舞弊的;

2．不履行或者不正确履行监督职责,应当发现的问题没有发现,或者发现问题不报告、不处置,造成严重影响的;

3．未经批准、授权处置问题线索,发现重大案情隐瞒不报,或者私自留存、处理涉案材料的;

4．利用职权或者职务上的影响干预调查工作的;

5．违法窃取、泄露调查工作信息,或者泄露举报事项、举报受理情况以及举报人信息的;

6．对被调查人或者涉案人员逼供、诱供,或者侮辱、打骂、虐待、体罚或者变相体罚的;

7．违反规定处置查封、扣押、冻结的财物的;

8．违反规定导致发生办案安全事故,或者发生安全事故后隐瞒不报、报告失实、处置不当的;

9．违反规定采取留置措施的;

10. 违反规定限制他人出境，或者不按规定解除出境限制的；

11. 其他职务违法和职务犯罪行为。

对监察人员在履行职责中违法犯罪行为的处罚 对监察人员在履行职责中存在违法行为的，可以根据情节轻重，依法进行谈话提醒、批评教育、责令检查、诫勉，或者给予政务处分。构成犯罪的，依法追究刑事责任。

可申请国家赔偿的情形 监察机关及其工作人员在行使职权时，有下列情形之一的，受害人可以申请国家赔偿：

1. 采取留置措施后，决定撤销案件的；

2. 违法没收、追缴或者违法查封、扣押、冻结财物造成损害的；

3. 违法行使职权，造成被调查人、涉案人员或者证人身体伤害或者死亡的；

4. 非法剥夺他人人身自由的；

5. 其他侵犯公民、法人和其他组织合法权益造成损害的。

受害人死亡的，其继承人和其他有扶养关系的亲属有权要求赔偿；受害的法人或者其他组织终止的，其权利承受人有权要求赔偿。

赔偿义务机关 监察机关及其工作人员违法行使职权侵犯公民、法人和其他组织的合法权益造成损害的，该机关为赔偿义务机关。申请赔偿应当向赔偿义务机关提出，由该机关负责复审复核工作的部门受理。

赔偿以支付赔偿金为主要方式。能够返还财产或者恢复原状的，予以返还财产或者恢复原状。

监察机关 本《条例》所称监察机关，包括各级监察委员会及其派驻或者派出监察机构、监察专员。

"近亲属" 本《条例》所称"近亲属"，是指夫、妻、父、母、子、女、同胞兄弟姊妹。

以上、以下、以内 本《条例》所称以上、以下、以内，包括本级、本数。

期间 期间以时、日、月、年计算，期间开始的时和日不算在期间以内。本条例另有规定的除外。

按照年、月计算期间的，到期月的对应日为期间的最后一日；没有对应日的，月末日为期间的最后一日。

期间的最后一日是法定休假日的，以法定休假日结束的次日为期间的最后一日。但被调查人留置期间应当至到期之日为止，不得因法定休假日而延长。

第七章

监督检查和审查调查

监督检查职责和重点内容 党委（党组）在党内监督中履行主体责任，纪检监察机关履行监督责任，应当将纪律监督、监察监督、巡视监督、派驻监督结合起来，重点检查遵守、执行党章党规党纪和宪法法律法规，坚定理想信念，增强"四个意识"，坚定"四个自信"，维护习近平总书记核心地位，维护党中央权威和集中统一领导，贯彻执行党和国家的路线方针政策以及重大决策部署，坚持主动作为，真抓实干，落实全面从严治党责任、民主集中制原则、选人用人规定以及中央八项规定精神，巡视巡察整改，依法履职、秉公用权、廉洁从政从业以及恪守社会道德规范等情况，对发现的问题分类处置、督促整改。

纪检监察机关加强日常监督 纪检监察机关应当结合被监督对象的职责，加强对行使权力情况的日常监督，通过多种方式了解被监督对象的思想、工作、作风、生活情况，发现苗头性、倾向性问题或者轻微违纪问题，应当及时约谈提醒、批评教育、责令检查、诫勉谈话，提高监督的针对性和实效性。纪检监察机关开展日常监督，必须提高针对性和实效性，紧盯重点事、重点人，必须坚持抓早抓小、防微杜渐。

畅通信访举报渠道 纪检监察机关应当畅通来信、来访、来电和网络等举报渠道,建设覆盖纪检监察系统的检举举报平台,及时受理检举控告,发挥党员和群众的监督作用。

党员领导干部廉政档案 纪检监察机关应当建立健全党员领导干部廉政档案,主要内容包括:

1. 任免情况、人事档案情况、因不如实报告个人有关事项受到处理的情况等;

2. 巡视巡察、信访、案件监督管理以及其他方面移交的问题线索和处置情况;

3. 开展谈话函询、初步核实、审查调查以及其他工作形成的有关材料;

4. 党风廉政意见回复材料;

5. 其他反映廉政情况的材料。

纪律检查建议 党的纪律检查机关根据开展监督检查等工作发现的问题,就所涉及的人员或组织,依据党章党规党纪向有关党组织提出的处理建议。

监察建议 对监察对象所在单位廉政建设和履行职责存在的问题等提出建议。

监察委员会负责调查的 101 种职务犯罪罪名:

1. 贪污贿赂犯罪,包括贪污罪,挪用公款罪,受贿罪,单位受贿罪,行贿罪,利用影响力受贿罪,对有影响力的人行贿罪,对单位行贿罪,介绍贿赂罪,单位行贿罪,巨额财产来源不明罪,隐瞒境外存款罪,私分国有资产罪,私分罚没财物罪,非国家工作人员受贿罪,对非国家工作人员行贿罪,对外国公职人员、国际公共组织官员行贿罪。该 17 个罪名中,前 14 个是《刑法》第八章贪污贿赂罪规定的罪名,由检察机关原反贪部门查办的案件划转而来,现属于监察机关专属管辖范畴;后 3 个是《刑法》第三章破坏社会主义市场经济秩序罪规定的罪名,由公安机关管辖的案件划转而来,目前属于监察机关与公安机关共管的罪名。

2. 滥用职权犯罪,包括滥用职权罪,国有公司、企业、事业单位人员滥用职权罪,滥用管理公司、证券职权罪,食品监管渎职罪,故意泄露国家秘密罪,报复陷害罪,阻碍解救被拐卖、绑架妇女、儿童罪,帮助犯罪分子逃避处罚罪,违法发放林木采伐许可证罪,办理偷越国(边)境人员出入境证件罪,放行偷越国

（边）境人员罪，挪用特定款物罪，非法剥夺公民宗教信仰自由罪，侵犯少数民族风俗习惯罪，打击报复会计、统计人员罪。该15个罪名中，前9个是《刑法》第九章渎职罪规定的罪名，由检察机关原反渎部门查办的案件划转而来，现属于监察机关专属管辖范畴。后6个分别是《刑法》第三章破坏社会主义市场经济秩序罪（国有公司、企业、事业单位人员滥用职权罪），第五章侵犯财产罪（挪用特定款物罪），第四章侵犯公民人身权利、民主权利罪（最后4个）等章节规定的犯罪，其中前5个罪名由公安机关管辖的案件划转而来，最后1个报复陷害罪是由检察机关管辖的国家机关工作人员利用职权实施的侵犯公民人身权利、民主权利犯罪案件划转而来。在后6个罪中，国有公司、企业、事业单位人员滥用职权罪，非法剥夺公民宗教信仰自由罪，侵犯少数民族风俗习惯罪和报复陷害罪，属于监察机关专属管辖；挪用特定款物罪和打击报复会计、统计人员罪，应系与公安机关共管罪名。

3. 玩忽职守犯罪，包括玩忽职守罪，国有公司、企业、事业单位人员失职罪，签订、履行合同失职被骗罪，国家机关工作人员签订、履行合同失职被骗罪，商检失职罪，环境监管失职罪，传染病防治失职罪，动植物检疫失职罪，不解救被拐卖、绑架妇女儿童罪，失职造成珍贵文物损毁、流失罪，过失泄露国家秘密罪。该11个罪名均属监察机关专属管辖范畴。其中，前2个是《刑法》第三章破坏社会主义市场经济秩序罪规定的罪名，由公安机关管辖的案件划转而来；后9个是《刑法》第九章渎职罪规定的罪名，由检察机关原反渎部门查办的案件划转而来。

4：徇私舞弊犯罪，包括徇私舞弊低价折股、出售国有资产罪，非法经营同类营业罪，为亲友非法牟利罪，非法批准征收、征用、占用土地罪，枉法仲裁罪，徇私舞弊发售发票、抵扣税款、出口退税罪，商检徇私舞弊罪，动植物检疫徇私舞弊罪，放纵走私罪，放纵制售伪劣商品犯罪行为罪，招收公务员、学生徇私舞弊罪，徇私舞弊不移交刑事案件罪，违法提供出口退税凭证罪，徇私舞弊不征、少征税款罪。前述罪名均属监察机关专属管辖范畴。其中，前3个是《刑法》第三章破坏社会主义市场经济秩序罪规定的罪名，由公安机关管辖的案件划转而来；后

12个是《刑法》第九章渎职罪规定的罪名,由检察机关原反渎部门查办的案件划转而来。

5. 公职人员在行使公权力过程中发生的重大责任事故犯罪,包括重大责任事故罪,教育设施重大安全事故罪,消防责任事故罪,重大劳动安全事故罪,强令违章冒险作业罪,不报、谎报安全事故罪,铁路运营安全事故罪,重大飞行事故罪,大型群众性活动重大安全事故罪,危险物品肇事罪,工程重大安全事故罪。前述罪名均系《刑法》第二章危害公共安全罪规定的罪名,均由公安机关管辖的案件划转而来,现为监察机关与公安机关的共管罪名。

6. 公职人员在行使公权力过程发生的其他犯罪,包括破坏选举罪,背信损害上市公司利益罪,金融工作人员购买假币、以假币换取货币罪,利用未公开信息交易罪,诈骗投资者买卖证券、期货合约罪,背信运用受托财产罪,违法运用资金罪,违法发放贷款罪,吸收客户资金不入账罪,违规出具金融票证罪,对违法票据承兑、付款、保证罪,非法转让、倒卖土地使用权罪,私自开拆、隐匿、毁弃邮件、电报罪,职务侵占罪,挪用资金罪,故意延误投递邮件罪,泄露不应公开的案件信息罪,披露、报道不应公开的案件信息罪,接送不合格兵员罪。前述罪名,涉及《刑法》第三章破坏社会主义市场经济秩序罪,第四章侵犯公民人身权利、民主权利罪,第五章侵犯财产罪,第六章妨害社会管理秩序罪,第七章危害国防利益罪。这些罪名由公安机关管辖的案件划转而来(国家机关工作人员实施的破坏选举罪由检察机关管辖的案件划转而来),目前为监察机关与公安机关的共管罪名。

案件查处 案件查处也称办案。就是调查、处理党和国家机关及其工作人员、党和国家行政机关任命的企业、事业单位的领导干部违反党纪政纪以及政策和法律法规的案件。

纪检监察机关严肃查处腐败现象,惩处腐败分子,是非常必要的。只有对违法乱纪的党和国家工作人员予以立案查处,清除腐败现象,才能加强和改善党和国家及地方各级党政机关的领导能力,才能切实保障改革和"四个全面"的顺利进行。

案件查处的任务 党纪政务案件调查处理工作的任务是:调查处

理党政机关及其工作人员、党和国家机关任命的国有企业、事业单位的领导干部违反国家政策、法律、法规和违反党纪政纪的案件。

案件查处的原则 党纪政务案件调查处理工作的原则是：调查处理案件必须实事求是，重证据，重调查研究，以事实为依据，以党和国家政策、法律、法规为准绳。对违反党纪政纪的党政机关工作人员及党和国家机关任命的企事业单位的领导干部，应本着惩前毖后、治病救人的原则，慎重地进行处理，达到既严肃党纪政纪，又教育干部的目的。纪检监察机关查办案件，要发扬民主，依靠群众，同时加强与司法机关以及经济监督机关的联系配合；要坚持违反党纪政纪必须追究、执行党纪政纪必须严格，党纪政纪面前人人平等的原则。

案件查处的要求 实行分级立案、分级调查、分级处理、各负其责。做到事实清楚，证据确凿，定性准确，处理恰当，手续完备，经得起历史的检验。

案件的受理 纪检监察机关对上级批办、其他部门移送和群众反映、检举、控告纪检监察对象违反党和国家政策、法律、法规以及纪检监察对象自述或申诉的问题，应予受理。群众反映、检举、控告，用书面或口头方式均可。对口头反映、检举、控告的违法违纪问题，可以录音，也可笔录，经宣读无误后，由来访者签名、盖章或捺指印。如反映人、检举人、控告人不愿公开自己的姓名，应为其保密。对不属于纪检监察机关管辖范围的问题，应当告知来访者到有权处理的机关反映。凡是已经受理的违纪违法问题，都要听取知情人和有关单位意见及群众反映；经初步了解，确有违法违纪事实而需要给予党纪政务处分的，即可立案。

匿名检举 是用不署名或不署真名的书面形式进行检举揭发的行为。党和国家工作人员向党政领导机关负责检举任何行政单位和任何工作人员的问题，均属行使《宪法》规定的公民权利范围内的光明正大行为，应当署自己的真实姓名，以免给组织上的调查核实工作造成困难。但是，由于某些单位的政治生活不正常，或由于检举者害怕打击报复，在检举揭发时采取匿名的方式，也是允许的。对于匿名检举应同署名检举一样认真对待。只要检举揭发有根有据，就要认真查处，不能把匿名检举看成是"违反组织原则",搞阴谋活动。处理这类信件也要注意保护检举人。如果发现有人采取核对笔迹或其他方式追查检举人,打击报复时,要追究责任。对出于个人目的,采取匿名检举的形式,诬陷他人的,经调查清楚,应按诬告陷害对待,严肃处理。

报案 一般是指党政机关、团体、企事业单位,把发现的违反党纪政纪,危害国家和人民利益的重大事件及时报告给纪检监察机关。有时也指下级机关把发现或立案查处的重大违纪案件及时向上级机关报告的制度。下列案件,应立即报案,并随时报告调查情况和处理结果:

1. 性质特别严重,情节非常恶劣,危害很大,影响很坏的案件;

2. 牵扯面广,涉及人多,特别是涉及领导机关和领导干部的案件;

3. 在查处某些案件中,遇到来自某些领导机关和领导干部的阻力或有关部门对案件查处意见不一致,致使案件查不下去或者案件查清后得不到正确处理的案件;

4. 反映出一定时期内带有倾向性、代表性并具有普遍教育意义的典型案件。

揭发检举 揭发是揭露缺点、错误和罪行;检举是向有关机关或组织揭发某人或某组织违法乱纪的行为。向纪检监察机关负责地揭发、检举党政机关及其工作人员违法乱纪的行为,是公民的一项基本权利。它能保证工作人员及时有效地同违背党的路线、方针、政策和个人主义、官僚主义、违法乱纪等错误行为作斗争,使党政机关及其工作人员受到自下而上的监督,坚决地维护党和国家的利益。各级组织必须充分尊重和保障广大公民行使检举揭发的权利,对检举揭发的问题要分级分部门及时查处。部分检举内容不实的,对不真实部分予以解释说明,对真实部分应予以肯定,并认真查处。检举内容全部不实的,必须严格分清是错告还是诬告,分别不同情况处理。

检举控告 是指人民群众对党政纪检监察对象违法乱纪行为的揭发。如揭发者与所揭发的问题无直接关系,这种揭发叫作检举。如果揭发者是违法乱纪行为的受害者或是受害者的合法代理人,这种揭发叫作控告。检举和控告都是公民的基本权利,也是纪检监察机关受理案件的主要来源渠道。

控告与检举的区别 到纪检监察机关控告与检举纪检监察对象违反党纪政纪的行为,都是揭露纪检监察对象违反党纪政纪问题的重要手段,但二者之间有着一定的区别,主要体现在以下几点:

1. 控告人一般是指直接受到违纪行为所侵害的人,或者是他们的法定代理人;检举人则一般与违纪案件无直接牵连。

2. 控告人向纪检监察机关控告的目的,是保护自身的合法权益而要求对违纪的纪检监察对象依法查处;而检举人一般是出于义愤或为了维护国家和公共利益,揭露违纪行为而要求查处违纪对象。

控告和检举都是公民的基本权利,受到党和国家法律的保护。任何单位、个人发现监察对象有违纪事实或违纪嫌疑时,有权利也有义务在规定的管辖范围内向纪检监察机关提出控告和检举。

控告和检举,用书面方式或口头方式均可,如控告人、检举人不愿公开自己的姓名,纪检监察机关应为其保密。

诬告与错告或检举失实 在控告与检举党和国家机关及国有企事业单位工作人员的来信来访中,多数是为了维护国家和人民的利益,向纪检监察机关负责地控告和检举工作人员中的违法乱纪的行为。但是,也有少数来信来访是属于诬告、陷害他人的。凡是为了达到个人的某种不可告人的目的,故意采取无中生有、捏造事实、伪造证据等恶劣手段,向纪检监察机关控告或检举的,都属于诬告。由于了解情况有限,或者缺乏调查研究,轻信道听途说的反映,而造成检举与控告失实,甚至造成错误的,不以诬告论处。在诬告与错告或检举失实暂时难以分清的时候,应当充分走群众路线,进行深入细致的调查研究,认真进行分析鉴别,论证事实,划清界限。对诬告者,要根据情节、后果的轻重,严肃处理,直至追究其法律责任。对错告和检举失实者,也应给予适当的批评和教育。

退职、退休、离休人员违纪问题的受理 党政机关的退休、离休人员的违纪问题,应按退休、离休人员现在管理的范围受理。即属于原行政机关管理的,由原单位受理;不归原单位管理的,由其现在管理的单位受理。

分级办案 是指纪检监察机关按照隶属关系和纪检监察对象的管

理权限确定立案并进行处理。分级办案是纪检监察机关承办党纪政纪案件的原则，不论采取何种办案方式，各方都应积极配合，按查处党纪政纪案件的要求予以结案。对于重大案件，上级纪检监察机关可以直接立案查处，也可以立案交下级纪检监察机关查处并报结果。对于联合办理的案件，有关部门应明确分工，各司其职，密切配合，注意衔接，共同调查，分别处理。

立案手续 凡需立案检查的问题，均应整理书面材料或填写立案报告表，按干部管理权限报经批准后，才能算正式立案，才能检查。

办案的方式 纪检监察机关办案的方式，一般包括如下 4 种：

1. 主办；
2. 协办；
3. 催办；
4. 转办。

主办案件 本机关直接承办或以本机关为主，会同外单位参加办理的案件。

协办案件 以外单位为主，本机关派人参与或指导办理的案件。

转办案件 本机关批转给外单位办理，并要求对方报告结果的案件。

过问案件 以询问方式，对有关纪检监察机关办理的案件或在其承办过程中进行督促、检查，要求对方报告查处结果的案件。

自查案件 由本级纪检监察机关立案并组织人员直接检查处理的案件。自查案件，要从纪检监察机关承办的案件中选择比较重要复杂的案件。自查案件的组织形式大体有两种：一种是由纪检监察机关直接派人查处；另一种是由纪检监察机关牵头，组织有关部门组成联合调查组查处，必要时，还可以跨系统、跨行业抽调人员参加。

交办案件 上级纪检监察机关转交下级纪检监察机关检查处理并要查处结果的案件。交办案件是从本级纪检监察机关选择不需本级直接查处的案件，交下级纪检监察机关查处。交办案件必须遵守以下原则：

1. 办理正式行文手续，提出明确要求，并报告查处结果。

2. 要注意保护检举人。对应转办而不宜转交检举、揭发原材料的，要隐名转摘抄件。

3. 加强对案件调查的指导工作，发现问题及时帮助解决。

4. 承办单位要抓紧落实调查

措施,一般在三个月内向上级机关呈报查处结果。如有特殊情况,在规定时间内逾期不能结案,要向交办单位说明理由,请求延长办案时间,决不允许采取久拖不查,或查而不报的不负责任态度。

指导办案 上级纪检监察机关对下级正在检查处理过程中的案件,在业务上进行指导。违纪案件大量发生在基层,必须依靠基层纪检监察机关办理。要加强对案件调查工作的业务指导,随时发现办案中存在的问题,及时帮助解决,加快办案速度,提高办案质量。指导办案的一般方法有如下几种:

1. 面对面的指导。分管案件检查或负责指导办案工作的同志,要定期或不定期地深入基层,了解案件查处进展情况,帮助分析案情,研究政策,发现问题就地解决。

2. 请上来听取案件进展情况的汇报。定期或不定期地将基层办案的负责人和有关办案人员请上来,听取他们关于案件情况的汇报,帮助他们解决在查处案件过程中遇到的疑难问题。

参与办案 上级纪检监察机关直接派人参加下级纪检监察机关立案查处重大违纪案件。参与办案一般适用于那些下级纪检监察机关直接查处的案情复杂、牵涉面广、进展迟缓的案件。对这类案件,上级派人参加,便于引起下级党政机关和纪检监察机关的重视,以便加快办案速度。

归口办案 根据群众对纪检监察对象检举、揭发、控告所要求解决的问题,按各个部门的业务范围,分别受理。原则上是应该由哪个部门解决的问题,就由哪个部门受理解决。

联合办案 在党委统一领导下,纪检监察机关同政法机关或政府有关职能部门联合组成调查组,共同查处案件。大案要案,特别是经济方面的案件,案情复杂,涉及面广,往往是党内党外、违纪违法错综复杂地交织在一起。这类案件,只靠纪检监察机关查处很难奏效,必须与有关单位联合查处,充分发挥各职能部门的作用,加快办案速度,提高办案效率。其形式如下:

1. 纪检监察机关同司法机关联合办案。

2. 纪检监察和工商、财政、税务、审计、海关等行政监督部门联合办案。在联合办案中,有关部门要明确分工,各司其职,密切配合,共同调查,分别处理。凡是属于违犯党的纪律的问题,由纪律检查机关处理;涉及其他方面的问题,由参加联合办案的有关单位处理,但应注意把党纪、政纪、法纪的处理衔接好。

案件的催办 是指上级纪检监察机关对下级机关和有关单位自己直接检查或上级交办并要求报告处理结果的案件所进行的督促检查的行为。其方式一般有:

1. 电话催办;
2. 发函催办;
3. 请上来汇报,共同研究;
4. 深入基层督促检查等。

销案 是指已立案审查的案件,由于某种原因而决定撤销。对已立案审查的案件,有遇下列情况,应予销案:

1. 发现同一案件重复立案审查的,撤销其重复的立案。
2. 被调查人因病死亡,使查处案件工作无法进行的。
3. 遇有其他特殊情况的。

销案的批准权限是:根据干部管理范围,一般是由哪一级批准立案调查的,就应由哪一级批准销案。在特殊情况下,上级纪检监察机关有权批准销案。销案必须说明理由,履行批准手续。案件一经批准撤销,查处工作应立即终止。

大案要案 是指影响大、危害大、涉及人员广、被调查人员职务高,案情重大的案件。一般来说,大案是指案情重大,情况复杂,涉及范围广,给国家造成严重损失的违纪案件;要案,是指违纪人员职位重要,涉及问题重大的案件。大案要案是案件检查工作的重点,查处好了,震动大,效果也大,可以起到"惩一儆百"的作用。查处大案要案,必须做到敢于碰硬,忠于职守,铁面无私,执纪如山。同时,要讲究政策,注重实效。

普通案件 普通案件也称一般性案件,是指纪检监察对象违反党纪政纪比较轻微,未造成严重影响和后果的案件。普通案件一般危害较小,涉及的人员少,被调查人职务低,案情比较简单。为了维护党纪政纪的严肃,对普通案件的处理也不可忽视,应认真查清问题,作出结论,恰当处理。

典型案件 典型案件是指具有代表性的案件,其特点是:

1. 群众反映强烈;
2. 能够反映一个时期的某种错误倾向;

3. 影响全局，有普遍教育意义。典型案件具有代表性，同时，从案件事实到处理结果，是非和政策界限分明，是党纪政纪在某一案件、某一当事者身上的具体运用。

纪检监察机关要不失时机地抓住各种典型案件公开处理。其形式主要有：

1. 通报；
2. 公开见报；
3. 召开处理大会。

选择运用典型案件，要注意以下问题：选好选准，能够起到震动大、教育人的作用；错误事实确凿可靠，不能夸大，不能失实；处理恰当，符合政策规定。

办案中的实事求是原则　实事求是是马克思主义的根本原则，是无产阶级世界观的根本点，是认识客观事物及其规律性的唯一正确的科学方法，也是我们党的思想路线。党的一切工作都必须坚持这条思想路线。检查违纪案件更须如此。不论在任何情况下，不论检查什么案件，都必须坚持辩证唯物主义，坚持具体问题具体分析，坚持实事求是，一切从实际出发，重证据，重调查研究，不主观臆断，不带框框。反对唯心主义和形而上学。要做深入细致的调查研究，彻底揭露问题，反复核实材料，如实地、客观地反映事物的本来面貌，反对指供、诱供、逼供，作出符合实际的结论。对问题不夸大，不缩小，不隐匿，不歪曲，使结论真正经得起历史的检验。

依靠群众办案　检查案件必须充分相信群众，依靠群众，采取组织专门力量与发动群众相结合的方法办案。

坚持原则，敢于斗争　在检查案件时，必须秉公办案，立场坚定，旗帜鲜明，坚持党性原则，不畏权势，不徇私情，刚直不阿，排除阻力，忠实履行纪检监察干部的职责。

保护检举人　在检查案件的过程中，不要轻易说出检举人、揭发人、证明人的名字，以防检举人、揭发人遭到打击报复，影响群众检举揭发违纪事实的积极性。

事实清楚　案件检查必须符合客观实际情况，案件材料对案件发生的时间、地点、手段、情节、后果，有关人员应负的责任，以及产生错误或罪行的主要客观原因等都要调查得清清楚楚。

证据确凿　认定的案件事实要有经过鉴别属实的充分证明。证据是判断事实的依据，必须重证据，重调查研究。没有证据或证据不充分、不确凿，就不能定案。只要证据充分、确凿，即使犯错误或罪行的人没有交待或拒不承认，也可以定案处理。

定性准确 在事实清楚、证据确凿的基础上准确分析认定所犯错误或罪行的性质。对问题性质的认定，必须坚持以事实为基础，以政策和法律、法规作为判断的标准，对具体问题具体分析，是什么性质的问题就定什么性质，对一时难以确定性质，可采取写实的办法作出结论。要使认定的案件性质符合事实和政策规定，做到恰如其分。

处理恰当 以事实为依据，以政策和法律、法规为准绳，根据工作人员所犯错误或罪行的性质、危害程度、责任大小、涉及当事人的一贯表现和对所犯错误或罪行的认识，作全面的历史的分析，予以恰当的处理。使给予的处罚符合国家的政策，有利于维护国家的法律、法规，使机关工作人员和人民群众认为合情合理，使受处分的人受到教育。

凡是可以留在机关内教育挽救的，就不要轻率地开除公职。在对党政机关工作人员的组织处理上，既要防止"宁左勿右"，滥施纪律处分的情况，也要防止姑息迁就，不严格执行纪律的倾向。

程序合法 纪检监察机关在案件审查调查中，必须严格按照国家法律法规和党规党纪的规定履行办案程序，保证办案工作规范有序进行。只有程序合法，才能保证纪检监察机关正确履行职责，保障党员对象、监察对象的合法权益，提高办案的质量和效率。

手续完备 手续完备就是执行纪律处分时要严格按照党中央、中央纪委、国家监委有关文件所规定的程序和手续办事。上报审批案件时，要做到材料齐全。

调查方案 调查组成立后，在调查取证核实之前，要组织办案人员熟悉全部案件情况，学习与本案有关的政策、法律、法规及制度规定，制定出具体的调查方案。其内容包括：案件检查的指导思想；需要查清的问题；调查的方法、步骤；预计完成的时间和组织领导等。调查方案须报请主管领导审定后实施。

调查提纲 是把已收集、掌握的案件线索分清主次并按问题的性质分别列出调查细目，排出调查顺序，确定调查对象等具体的工作安排。调查提纲随着调查工作的深入开展,随时可进行必要的修改、补充。

案件调查方法 案件调查方法,一般有三种,其主要内容如下:

1. 面对面的调查。就是纪检监察机关首先通知被审查者的单位,然后由单位通知被调查者,调查人找其谈话时,首先讲清组织上要调查的问题,交待政策,让其正确对待,认真反思,然后开展调查工作。这是纪检监察机关调查党政机关工作人员违纪案件的主要方法。实行面对面调查,有助于实事求是,防止认识上的"先入为主"和片面性,有助于贯彻以思想教育为主和严格执行纪律相结合的原则,有利于加快办案速度和提高办案质量。

2. 背靠背调查。这是指纪检监察机关在实施调查时,在一定时期内不告诉被调查者的情况下开展调查。这是一种带有措施性的调查方法,主要适用于那些不宜过早地同被调查者见面的案件,有利于防止被调查者设置障碍,干扰调查等现象的发生。

3. 少数人"关门办案"。"关门办案"是指办案人员不相信和不依靠群众,不相信不依靠各级单位的领导和纪检监察部门,不能正确对待犯错误的同志。这种方法弊端有三:一是办案人员听不到各方面的意见,不能全面客观地看待犯错误的同志;二是由于脱离群众和各级组织,不能及时发现调查线索,不利于加快办案速度和提高办案质量;三是容易使犯错误的同志在感情上与办案人员疏远,甚至产生抵触情绪,在思想上背着包袱,不利于办案工作的顺利进行。

案件调查 是指纪检监察机关的办案人员对正式立案的违纪案件,向当事人或知情人了解情况、收集证据、核实问题、弄清事实,并依据国家有关政策、法律、法规,区分责任、认定性质、提出初步处理意见而进行的专门性工作。

调查工作是办理案件的主要环节,办案人员必须坚持实事求是的原则,重证据,重调查研究。对事实的认定必须符合客观实际情况,对事实发生的时间、地点、情节、后果、当事人的责任,以及所犯错误或罪行的主客观原因,必须了解清楚和反映真实;收集的证据必须充分、确凿;认定性质要以党和国家的有关政策、法律、法规为依据;在事实清楚、定性准确的基础上,提出初步的处理意见;最后写出案件调查报告,送交审理部门审理。

调查取证 是指对某个问题经过周密细致的调查、核实,获得证据的工作。只有做好调查取证,才能凭客观存在的事实作出正确的结论。

分工负责 这是开展调查时采取的方法。目前一般采用两种方法:

1. 混合调查,即"出去一把抓,回来再分家"。按照所掌握的线索划分为若干个地区,每一个地区派出调查小组进行调查。

2. 单项调查,即按照问题性质分组调查。

实践中通常采用前一种方法。

核实事实 抓住案件的主要问题、主要情节和主要证据,查明犯错误的全过程。主要应注意两个方面:

1. 核实是什么人,在什么时间、地点和采用什么方法、手段、犯了什么样的错误或罪行(就是我们平常所讲的办案五要素),造成了什么样的后果。

2. 要核实犯错误或罪行的动机、目的,是否故意或过失,如果同一个案件涉及两个人以上的,还要核实每个人应该负的责任。

当事人 是指同案人。纪检监察案件的"同案人",一般有两种情况:

1. 两人或两人以上共同犯错误或罪行,犯错误或罪行的各方,均为当事人。

2. 犯错误或罪行的主谋,将其得到的经济上的利益,分得一部分给另一参与者,该"参与者"为当事人。

旁证人 一般是指知道案件中某些问题、某个方面情况的"第二者"或"第三者"。办案中,调查人员必须找到这方面的人,取到这方面的证据。

知情人 了解违纪违法案件真实情况的人。知情人提供的情况、证据,是搞清案情事实的重要依据。在案件检查中,做好知情人的工作,使他能实事求是地向组织提供情况很重要。由于知情人所处的地位、情况不同,其提供的情况、证据的真实程度也会不同。因此,调查人员要仔细分析,认真研究,去伪存真,把事实真相查清楚。

有牵连的人和事 与违纪违法案件有关连的人和事。为了客观地、准确地把案件调查清楚,必须做好有牵连人的思想工作,促使其能实事求是地把问题讲清。

直接证据 能够直接证明所犯错误或罪行事实的证据。它可以作为确定错误或罪行事实的根本依据。一般说来,当事人(包括同案人、在场人、知情人)所提供的物证、文字证明材料或者谈话笔录等均属直接证据。直接证据还包括账册凭证证据、档案材料和照片等。

间接证据 凡需与其他证据相结合才能证明案件主要事实的证据,即间接知道情况或问题的第二者或第三者所提供的证明材料。

传来证据 不是直接来源于案件事实的证据,叫传来证据,也就是通常所说的经过传述、转抄的第二手及其以后的事实材料。

有错证据 能够证明被调查人有错或错重的证据。

无错证据 能够证明被调查人无错或错轻的证据。

言词证据 言词证据就是一定人的口头陈述,又称人的陈述,包括证人证言、案件当事人的陈述等。言词证据,必须考虑到提供言词的人的各种因素,如其与案件结局有无利害关系、精神智力是否正常、品质如何等。

实物证据 具有实体物形状的证据,包括物证、视听资料、书证、勘验检查笔录等。由于言词证据和实物证据的特点不同,对它们的收集和判断也不同。实物证据,主要采取扣留、勘验、检查等手段。

书证 以其记载的内容、含义证明案件事实的文字材料。如各种证明文件、账本、单据、合同、检验报告、书信等。

书证的特征是以文字符号表达的内容来证明案件事实,而不是用它的外表形态、特征、存在的地点作为证据。

证人证言 证人,是指以本人所知道的情况对案件事实作证的人。证人证言,是指证人就自己所知道的案情,向办案人员陈述事实的语言、文字材料。由于证人证言是证人提供的,因而它具有两个特征:

1. 证人证言可能有一定倾向性。

2. 证人证言受到证人的感受能力、记忆能力、表达能力的限制,此外还受到感受环境等客观因素的影响。

视听材料 以录音、录像工具以及电子计算机保存和储存的可以证明案件问题的资料。原监察部发布的《监察机关调查处理政纪案件试行办法》规定:"重要的也可使用录音、录像手段"。这就是说,重要问题,也可以采取对证明人、犯错误者录音、录像的办法取证。

勘验、检查 办案人员勘查案件的场所时,对勘验过程、勘验方法、勘查结果所作的文字记录。兼指单独进行勘验或检查时所作的笔录。勘验、检查笔录是办案人员分析研究案情、了解案件场所情况和甄别其他证言真伪的重要依据。记录的内容应是案件场所的客观情况,不应记入办案人员的分析判断。

勘验、检查笔录的基本结构由三部分组成:

1. 案件场所概况;
2. 勘查所见;
3. 附记和签署。

函调取证 函调,即取证的一种方式方法。在实际工作中,在一个案件的所有取证过程中,用函调取证比较少。实践证明,采用函调取证,有如下缺点:

1. 所取证明材料,往往不符合要求,或有时间、没有地点;或情节写得不清楚,前因后果不明白;或在证明材料上写官名,不写姓名,等等;

2. 时间拖得过长,影响及时结论。有的对方已经调动工作,本单位转办函调手续要花很长时间;有的对方单位领导因工作关系,在一段时间里不能安排找被函调人谈话、取证;有的被函调人所在单位路程遥远、偏僻,邮寄函调信件、证明来回时间长,等等。因此,上述这些情况说明,调查人员调查取证,一般应是直接的。

函调取证的方法 函调取证一般限于这样几种情况:

1. 较为简单的问题,而这个问题又是非要取到证据才能作结论的。

2. 一件证据的复制。一般可采用函调复制的办法。

3. 间接证明人及其证明问题的一般情节。间接证明是不可缺少的,一般情节也是重要的。但毕竟不是直接证明问题。为解决这方面问题的取证,可以采用函调。

函调,主要做好两件事:一是写好"函调信",一般写法是:

1. ××单位;

2. 写好后请被函调人和单位签字、盖章,连同原件一并转回,××单位、时间。二是函调回信。

一般写法是：

1. ××单位；

2. 你处所需之证明材料已办好，共×份×页，现在同调查提纲等原件转去，请查收。

单方交待错误的认定 对于此种情况，首先要详细审阅其交待材料，看材料是否将问题发生的全过程写清楚了，其情节是否符合客观实际、符合逻辑；如果写得不清楚，调查人员要做一次谈话笔录，加以补充。然后，从未作交待的另一方找到问题发生过程中的证人或间接知道此事的人或事例，并取到证据。这样，就证实已经作了交待的一方是可靠的。

拍照 拍摄照片是案件认定问题的需要。纪检监察案件中需要拍照的情形有：

1. 贪污、受贿、走私等数量较多的现金和物品；

2. 特别严重的弄虚作假、涂改、伪造的发票、凭证及其文件、证件等；

3. 严重官僚主义、失职、渎职，造成国家和集体资产重大损失的现场；

4. 以权谋私营建私房，占地面积大，建筑豪华的房屋，等等。

错证 不能真实地反映案件事实的证据，也称证据失实。证据失实的原因很多，概括起来，主要有以下几点：

1. 证人与案件有牵连，有利害关系，为了推卸或减轻自己的错误，作出不实的陈述。

2. 证人受到外界压力，如威胁、利诱、欺骗等，说了假话。

3. 证人受到自然条件，如时间早晚、雾雨气候、距离远近等影响，说了错话。

4. 证人受到个人生理条件，如耳聋、近视等影响，说了错话。

5. 办案人员在调查取证时，因工作粗心大意，造成某些失误。

伪证 知情人、鉴定人、调查人员，对案件的重要事实、情节，故意作出违反事实的证明、鉴定、记录等。

伪证必须是主观故意，并具有以下几个特征：

1. 必须是案件的知情人、鉴定人、调查人员所为；

2. 必须具有保护受审查人员或陷害他人的目的；

3. 必须是故意捏造虚假事实或隐匿证据。

取证方法 一般取证方法

如下：

1. 询问证人、被害人和被检查者，均应个别进行。

2. 询问证人、被害人和被检查者，均应向他们交代政策，要求他们本着实事求是的精神，如实反映情况。

3. 询问证人、被害人和被检查者，均不得指供、诱供和逼供。

4. 要允许证人、被害人和被检查者改正和撤回原来提供的错误情况，允许被检查者辩解。

5. 搜查赃款赃物，要依照法律程序办理法律手续。取得搜查证，并将搜查结果写成笔录，由搜查人、被搜查者或者其家属和其他见证人在笔录上签名。

6. 调查人员对于与作案有关的场所、物品等应当进行勘验、检查。在必要时，要聘请有专门知识的人，在调查人员的主持下进行勘验、检查，并且将勘验、检查结果写成笔录，由勘验、检查人员和见证人签名。

7. 对于根据案情需要而收集的物证、书证，应当会同在场见证人和物证、书证持有人查点清楚，当场开列清单，由调查人员、见证人和持有人签名。

8. 所有书面证明材料，调查人不得涂改。

9. 有些物品不能或不适宜随卷保存的，可分别情况采用照相或复制的办法取证，但取证人要签名，保管原物的人或单位也要签名。

10. 调查取证时，不得对调查对象提供的情况作轻率表态，也不得流露倾向性的看法，以免影响调查对象提供真实情况。

调查取证还要注意态度和蔼、严肃、认真，工作要特别仔细，千万不可粗枝大叶，要有追根究底的精神，以查明详细情况。

第八章

案件审查相关知识

案件定性 是指认定犯错误者问题的性质,这是处理案件的关键。定性准确,才能处理恰当;定性不准确,就会出现冤、假、错案。要做到定性准确,必须坚持以事实为依据,以政策和法律、法规为准绳。对尚未弄清的事实,应做充分调查,必须弄清事实的一切方面和一切联系,把事实同特定的历史条件和社会环境联系起来考虑,分清是非界限。给案件准确定性,还必须广泛听取群众意见。

法律 是指国家立法机关按照特定的程序制定,体现统治阶级的利益和意志,并由国家强制力保证执行的行为规范。它属于上层建筑,用来巩固和发展对统治阶级有利的社会关系和社会秩序,是治理法治国家的重要工具。法律一般有广义和狭义之分。从广义上讲,把宪法、法律、法规、条例、规则、章程、决定、命令等所有国家政权机关制定的行为规则都包括在内,总称法律。从狭义上讲,法律是指国家立法机关依照一定的立法程序制定的行为规则。我国的《宪法》规定,只有全国人民代表大会及其常务委员会才有权制定法律。

法律与政策的区别 法律是实现统治阶级意志的重要工具,而统治阶级的意志最集中地体现在它的政党制定的政策中。因此,可以说法律是统治阶级政策的具体化和条文化。但是,并不是说党的政策可以代替国家法律。由于法律是通过国家政权所表现出来的统治阶级的意志,具有要求全体社会成员普遍遵守的性质和特殊的国家强制性,由于法律还具有相对的稳定性,它的规定一般比较具体、明确;而政策则不具有国家强制性,比较原则,伸缩性也较大。因而法律在实现统治阶级的意志方面比政策更强有力。古今中外历代统治阶级都十分重视通过法律的强制性形式来推行自己的政策,但并不是把所有的政策都制定为法律。至于在什么时候或者把哪些政策通过法律表现出来,要根据本阶级的利益和客观需要来确定。此外,统治阶级的政策不仅仅通过法律形式体现出来,它还借助其他形式贯彻到社会的各个领域。

违法行为　一切违犯国家法律、法规的行为。包括触犯刑法的犯罪行为和犯罪以外的一般违法行为,即违反民事法规、行政法规、经济法规的行为。违法行为构成的要件包括以下几个方面:

1. 必须是一种行为。
2. 必须是侵犯了法律所保护的社会关系。
3. 违法的主体必须是有法定责任能力的人或依法设置的法人或其他组织。
4. 必须是行为者主观上出于故意或过失。

上述四个方面缺少任何一方面都不能构成违法行为。犯罪和一般的违法行为既有联系又有区别。犯罪首先是违法行为,所有的犯罪都属违法。但是,违法行为并不都构成犯罪,只有严重的违法行为才属犯罪。它们的主要区别在于社会危害程度不同。因此,我们要把一般违法行为与犯罪行为区别开来,严格划清罪与非罪的界限。

反对四项基本原则的言行　指反对社会主义道路,反对人民民主专政,反对党的领导,反对马克思列宁主义、毛泽东思想的言行。

官僚主义　是指脱离实际,脱离群众,不顾群众利益,任意发号施令的作风。它是剥削阶级思想和旧社会衙门作风的一种反映,是旧社会遗留下来的弊病,是腐蚀我们党的肌体和国家政权的毒菌,对社会主义事业具有极大的危害性。当前，官僚主义表现主要有：互相推诿、办事拖拉、对工作极不负责的恶劣习气；热衷于文牍旅行而不解决实际问题的衙门作风；造成国家和人民财产严重损失的失职渎职行为，等等。

形式主义 形式主义的主要表现有：一是高调表态披上"政治正确"的外衣，口号喊得震天响、行动起来轻飘飘，热衷于提新口号，定新指标，造虚假政绩。二是空耗精力的会多文多、名目繁杂的督查检查考核多、流于表面的痕迹管理多，而且层层加码，让基层不堪重负。三是有的干部不担当不作为，这有理想信念的问题、能力本领的问题，客观上也与一些地方和部门追责不够精准、泛化简单化有关系，导致一些干部怕问责、怕诬告，而不想干事。

假公济私 假借公家的名义或力量，谋取私人的利益。

以权谋私 运用本人掌管的某种职权为自己或自己的亲属谋取制度和政策规定以外的私利的行为。

小集团活动 极少数一部分国家工作人员背着组织另外进行与党的路线、决议相背离的活动，严重的在党内和国家机关形成派别集团。共产党员，国家机关工作人员，特别是领导干部，在处理党内关系方面要实行"五湖四海"的原则。要团结一切忠于党的利益的同志，团结大多数，绝对禁止利用职权在党内拉私人关系，培植私人势力，搞小集团活动。在党内和国家机关组织秘密集团是分裂党的严重错误行为。

派性 是指某些人站在个人和小团体的立场上，从一部分人或小集团的私利出发来支配自己的言论行动。派性的主要表现是：以帮派思想、宗派观念、裙带关系代替党的原则；把个人或小集团的私利凌驾于党的利益之上；为了谋取权力，拉拢一部分人，排斥另一部分人；挑拨离间，拨弄是非，进行无原则的派性斗争。

包庇纵容 是指对别人的违法乱纪行为不加制止而任其发展，甚至有意袒护，为之掩饰、开脱责任，使之逃避处分的行为。

诬告陷害 为了达到个人目的，捏造事实，伪造证据，以口头或书面的方式向有关机关或组织检举、控告他人，企图使他人受到纪律处分或刑事处分的行为。对搞诬告陷害的人，要依据情节轻重和所造成的后果进行严肃处理，直至追究法律责任。如果国家机关工作人员利用职权诬告陷害他人,则应按渎职处理。在处理诬告案件时,必须严格分清诬告与错告、误告的界限。误告、错告指检举虽然失实,但没有蓄意陷害他人动机的控告。对误告、错告者一般不追究责任,而是让他们自己吸取教训。

挟嫌报复　是指国家机关工作人员因怀着怨恨而滥用职权,假公济私,对检举人、控告人、申诉人、批评人实行打击陷害的行为。

国家机密　是指国家法律规定的必须防范国内外敌人侦察、偷窃或盗卖的不应公布和透露的重要文件、资料、消息和情况等。《保守国家秘密法》规定,国家秘密涉及范围包括政治、军事、外交、经济、科学、文化、教育、体育、卫生、民族、华侨等国家事务的一切方面。

保密纪律　国家机关工作人员必须严格地保守党和国家机密的纪律。这是国家机关工作人员的一项义务,也是党内的一条重要纪律。它要求国家机关工作人员坚决遵守和执行保密法,其内容包括:不应参加的会绝对不参加;不该看的文件,绝对不看;不该知道的事,绝对不问;不该记录的机密,绝对不记;不在易于泄密的地方存放机密文件、资料;不用普通电话、明码电报、普通邮局传递机密事项;不携带机密材料游览、参观、探亲、访友和出入公共场所;不在私人信件中涉及机密;不在公共场合或家属、子女、亲友面前谈论机密,自觉做到不失密,不泄密,并同失密、泄密现象作坚决的斗争。对失密泄密者,要视情节轻重,给予必要的党纪政务处分。触犯《刑法》者,应给予相应的刑罚制裁。

泄露及遗失党和国家机密　党和国家工作人员违反党和国家保密法规,向他人泄露及遗失党和国家重要机密的行为,一般有两种:一是过失泄密;二是故意失密、泄密。过失泄密,是指违反国家保密法,擅自携带机密材料,不慎丢失在公共场所及其他地方,或为炫耀将党和国家机密泄露给家属、亲友和其他不应该知道这种秘密的人;故意失密、泄密,是指为了贪利或出于某种政治目的,将党和国家的机密泄露给他人。"严格保守党和国家机密",这是党员和国家机关工作人员必须履行的义务。《保守国家秘密法》规定:凡是故意或者过失泄露国家秘密情节严重的,依照《刑法》规定,追究刑事责任;违反国家保密法，泄露国家秘密，不够刑事处罚的，可以酌情给予党纪政务处分；为境外的机构、组织、人员，窃取、刺探、收买、非法提供国家秘密的，依法追究刑事责任。

无政府主义 一种小资产阶级和流氓无产者的思潮。这种思潮从极端个人主义出发，反对任何限制"个人自由"的权力，否定任何组织、纪律的必要性，不考虑历史条件，主张立即废除一切国家权力，建立所谓"无命令、无权力、无服从、无制裁"的"无政府状态"的社会。它在否定国家的旗号下，反对无产阶级革命和无产阶级专政，涣散组织，破坏纪律，破坏社会主义民主和法制。

本位主义 一种不顾大局与整体，一切从本部门、本单位与地方利益出发的错误思想作风。是一种放大的个人主义。其表现形式主要是：处理部分和整体关系时，损害整体利益；处理友邻关系时，以邻为壑，损人利己。其结果是既妨碍整个大局的工作，又无益于本单位的局部工作。

分散主义 违反民主集中制原则的一种无组织、无纪律的错误倾向。主要表现形式是：不愿意接受组织的统一领导和监督，特别是违反下级服从上级的原则；对党的指示、中央或上级的决定，采取各行其是、各自为政的态度，合意的就执行，不合意的就不执行，公开地或变相地进行抵制，以至于擅自推翻；在政治上自由行动，自作主张，该请示的不请示，该报告的不报告。

分裂主义 一种机会主义在组织上的反映。主要表现为：分裂群众、党组织的行为和搞秘密派别活动等。分裂主义对无产阶级政党的团结统一和革命事业的危害很大。无产阶级政党要加强马克思列宁主义原则基础上的团结，贯彻执行党的正确的政治路线，必须反对和克服分裂主义。

地方主义 地方主义是分裂主义的一种错误倾向。其特征是：片面强调地方的特殊性，把地方利益置于全局、全国利益之上，不服从中央指挥，不执行全国计划，将自己管理的地方视如一个独立王国。

宗派主义 在一个政党或团体的对内对外关系上以宗派团体为出发点的思想和行动，是扩大了的个人主义和小团体主义，是个人主义和小团体主义在组织关系上的一种表现。其本质特征在于它的自私自利和狭隘性。表现为吹吹拍拍、拉拉扯扯、画圆圈、搞派性，甚至结帮营私，结成小组织，进行无原则的派别斗争。

自由主义 自由主义是机会主义的一种表现。表现形式主要是把个人利益放在第一位，自由放任，无组织、无纪律，取消积极的思想斗争，主张无原则的和平。

个人主义 是指自私自利，一切以个人利益为根本出发点的思想。它的表现形式是多方面的，如个人英雄主义、自由主义、本位主义、宗派主义等。

极端民主化 是指反对以集中为指导，片面强调民主的行为等。其表现形式主要是：打着民主的旗号，不要组织，不要纪律，不要领导，主张自行其是。它破坏党的组织，削弱和毁灭党的战斗力，对革命和建设事业危害极大。

家长作风 是指某些领导干部缺乏民主作风，不听批评，甚至压制批评的不良作风。某些领导人，爱摆领导架子，个人尊严至上，听不得一点不同意见，个人说了算。有的还利用职权对批评者进行打击报复，寻找一些"合法"的借口来整人。这种压制批评，堵塞言路的作风，严重影响了党政机关的正常生活。

一言堂 是指某些领导干部缺乏民主作风，不能听取群众意见，特别是不能听取群众相反的意见，个人说了算，凌驾于组织之上的一种不良作风。

特殊化 在政治上、生活上谋求党和国家制度、政策及规定以外的特殊待遇的倾向。一般所谓特殊化，是指一些领导干部利用职权，超出国家的规定，在生活上追求个人享受，甚至损害国家和人民的利益，为自己和亲友谋取特殊利益的行为。

个人专断 集体领导的对称。指某些领导违反民主集中制和集体领导制度，把自己凌驾于党的组织之上，容不得别人提不同意见的不良作风。搞个人专断不但会损害其他领导的积极性，而且不能集思广益，往往会作出错误的决定，贻误工作，给党的事业造成损害。个人专断通常表现为家长制、"一言堂"、压制民主、个人说了算，等等。

滥用职权 某些领导人及国家机关工作人员超出职权范围，做出违反法纪和损害公众利益的行为。

打击报复 指国家机关工作人员利用职权对批评和揭发自己错误问题的人，采取各种不正当的手段进行报复，致使他人身心健康、民主权利和其他合法权益受到损害的行为。主要特征有以下两方面：

1. 一般有打击报复的前因，如双方有利害冲突、利害矛盾。

2. 打击报复必须用不正当手段，并造成了一定的后果，如歪曲事实、故意刁难、贬低人格、破坏声誉、诬陷、诽谤等。

压制民主 国家机关领导干部滥用职权，违反民主制度，专横跋扈，对有不同意见或坚持真理、勇于同不良倾向作斗争的同志进行压制，侵犯他人民主权利的行为。压制民主，破坏了民主集中制，必须坚决纠正。但要把压制民主与国家组织或行政组织的负责人正当行使职权，严肃批评工作人员的违犯国家法律、法规的错误言行区别开来。

搞封建迷信活动 相信鬼神，从事或参与巫医、神汉活动的行为。搞封建迷信损害人们的身心健康，妨碍生产，妨碍工作，扰乱社会治安，破坏精神文明建设。

强迫命令 某些领导不顾客观实际情况和群众的觉悟程度，仅凭主观意志下达命令的一种表现。其特征是：群众还没有觉悟时，强迫其做其不愿意做的事；群众要求前进时，又阻碍其前进。强迫命令的行为，违背群众的意愿，脱离群众，对社会主义建设事业危害极大。

刑讯逼供 国家司法工作人员对被讯问人使用肉刑或变相肉刑，逼取口供的行为。刑讯逼供不仅侵犯了公民的人身权利和民主权利，而且严重破坏了社会主义法制，损坏了政府的威信。其基本特征主要有以下几方面：

1. 行为人必须是国家司法工作人员。指具有合法审讯职权的国家工作人员和依法从事公务的人员，具体可以分为两类：一类是指公安、检察院和监管改造场所的工作人员；另一类是司法机关借调、聘请协助办理有关刑事案件的有关人员。

2. 行为人必须是对被讯问人使用肉刑或变相肉刑。"被讯问人"是指被指控或被怀疑有违法犯罪行为而受到审讯的犯罪嫌疑人或被告人。

3. 刑讯逼供必须造成了一定的危害后果。

贩毒 非法贩卖鸦片、海洛因、吗啡或者其他毒品的行为。所谓"其他毒品"，是指大麻、哌替啶等。

吸毒 吸食鸦片、大麻、海洛

因、吗啡或其他麻醉性毒品的行为。这些毒品直接刺激人的神经,成瘾后使人难以控制。吸毒不仅损耗个人钱财,危害个人身体,破坏家庭和睦,而且扰乱社会治安,危及国家声誉。我国法律规定吸毒同制毒、贩毒一样都是犯罪行为。

妨碍社会管理秩序 以暴力、威胁方法阻碍国家工作人员依法执行职务或者拒不执行人民法院已经发生法律效力的判决、裁定的行为。

危害公共安全 故意或过失危害(不特定)多数人的人身和公私财产安全的行为。当事人只要实施了法律上所规定的足以危害公共安全的行为,就构成犯罪,并不以必须造成多数人的生命、健康或财产的严重损失作为构成犯罪的必要条件。如果是过失,则必须造成严重后果才能构成危害公共安全。危害公共安全行为有以下几种:放火、爆炸、投毒、破坏交通工具、破坏交通设备、破坏动力设备、破坏通信设备、交通肇事、盗窃枪支弹药和非法制造、买卖、运输枪支弹药、重大责任事故等。

侵犯公民人身(民主)权利 我国公民的基本权利受法律保护。因此,不论是故意还是过失,凡是侵害公民人身权利,或与人身直接有关的权利,以及公民管理国家事务和参加社会政治生活等方面的权利,情节严重的行为,均构成侵犯公民人身权利、民主权利。它包括故意杀人、过失杀人、故意伤害、过失伤害、刑讯逼供、诬陷、强奸、强迫妇女卖淫、拐卖人口、破坏选举、非法拘禁、非法管制、非法搜查、非法侵入住宅、侮辱、诽谤、报复陷害、非法剥夺宗教信仰自由、侵犯少数民族风俗习惯、作伪证、隐匿罪证、侵犯通信自由等。

渎职 国家工作人员在行使职权时玩忽职守,妨害国家机关、企事业单位的正常管理活动,致使国家和人民的利益遭受重大损失的行为。渎职包括受贿、行贿、介绍贿赂、徇私舞弊、泄露国家重要机密、玩忽职守、虐待人犯、破坏邮电通信等。

失职 失职与官僚主义有相似之处,它们同样是对工作不负责任,但二者又有区别。官僚主义主要是指领导机关及其领导干部对工作不负责任,失职则是指对自己分管或从事的工作玩忽职守,既可是领导干部也可是一般干部。因此,失职的"职",既指职务,又指工作。因失职所造成国家和集体损失的,要追究责任。

玩忽职守 国家工作人员由于不负责任,不履行或不正确履行工作职责,致使公共财产、国家和人民利益遭受重大损失的行为。主要表现如下:

1. 工作中不负责任,严重失职,对自己职责范围内的事务不管不问,不调查,不研究,出现了问题不及时处理,敷衍塞责,应付了事。这是不履行职责,不实施职务上所要求的行为。

2. 对履行职责有误或者履行不力,这是未尽职守的行为。

3. 在工作时间离开岗位,擅离职守的行为。

4. 在工作中实施了超越自己职务权限的行为,即就其职务、工作性质而言根本无权实施的行为。

5. 在社会管理活动中违反规章制度,不顾客观实际,随意使用职权,自行其是的行为。

6. 对上级机关和有关部门的指示、命令和规定不执行、不贯彻。

徇私枉法 执法工作人员徇私舞弊,使明知没有犯错误、没有违法犯罪的人受党纪、政纪或刑事责任的追究;对明知犯错误和有违法犯罪的行为的人,故意包庇,作出颠倒黑白的裁判,使其免受应得处理的行为。特征是:行为人必须是执法执纪的工作人员;行为人主观方面须有故意,不是过失;客观方面须有枉法行为,即利用职权,徇私舞弊,伪造、编造、隐匿证据,曲解政策、法律、法规条文,诱逼证人,使无错误无罪的人受到党纪政纪或刑事责任的追究,或者包庇有错误、有违法和犯罪行为的人免受处分。徇私枉法的行为,破坏党纪、政纪、国法的正确实施,损害人民的正当权益,危害国家机关的威信,应受惩处。

包庇袒护犯罪 对明知犯有罪行的人,执法机关或有关组织提供假证,帮助犯罪分子掩盖罪行,使犯罪分子逃避法律制裁的行为。主要有以下两方面特征:

1. 行为人包庇的对象,必须是已经实施或正在实施犯罪的犯罪分子;被包庇者不是犯有罪行的人,则不构成袒护犯罪。

2. 行为人必须是故意的,明知对方是犯罪分子,却为其积极提供条件,帮助掩盖罪行,逃避法律制裁。

包庇袒护的具体方式方法是多种多样的,不应当只理解成向有关机关作假证明进行包庇，还应当包括帮助犯罪分子消灭罪迹，隐藏或者毁灭罪证等行为；或者知情不举，明知他人犯罪而不予以告发的消极行为。

体罚虐待被监管人 司法工作人员违反监管法规，对被监管人实施体罚、虐待的行为。体罚虐待被监管人行为的基本特征是：

1. 行为人必须是国家司法工作人员。

2. 行为人必须是在主观上是故意的，其客观后果是给被监管人在精神上、肉体上带来痛苦和伤害。

3. 违反监管法规，侵犯了国家监管场所的监管秩序。

私放罪犯 将被司法机关监管或羁押的罪犯私自释放的行为。私放罪犯常常是司法工作人员利用职权或者工作之便进行的，是一种严重的滥用职权的行为。私放罪犯会使罪犯逃脱法律制裁，破坏司法制度和司法机关的正常活动，危害国家安全和社会秩序。私放罪犯的基本特征是：

1. 实施行为的人一般是司法工作人员。

2. 释放罪犯无法律根据，未通过法律程序，私自将罪犯放走。

3. 行为人明知是罪犯，明知私放罪犯的危害性，而故意将罪犯放走。

4. 被私放的人必须是罪犯，即包括已决犯和未决犯。

敲诈勒索 以恫吓的手段相威胁，迫使他人交出财物，非法占为己有的行为。其特点是：通过恫吓造成被害人精神上的恐惧，而被迫交出财物。进行恫吓的方式，有的是口头的，也有的是书面的；有的是直接的，也有的是通过第三者进行的。其手段是以杀害、伤害被害人，揭发被害人的隐私或以毁灭财物相威胁，等等。

诈骗 以获得公私财物为目的，利用财物所有人或保管人对自己的信任，使用欺骗手段，以公开的形式将财物骗归己有的行为。诈骗的方法通常是行骗人隐瞒自己的真实意图，编造虚假情况，使财物所有人或保管人信以为真，以达到将他人的财物转归为己有的目的。在实际工作中，有两个问题需要注意：

1. 如何认定个人诈骗公私财物"数额较大""数额巨大"。个人诈骗公私财物所得的数额在5000元以上的，一般可视为"数额较大"；在1万元以上的，一般可视为"数额巨大"。各省、自治区、直辖市司法机关可以根据本地区经济发展和社会治安等情况,参照上述数额,规定本地区应掌握的数额标准,办案中再结合其他情节一并考虑。

2. 以签订经济合同的方法骗取财物的,应认定诈骗罪,不应按经济合同纠纷处理。个人明知自己并无履行合同的实际能力,但以骗取财物为目的,采取欺诈手段与其他单位、经济组织或个人签订合同,骗取财物较大的,应以诈骗罪追究刑事责任。个人有部分履行合同的能力,虽经过努力,但由于某些原因造成不能完全履行合同的,应按经济合同纠纷处理。国有单位或集体经济组织不具备履行合同的能力,而其主管人员和直接责任人员以骗取财物为目的,采取欺诈手段同其他单位或个人签订合同,骗取财物数额较大,给对方造成严重经济损失的,应按诈骗罪追究其主管人员和直接责任人员的刑事责任。如果经对方索取,已将所骗财物归还的,可以从宽处理。国有单位或集体经济组织有部分履行合同的能力,但其主管人员或直接责任人员用夸大履约能力的方法取得对方信任与其签订合同。合同生效后,虽为履行合同做了积极的努力,但未能完全履行合同的,应按经济合同纠纷处理。

偷税 纳税单位和个人有意违反税收法规,用欺骗、隐瞒等方式逃避纳税的违法行为。如伪造、涂改、销毁账册、票据或记账凭证;少报、隐瞒应纳税项目、销售收入和经营利润,虚增成本、乱摊费用,缩小利润数额;转移资产、收入和利润的账户,逃避应纳税等,都属于偷税行为。指使、授意和怂恿进行上述违法行为的,也属于偷税行为。

抗税 纳税单位和个人抗拒按照税法规定履行纳税义务的违法行为。如拒不执行税法规定缴纳税款;以各种借口抵制税务机关纳税通知,拒不纳税;拒不按照规定手续办理纳税申报和提供纳税资料,拒绝接受税务机关依法进行纳税检查,采取聚众闹事、威胁围攻税务机关和殴打税务干部等行为,都属于抗税。

欠税 纳税单位和个人超过税务机关核定的纳税期限,没有按时缴纳税款,拖欠税款的行为。

漏税 纳税单位和个人因无意识而发生的漏缴或少缴税款的行为。例如,由于不了解、不熟悉税法规定和财务制度或因工作粗心大意、错用税率、漏报应纳税项目、少计应纳税数量、销售金额和经营利润等。

企业偷税漏税 企业偷税漏税主要指下列行为：违反税法和国家财务制度规定，擅自把浮动加价的价差收入、技术转让收入、各种劳务收入和从联营企业分得的利润等，直接转作企业留利，不计入企业销售收入和利润总额，从中偷税漏税的；新办的企业弄虚作假，免税期满另挂招牌，骗取国家免减税照顾的；国有企业为了转移收入，将盈利的车间、分厂转成新办集体企业，或把应由国有企业经营的业务划给自办的集体企业经营，挖走国有企业利润，从中偷漏税款的；批发单位为推销产品，多发奖金，不按规定代扣个体商贩和集体商业企业营业税的，以及采取其他手段偷漏各种税款的。

重婚 有配偶的人又与他人登记结婚，或虽未登记，但实际上与他人以夫妻关系同居生活的行为。重婚是破坏一夫一妻制的违法行为，以重婚论处的，须追究其刑事责任。

通奸 是双方或一方有配偶的男女自愿发生不正当性关系的行为。通奸是以秘密形式进行的。

强奸 违背妇女意愿，以暴力、胁迫或者其他手段强行与妇女发生性关系的行为。这是一种侵犯公民人身权利的犯罪行为，应追究刑事责任。奸淫不满14岁幼女的，以强奸论，从重处罚。

不正当两性关系 与配偶以外的人发生不正当两性关系的行为。国家机关工作人员犯有不正当的两性关系错误，是违犯纪律的，应根据不同情况予以不同处理；对一般性错误的，应批评教育；错误严重的，给以适当的党纪政务处分；触犯刑法的，要追究刑事责任。

猥亵 一般指以刺激或者满足性欲为目的，以性交之外的方法对儿童或妇女实施的淫秽行为。如进行抠、摸、搂、抱等行为，这种行为不是出于奸淫的目的，只是出于满足自己性欲上的某种要求。如果是出于奸淫的目的，虽然在猥亵过程中由于被害人的反抗而没有达到奸淫的目的，也不能认为是猥亵的行为，而应以强奸罪论处。

事实婚姻 没有配偶的男女，未经法定结婚登记，以夫妻关系共同生活，并为周围群众所公认。这种婚姻由于没有履行法律规定的结婚程序，因而也是一种违法婚姻。

如果双方在结婚条件方面并无其他不符婚姻法之处，应当对双方当事人进行批评教育后，责令其补办登记手续。

买卖婚姻 第三者以索取财物为目的，包办强迫他人结婚的行为。

借婚姻索取财物 《民法典》上的借婚姻索取财物，指的是除买卖婚姻以外的其他借婚姻索取财物的行为。常见的情况是：男女双方结婚基本上是自主自愿的，然而女方却向男方索要许多财物，以此作为结婚的先决条件，有时女方的父母也从中索取一部分财物。

赌博 以营利为目的，聚众赌博或者以赌博为业的行为。所谓以营利为目的，是指行为人组织或进行赌博活动的主要目的在于获取财物。所谓聚众赌博，是指以营利为目的而开设赌场，提供赌具，聚赌抽头的行为。所谓以赌博为业，是指那些不从事劳动，嗜赌成性，屡教不改或者以赌博为主要生活来源。赌博的主观条件，必须是以营利为目的；如果不是以营利为目的，而是节日假日的娱乐消遣，不以金钱财物作为输赢的支付手段，则不能以赌博论处。在客观方面，聚众赌博必须有聚众的行为。

罚款 行政机关对不够刑事处罚的违法行为人，依法强制其在一定期限内缴纳一定数额金钱的处罚。罚款与罚金不同，罚金是一种刑事处罚，而罚款是一种行政处罚。

行政处罚 由法律规定的国家行政机关给予犯有轻微违法行为尚不够刑事处罚的一种制裁。

强制执行 人民法院依法用强制手段实现其判决。有关主管部门对在法定期限内既不执行该部门作出的有关处分决定，又不向人民法院提起诉讼的当事人，可以申请人民法院采取强制性手段，以实现其作出的处分决定。

没收违法所得 将违法行为人从事违法活动所获得的财物无偿收归国有的一种行政处罚。没收违法所得与《刑法》上的没收财产不同，没收财产是一种刑罚，由人民法院依法判决。而没收违法所得则依法由有关的行政主管部门决定。

国家财产 国家财产属于国家的全民所有的财产，是进行社会主义现代化建设的物质基础。主要包括：

1. 矿藏、海洋、河流等国家专有的自然资源。

2. 国有企业、事业单位和国家

机关经营管理的财产。

3. 依法属于国家的土地、森林、山岭、草原、荒地、滩涂等自然资源。

4. 依法属于国家所有的文物和其他一切财产。

违反财政法规 为谋取局部和少数人的利益,违反国家财政经济管理法规和制度,妨碍国家经济管理活动,致使国家和集体经济遭受一定损失的行为。下列行为属于违反财政法规的行为:

1. 隐瞒、截留应当上交国家的税金、利润或者其他财政收入的。

2. 虚报冒领、骗取国家财政拨款或者补贴的。

3. 超越权限擅自减免税收、动用国库款项的。

4. 违反规定挪用生产性资金用于非生产性支出的。

5. 违反规定将全民所有的财产转让给集体,或者将预算内资金划转为预算外资金的。

6. 严重违反国家财务开支规定,挥霍浪费国家资财的。

7. 违反国家规定,超越权限,擅自提高补贴标准、扩大补贴范围提高工资的。

8. 利用职务上的便利,将公共财物非法占为己有的。

用公款请客送礼、大吃大喝 国家机关、人民团体、企业、事业单位及其负责人,违反规定,用公款请客送礼、招待上级机关来人和其他客人,挥霍浪费国家资金的行为。用公款请客送礼、大吃大喝的行为,是变相侵占国家、集体和群众利益的行为,败坏党的艰苦奋斗的优良传统,影响党和国家在群众中的声誉和威信,应该给予批评教育,情节严重的还应给予党纪政纪处分。

回扣 在商品或劳务购销业务中,由卖方从收入的价款中退给买方单位或经办人个人的钱或物。在正常、合法的交易中,交易双方支付或收入的款项都必须如数入账。任何单位都不得以任何名义或方法给个人回扣;任何人不得以任何名义或方式索取或收受回扣,否则按行贿受贿罪从严惩处。各单位不得从收到的回扣中给有关人员提成奖励,对业务人员工作成绩突出,需要奖励的,应按现行职工奖励办法办理。

酬谢费 包括劳务费、手续费、信息费、介绍费、佣金、回扣、提成等。

在经济交往中,国家机关工作

人员违反国家规定,利用职权或工作之便,为他人谋取利益,索取、收受各种名义的酬谢费归个人所有,属(索)受贿性质。明来明往,报告并交公的,经本单位批准或本单位发给的,不以错误论处。

国家党政机关工作人员利用职权或职务之便,以入股分红或安排亲属、子女到对方领取挂名工资的,属受贿性质。

国家党政机关工作人员收受下属的劳务费、红包等,属受贿性质;接受兼职聘请单位的酬金,属于非法所得。

科技人员经所在单位允许,利用业余时间接受外单位的聘请所收受的酬金,属合法所得。收受违法、不当的酬谢费的行为应予处分;收受合法、正当的酬谢费的行为应予保护。

佣金 是指具有独立地位的中间商或经纪人因介绍交易或代买、代卖商品所得到的劳务报酬。它可以是买方给的,也可以是卖方给的,也要以是买卖双方都给的。

罚没财物 是指公安机关、检察机关、人民法院(以上亦统称政法机关)、监察机关、海关、工商行政管理机关、税务机关(以上亦统称行政执法机关)依法处理的罚没财物。

机关、团体、企业事业单位内部查处的贪污、受贿、盗窃国家和集体财产等案件追回的财物,按照财政部《关于追回赃款赃物的财务处理办法》办理。

罚没收入的上缴 依法收缴的罚没款和没收物资变价款,都应作为罚没收入如数上缴国库。任何部门、单位和个人都不得自行提成。

查询单位存款、查阅有关资料 人民法院因审理经济纠纷案件或经济犯罪案件而需要向银行查询企业事业单位、机关、团体的银行存款或者查阅与案件有关的会计凭证、账册、报表等档案资料的,银行应当积极配合。

在查询或查阅时,人民法院应当向银行出具正式公函,由银行行长(主任)指定具体的业务部门负责提供有关情况和资料并派专人接待。查阅人对需要的资料可以抄录、复制或拍照。人民法院对银行提供的资料应当保守秘密。

冻结单位存款 人民法院依据《民事诉讼法》规定,裁定冻结企业事业单位、机关、团体一定数额的银行存款,需要银行协助执行的,银行在接到人民法院的协助执行通知书

(附裁定副本)后,应当立即凭此冻结单位的银行账户上的同额存款(只能就地冻结,不能转户)。已被冻结款项的解冻,应以人民法院的通知为凭,银行不得自行解冻。冻结单位存款的期限最长不超过六个月。有特殊原因需要延长的,人民法院应当在到期前向银行办理继续冻结的手续;逾期不办理继续冻结手续的,视为自动撤销冻结。

扣划单位存款 根据《民事诉讼法》规定,银行有义务按照人民法院的通知,协助扣划企业事业单位、机关、团体的银行存款。

人民法院需要银行协助扣划单位存款,应向银行发出协助通知书(附判决书、裁定书或调解书的副本),银行收到协助执行通知书后,应当积极协助执行,不得妨碍执行。

为使银行扣划单位存款得以顺利执行,人民法院与银行必须互相支持,密切配合。人民法院在审理经济纠纷案件时,应向银行全面了解被告单位的资金周转、债权债务、偿付能力等各方面的情况,银行有责任向人民法院如实介绍被告单位的经济状况,并应就如何偿还欠款提出合理建议。人民法院在充分掌握情况之后,应当按照首先保证支付职工工资、提取大修理基金和应缴纳国家的税款,优先偿还到期银行贷款,兼顾其他欠款的原则通盘考虑,实事求是地依法作出判决、裁定或者主持达成调解协议,确定相应款项应予偿付的期限,对于立即偿付确有困难的,可以确定缓期偿付或者分期偿付。在人民法院判决、裁定或者主持达成调解协议确定的偿还期限内,被告单位应自动履行,被告单位没有正当理由逾期不履行的,银行在接到人民法院的协助执行通知书后,只要被告单位的银行账户上当日有款可付,应当立即扣划,不得延误,当日无款可付的,银行应主动通知人民法院,并根据被告单位的资金周转情况,尽快予以扣划。被告单位在外地,需由其开户银行扣划存款的,应委托被告单位所在地的人民法院代向被告单位的开户银行发出协助执行通知书,然后由该银行按通知要求扣划存款。

国家机构 国家机构是整个国家机关体系的总称,是统治阶级实现国家职能的组织。我国《宪法》规定,我国的国家机构包括:全国人民代表大会、国家主席、国务院、中央军事委员会、地方各级人民代表大会和地方各级人民政府、民族自治地方的自治机关、监察委员会、人民法院和人民检察院。国家机构具有如下特点：第一，国家机构有着鲜明的阶级性，是统治阶级和同盟者的组织；第二，国家机构依照法律规定行使它的职权；第三，国家机构是一种国家组织，具有特殊的强制力；第四，国家机构是一个严密的组织体系；第五，国家机构是一个历史范畴，到了共产主义，国家消亡了，国家机构也随之消亡。

我国国家机构的组织活动原则是：第一，党的领导原则；第二，民主集中制原则；第三，群众路线原则；第四，民族平等原则；第五，社会主义法制原则。

国家权力机关 根据《宪法》规定，我国的国家权力机关是全国人民代表大会和地方各级人民代表大会。我国最高国家权力机关是全国人民代表大会，它的常设机关是全国人民代表大会常务委员会。

国家行政机关 国家行政机关也称"国家管理机关"，简称"政府"，是依法行使国家行政权，负责对国家行政事务进行组织与管理的国家机关。根据《宪法》规定，我国的国家行政机关是国务院和地方各级人民政府。我国最高国家行政机关是中华人民共和国国务院，即中央人民政府。

一切国家机关 即全体国家机关。国家机关，亦称"政权机关"，是指为行使国家权力、管理国家行政、保卫国家安全、执行国家法律而设置的部门和机构，分为国家权力机关、行政机关、军事机关、监察机关、审判机关和检察机关。

国家工作人员 在国家各级权力机关、各级行政机关、各级司法机关、各级军事机关、国有企业、国家事业机构中工作的人员以及其他各种依照法律从事公务的人员。

第九章

案件审理

查审分离 纪检监察机关坚持审查调查与审理相分离的原则,审查调查人员不得参与案件审理。

案件审理范围 纪检监察机关应当对涉嫌违纪或者违法、犯罪案件严格依规依纪依法审核把关,提出纪律处理或者处分的意见,也就是说,案件审理的范围不仅包括党员、干部以及监察对象涉嫌违纪或者职务违法、职务犯罪案件,还包括职务违法、职务犯罪以外的涉嫌其他违法犯罪,需要追究纪律和法律责任的案件。

案件审理的要求 案件审理工作的基本要求,即"事实清楚、证据确凿、定性准确、处理恰当、手续完备、程序合规"。事实清楚,是对审理工作最基本的要求。事实就是指处分决定或审查结论所依据的事实,是定案的基础。证据确凿,主要是指处分决定或审查调查结论所依据的违纪违法事实,都有确实、充分的证据加以认定。证据是能够证明案件真实情况的一切事实。对证据必须认真地进行鉴别,去伪存真。没有证据或证据不充分、不确凿,不能认定违纪违法事实。定性准确,主要是指依规依纪依法准确认定违纪违法问题性质,这是正确处理违纪违法案件的关键。定性是办案人员对涉嫌违纪违法行为判断是与非、正确与错误界限的过程。定性不准，必然导致对案件的错误处理。处理恰当，主要是根据违纪违法事实和性质，依据党和国家方针政策、党纪条规和法律法规，给予违纪违法人员恰当的处理。手续完备、程序合规，主要是指要按法定程序审查调查案件。事实清楚是定性处理的基础，证据确凿是认定案件事实的依据，定性准确是正确处理的关键，处理恰当是结果和目的，手续完备、程序合规是处理恰当的制度保证。该"24字基本要求"辩证统一，是纪检监察机关对违纪违法问题进行审查调查必须遵循的基本原则，是衡量各级纪检监察机关审查调查工作的标准，是在监督执纪实践中贯彻党的路线方针政策和正确运用党纪国法的重要保证。

审理工作程序 审理工作按照以下程序进行：

1. 案件审理部门收到审查调查报告后，经审核符合移送条件的予以受理，不符合移送条件的可以暂缓受理或者不予受理。

2. 对于重大、复杂、疑难案件，监督检查、审查调查部门已查清主要违纪或者职务违法、职务犯罪事实并提出倾向性意见的；对涉嫌违纪或者职务违法、职务犯罪行为性质认定分歧较大的，经批准案件审理部门可以提前介入。

3. 案件审理部门受理案件后，应当成立由两人以上组成的审理组，全面审理案卷材料，提出审理意见。

4. 坚持集体审议原则，在民主讨论基础上形成处理意见；对争议较大的应当及时报告，形成一致意见后再作出决定。案件审理部门根据案件审理情况，应当与被审查调查人谈话，核对违纪或者职务违法、职务犯罪事实，听取辩解意见，了解有关情况。

5. 对主要事实不清、证据不足的，经纪检监察机关主要负责人批准，退回监督检查、审查调查部门重新审查调查；需要补充完善证据的，经纪检监察机关相关负责人批准，退回监督检查、审查调查部门补充审查调查。

6. 审理工作结束后应当形成审理报告，内容包括被审查调查人基本情况、审查调查简况、违纪违法或者职务犯罪事实、涉案财物处置、监督检查或者审查调查部门意见、审理意见等。审理报告应当体现党内审查特色,依据《中国共产党纪律处分条例》认定违纪事实性质,分析被审查调查人违反党章、背离党的性质宗旨的错误本质,反映其态度、认识以及思想转变过程。涉嫌职务犯罪需要追究刑事责任的,还应当形成《起诉意见书》,作为审理报告附件。

对给予同级党委委员、候补委员,同级纪委委员、监委委员处分的,在同级党委审议前,应当与上级纪委监委沟通并形成处理意见。审理工作应当在受理之日起一个月内完成,重大复杂案件经批准可以适当延长。

审理提前介入 审查调查部门在调查过程中如有需要,可以请案件审理部门提前介入,借助案件审理部门的工作,把问题尽快分析透、研究透,提高办案效率,缩短案件办理时间。对于重大、复杂、疑难案件,提前介入审理,还应具备以下情形之一:监督检查、审查调查部门已查清主要违纪或者职务违法、职务犯罪事实并提出倾向性意见;对涉嫌违纪或者职务违法、职务犯罪行为性质认定分歧较大。

审理谈话 案件审理部门可根据案件审理情况,派员与被审查调查人进行谈话,核对违纪违法事实,听取被审查调查人意见,了解有关情况,进行纪法教育,并做好谈话笔录。审理谈话是深入开展审理工作的重要措施,有利于全面客观审核案件,有利于加强对审查调查组的监督制约,及时发现有关问题,也有利于保障被审查调查人在审查调查过程中辩解、申辩的权利,开展有针对性的思想政治工作。

审理报告 审理报告是纪检监察机关案件审理部门就移送审理或呈报审批案件的事实、证据、定性、处理以及办理程序等提出审理意见的文书。审理报告应当列明被审查调查人的基本情况、审查调查简况、主要违纪违法事实、涉案财物情况、被审查调查人态度和认识、监督检查或审查调查部门意见、审理意见等。

审理报告的审议和办理程序 审理报告报经纪检监察机关主要负责人批准后,提请纪委常委会会议审议。需报同级党委审批的,应当在报批前以纪检监察机关办公厅(室)名义征求同级党委组织部门和被审查调查人所在党委(党组)意见。

处分决定作出后,纪检监察机

关应当通知受处分党员所在党委（党组），抄送同级党委组织部门，并依照规定在1个月内向其所在党的基层组织中的全体党员以及本人宣布。处分决定执行情况应当及时报告。

移送司法机关 被审查调查人涉嫌职务犯罪的，应当由案件监督管理部门协调办理移送司法机关事宜。对于采取留置措施的案件，在人民检察院对犯罪嫌疑人先行拘留后，留置措施自动解除。

案件移送司法机关后，审查调查部门应当跟踪了解处理情况，发现问题及时报告，不得违规过问、干预处理工作。

审理工作完成后，对涉及的其他问题线索，经批准应当及时移送有关纪检监察机关处置。

被审查调查人涉案财物处理
对被审查调查人违规违纪违法所得财物，应当依规依纪依法予以收缴、责令退赔或者登记上交。收缴，主要是指将违规违纪违法取得的财物予以追回的行为。责令退赔，主要是指责令被审查调查人将违规违纪违法所得的财物予以归还，财物已经被消耗、毁损的，应当用与之价值相当的财物予以赔偿。

对涉嫌职务犯罪所得财物，应当随案移送司法机关。

对经认定不属于违规违纪违法所得的，应当在案件审结后依规依纪依法予以返还，并办理签收手续。

申诉的办理程序 对不服处分决定的申诉，由批准或者决定处分的党委（党组）或者纪检监察机关受理；需要复议复查的，由纪检监察机关相关负责人批准后受理。

申诉办理部门成立复查组，调阅原案案卷，必要时可以进行取证，经集体研究后，提出办理意见，报纪检监察机关相关负责人批准或者纪委常委会会议研究决定，作出复议复查决定。决定应当告知申诉人，抄送相关单位，并在一定范围内宣布。

复议复查与审查审理分离 坚持复议复查与审查审理分离，原案审查、审理人员不得参与复议复查。参与过原案审查、审理的人员如果参与复议复查工作，有可能产生先入为主的不利影响，使复议复查有失客观性和公正性，不利于保障申诉人的权利，不利于维护纪检监察机关的权威。

复议复查工作时限 复议复查工作应当在三个月内办结。三个月的时限计算，应当从受理复议复查之日起算。

阅卷笔录 阅卷笔录是审理人员在审理案卷时，对案卷材料中重要情节的摘录。它是起草审理报告、研究案件、汇报案情的依据。

阅卷笔录一般包括如下内容：

1. 标题：关于×××问题的阅卷笔录。

2. 受处分人员基本情况。

3. 被审查调查人所在单位的处理意见和本人意见。

4. 依据调查报告所列事实，摘录证据材料的主要情节，摘录的内容要准确无误，要摘录证据材料的原话，不能断章取义，以便分析证据材料所写的主要事实情节是否一致，有无矛盾，判断证据是否确凿、充分。

5. 证据中存在的问题，审理意见。

6. 综合意见。整个案卷审理完结后，阅卷人要对案件的事实、证据、定性、处理、手续五个环节，提出综合意见。综合意见观点要明确，意见要具体，要符合政策。

7. 案卷审结时间。

本人态度 指受审查者对本人所犯错误的认识和表现，也是作出公正处理的依据之一。在犯同样性质错误的情况下，对所犯错误交代清楚，认真检查，态度好的，可从轻处理；态度不好，拒不承认错误，不做认真检查的，应从严处理。对于确实犯有严重错误、拒不承认而又坚持无理取闹的人要加重处分。

犯错误者的一贯表现 指犯错误者长期以来的表现。它是从轻或从严处分的重要考量因素。在犯有同样性质错误的情况下，一贯表现较好，偶尔犯了错误，可考虑从轻处理；一贯表现不好，屡教不改，可考虑从严处理。从轻和从严处理都要注意适度，防止过宽或过严。

审理人员守则 审理人员应具有坚定的党性原则和良好的工作作风。案件审理工作，涉及的情况复杂，政策性很强，要求案件审理工作人员应遵守下列原则：

1. 要有坚强的党性和高度的责任感，坚持原则，刚正不阿，秉公办案，不徇私情，敢于同一切违反党纪政纪、国法的行为作坚决的斗争。

2. 坚持实事求是，一切从实际出发，不主观臆断，坚持调查研究，走群众路线，不偏听偏信，善于听取不同意见。

3. 模范地遵守党纪政纪国法，

严格遵守保密制度,不得向无关人员泄露所办案件的情况。

4. 认真学习国家的法律法规,不断提高自己的政治思想水平和政策、业务水平,注意总结经验,努力提高审理工作质量和效率。

5. 对违纪违法人员作出的处分决定和所依据的事实材料必须同本人见面,听取本人说明情况和申辩。当本人对组织所认定的错误事实有不同意见时,要认真地进行复核,采纳其合理的意见。对事实清楚、证据确凿,本人坚持错误意见或拒不签署意见的,作出书面说明,并根据事实作出处理决定,需要报上级审批的案件,连同本人意见一并上报。

处分决定一经批准即予执行。如果本人不服提出申诉,有关党组织必须负责及时处理或迅速转递,不得扣压,承办单位不得推诿。对于申诉有理,需要改变处分决定的,要实事求是地予以改正;对于所犯错误事实清楚、证据确凿、定性准确、程序合法、处理恰当,而本人坚持错误和无理要求的,要批评教育;对无理取闹的,要严肃处理。

材料归档 在案件办结后,把办案中与定性处理直接有关的材料加以整理,组卷移交档案管理部门。

第十章

党纪处分

《中国共产党纪律处分条例》的制定 为了维护党章和其他党内法规,严肃党的纪律,纯洁党的组织,保障党员民主权利,教育党员遵纪守法,维护党的团结统一,保证党的路线、方针、政策、决议和国家法律法规的贯彻执行,根据《中国共产党章程》(以下简称《党章》)制定本《条例》。

《条例》的指导思想 党的纪律建设必须坚持以马克思列宁主义、毛泽东思想、邓小平理论、"三个代表"重要思想、科学发展观、习近平新时代中国特色社会主义思想为指导,坚持和加强党的全面领导,坚决维护习近平总书记党中央的核心、全党的核心地位,坚决维护党中央权威和集中统一领导,落实新时代党的建设总要求和全面从严治党战略部署,全面加强党的纪律建设。

党的纪律是党的各级组织和全体党员必须遵守的行为规矩 党章是最根本的党内法规,是管党治党的总规矩。党的纪律是党的各级组织和全体党员必须遵守的行为规则。党组织和党员必须牢固树立政治意识、大局意识、核心意识、看齐意识,自觉遵守党章,严格执行和维护党的纪律,自觉接受党的纪律约束,模范遵守国家法律法规。

党的纪律处分的原则 党的纪

律处分工作应当坚持以下原则：

1. 坚持党要管党、全面从严治党。加强对党的各级组织和全体党员的教育、管理和监督，把纪律挺在前面，注重抓早抓小、防微杜渐。

2. 党纪面前一律平等。对违犯党纪的党组织和党员必须严肃、公正执行纪律，党内不允许有任何不受纪律约束的党组织和党员。

3. 实事求是。对党组织和党员违犯党纪的行为，应当以事实为依据，以党章、其他党内法规和国家法律法规为准绳，准确认定违纪性质，区别不同情况，恰当予以处理。

4. 民主集中制。实施党纪处分，应当按照规定程序经党组织集体讨论决定，不允许任何个人或者少数人擅自决定和批准。上级党组织对违犯党纪的党组织和党员作出的处理决定，下级党组织必须执行。

5. 惩前毖后、治病救人。处理违犯党纪的党组织和党员，应当实行惩戒与教育相结合，做到宽严相济。

监督执纪的"四种形态" 运用监督执纪"四种形态"，经常开展批评和自我批评、约谈函询，让"红红脸、出出汗"成为常态；党纪轻处分、组织调整成为违纪处理的大多数；党纪重处分、重大职务调整的成为少数；严重违纪涉嫌违法立案审查的成为极少数。

给予纪律处理或者处分的行为 党组织和党员违反党章和其他党内法规，违反国家法律法规，违反党和国家政策，违反社会主义道德，危害党、国家和人民利益的行为，依照规定应当给予纪律处理或者处分的，都必须受到追究。

重点查处党的十八大以来不收敛、不收手，问题线索反映集中、群众反映强烈，政治问题和经济问题交织的腐败案件，违反中央八项规定精神的问题。

党纪处分的种类 对党员的纪律处分种类有：

1. 警告；

2. 严重警告；

3. 撤销党内职务；

4. 留党察看；

5. 开除党籍。

对于违犯党的纪律的党组织的处理 对于违犯党的纪律的党组织，上级党组织应当责令其作出检查或者进行通报批评。对于严重违犯党的纪律、本身又不能纠正的党组织，上一级党的委员会在查明核实后，根据情节严重的程度，可以给予以下处理：

1. 改组；
2. 解散。

警告处分和严重警告处分 党员受到警告处分一年内、受到严重警告处分一年半内，不得在党内提升职务和向党外组织推荐担任高于其原任职务的党外职务。

撤销党内职务处分 是指撤销受处分党员由党内选举或者组织任命的党内职务。对于在党内担任两个以上职务的，党组织在作处分决定时，应当明确是撤销其一切职务还是一个或者几个职务。如果决定撤销其一个职务，必须撤销其担任的最高职务。如果决定撤销其两个以上职务，则必须从其担任的最高职务开始依次撤销。对于在党外组织担任职务的，应当建议党外组织依照规定作出相应处理。

对于应当受到撤销党内职务处分，但是本人没有担任党内职务的，应当给予其严重警告处分。同时，在党外组织担任职务的，应当建议党外组织撤销其党外职务。

党员受到撤销党内职务处分，或者依照前款规定受到严重警告处分的，二年内不得在党内担任和向党外组织推荐担任与其原任职务相当或者高于其原任职务的职务。

留党察看处分 分为留党察看一年、留党察看二年。对于受到留党察看处分一年的党员，期满后仍不符合恢复党员权利条件的，应当延长一年留党察看期限。留党察看期限最长不得超过二年。

党员受留党察看处分期间，没有表决权、选举权和被选举权。留党察看期间，确有悔改表现的，期满后恢复其党员权利；坚持不改或者又发现其他应当受到党纪处分的违纪行为的，应当开除党籍。

党员受到留党察看处分，其党内职务自然撤销。对于担任党外职务的，应当建议党外组织撤销其党外职务。受到留党察看处分的党员，恢复党员权利后二年内，不得在党内担任和向党外组织推荐担任与其原任职务相当或者高于其原任职务的职务。

开除党籍处分 党员受到开除党籍处分，五年内不得重新入党，也不得推荐担任与其原任职务相当或者高于其原任职务的党外职务。另有规定不准重新入党的，依照规定。

党的各级代表大会的代表受到留党察看处分的处理 党的各级代表大会的代表受到留党察看以上

（含留党察看）处分的，党组织应当终止其代表资格。

对于受到改组处理的党组织领导机构成员的处理 对于受到改组处理的党组织领导机构成员，除应当受到撤销党内职务以上（含撤销党内职务）处分的外，均自然免职。

对于受到解散处理的党组织中的党员的处理 对于受到解散处理的党组织中的党员，应当逐个审查。其中，符合党员条件的，应当重新登记，并参加新的组织过党的生活；不符合党员条件的，应当对其进行教育、限期改正，经教育仍无转变的，予以劝退或者除名；有违纪行为的，依照规定予以追究。

从轻或者减轻处分的条件 有下列情形之一的，可以从轻或者减轻处分：

1. 主动交代本人应当受到党纪处分的问题的；
2. 在组织核实、立案审查过程中，能够配合核实审查工作，如实说明本人违纪违法事实的；
3. 检举同案人或者其他人应当受到党纪处分或者法律追究的问题，经查证属实的；
4. 主动挽回损失、消除不良影响或者有效阻止危害结果发生的；
5. 主动上交违纪所得的；
6. 有其他立功表现的。

处分幅度以外减轻处分的程序 根据案件的特殊情况，由中央纪委决定或者经省（部）级纪委（不含副省级市纪委）决定并呈报中央纪委批准，对违纪党员也可以在本《条例》规定的处分幅度以外减轻处分。

免予警告、严重警告处分的条件 对于党员违犯党纪应当给予警告或者严重警告处分，但是具有本《条例》上述"从轻或者减轻处分条件"规定的情形之一或者本《条例》分则中另有规定的，可以给予批评教育、责令检查、诫勉或者组织处理，免予党纪处分。对违纪党员免予处分，应当作出书面结论。

从重或者加重处分的条件 有下列情形之一的，应当从重或者加重处分：

1. 强迫、唆使他人违纪的；
2. 拒不上交或者退赔违纪所得的；
3. 违纪受处分后又因故意违纪应当受到党纪处分的；
4. 违纪受到党纪处分后，又被发现其受处分前的违纪行为应当受到党纪处分的；
5. 本《条例》另有规定的。

从轻处分 在本《条例》规定的违纪行为应当受到的处分幅度以内,给予较轻的处分。

从重处分 在本《条例》规定的违纪行为应当受到的处分幅度以内,给予较重的处分。

减轻处分 在本《条例》规定的违纪行为应当受到的处分幅度以外,减轻一档给予处分。

加重处分 在本《条例》规定的违纪行为应当受到的处分幅度以外,加重一档给予处分。

《条例》规定的只有开除党籍处分一个档次的违纪行为,不适用第一款减轻处分的规定。

两种以上违纪行为的处理 一人有本《条例》规定的两种以上(含两种)应当受到党纪处分的违纪行为,应当合并处理,按其数种违纪行为中应当受到的最高处分加重一档给予处分;其中一种违纪行为应当受到开除党籍处分的,应当给予开除党籍处分。

一个违纪行为同时触犯两个条款的处理 一个违纪行为同时触犯本《条例》两个以上(含两个)条款的,依照处分较重的条款定性处理。

一个条款规定的违纪构成要件全部包含在另一个条款规定的违纪构成要件中,特别规定与一般规定不一致的,适用特别规定。

二人以上共同故意违纪的处理

二人以上(含二人)共同故意违纪的,对为首者,从重处分,本《条例》另有规定的除外;对其他成员,按照其在共同违纪中所起的作用和应负的责任,分别给予处分。

对于经济方面共同违纪的,按照个人所得数额及其所起作用,分别给予处分。对违纪集团的首要分子,按照集团违纪的总数额处分;对其他共同违纪的为首者,情节严重的,按照共同违纪的总数额处分。

教唆他人违纪的,应当按照其在共同违纪中所起的作用追究党纪责任。

党组织领导机构集体违犯党纪行为的处理 党组织领导机构集体作出违犯党纪的决定或者实施其他违犯党纪的行为,对具有共同故意的成员,按共同违纪处理;对过失违纪的成员,按照各自在集体违纪中所起的作用和应负的责任分别给予处分。

对违法犯罪党员的纪律处分

1. 党组织在纪律审查中发现党员有贪污贿赂、滥用职权、玩忽职守、权力寻租、利益输送、徇私舞弊、浪费国家资财等违反法律涉嫌犯罪行为的,应当给予撤销党内职务、留党察看或者开除党籍处分。

2. 党组织在纪律审查中发现党员有《刑法》规定的行为,虽不构成犯罪但须追究党纪责任的,或者有其他违法行为,损害党、国家和人民利益的,应当视具体情节给予警告直至开除党籍处分。

3. 党组织在纪律审查中发现党员严重违纪涉嫌违法犯罪的,原则上先作出党纪处分决定,并按照规定给予政务处分后,再移送有关国家机关依法处理。

4. 党员被依法留置、逮捕的,党组织应当按照管理权限中止其表决权、选举权和被选举权等党员权利。根据监察机关、司法机关处理结果,可以恢复其党员权利的,应当及时予以恢复。

5. 党员犯罪情节轻微,人民检察院依法作出不起诉决定的,或者人民法院依法作出有罪判决并免予刑事处罚的,应当给予撤销党内职务、留党察看或者开除党籍处分。

党员犯罪,被单处罚金的,依照前款规定处理。

应当给予开除党籍处分的情形　党员犯罪,有下列情形之一的,应当给予开除党籍处分:

1. 因故意犯罪被依法判处《刑法》规定的主刑(含宣告缓刑)的;

2. 被单处或者附加剥夺政治权利的;

3. 因过失犯罪,被依法判处三年以上(不含三年)有期徒刑的。

因过失犯罪被判处三年以下(含三年)有期徒刑或者被判处管制、拘役的,一般应当开除党籍。对于个别可以不开除党籍的,应当对照处分党员批准权限的规定,报请再上一级党组织批准。

对已受处罚党员党纪责任的追究　党员依法受到刑事责任追究的,党组织应当根据司法机关的生效判决、裁定、决定及其认定的事实、性质和情节,依照本《条例》规定给予党纪处分,是公职人员的由监察机关给予相应政务处分。

党员依法受到政务处分、行政处罚,应当追究党纪责任的,党组织可以根据生效的政务处分、行政处罚决定认定的事实、性质和情节,经核实后依照规定给予党纪处分或者组织处理。

党员违反国家法律法规,违反企事业单位或者其他社会组织的规章制度受到其他纪律处分,应当追究党纪责任的,党组织在对有关方面认定的事实、性质和情节进行核实后,依照规定给予党纪处分或者组织处理。

党组织作出党纪处分或者组织处理决定后,司法机关、行政机关等依法改变原生效判决、裁定、决定等,对原党纪处分或者组织处理决定产生影响的,党组织应当根据改变后的生效判决、裁定、决定等重新作出相应处理。

对预备党员违犯党纪的处理 预备党员违犯党纪,情节较轻,可以保留预备党员资格的,党组织应当对其批评教育或者延长预备期;情节较重的,应当取消其预备党员资格。

对违纪后下落不明的党员的处理 对违纪后下落不明的党员,应当区别情况作出处理:

1. 对有严重违纪行为,应当给予开除党籍处分的,党组织应当作出决定,开除其党籍;

2. 除前项规定的情况外,下落不明时间超过六个月的,党组织应当按照党章规定对其予以除名。

违纪党员死亡的处理 违纪党员在党组织作出处分决定前死亡,或者在死亡之后发现其曾有严重违纪行为,对于应当给予开除党籍处分的,开除其党籍;对于应当给予留党察看以下(含留党察看)处分的,作出违犯党纪的书面结论和相应处理。

违纪行为有关责任人员的区分

1. 直接责任者,是指在其职责范围内,不履行或者不正确履行自己的职责,对造成的损失或者后果起决定性作用的党员或者党员领导干部。

2. 主要领导责任者,是指在其职责范围内,对直接主管的工作不履行或者不正确履行职责,对造成的损失或者后果负直接领导责任的党员领导干部。

3. 重要领导责任者,是指在其职责范围内,对应管的工作或者参与决定的工作不履行或者不正确履行职责,对造成的损失或者后果负次要领导责任的党员领导干部。

《条例》所称领导责任者,包括主要领导责任者和重要领导责任者。

主动交代 是指涉嫌违纪的党员在组织初核前向有关组织交代自己的问题,或者在初核和立案审查其问题期间交代组织未掌握的问题。

经济损失的计算 计算经济损失主要计算直接经济损失。直接经济损失，是指与违纪行为有直接因果关系而造成财产损失的实际价值。

经济利益的收缴和退赔 对于违纪行为所获得的经济利益，应当收缴或者责令退赔。

对于违纪行为所获得的职务、职称、学历、学位、奖励、资格等其他利益，应当由承办案件的纪检机关或者由其上级纪检机关建议有关组织、部门、单位按照规定予以纠正。

对于依照《条例》第三十五条即上述"对违纪后下落不明的党员的处理"、第三十六条即上述"违纪党员死亡的处理"规定处理的党员，经调查确属其实施违纪行为获得的利益，依照本条规定处理。

处分决定的宣布 党纪处分决定作出后，应当在一个月内向受处分党员所在党的基层组织中的全体党员及其本人宣布，是领导班子成员的还应当向所在党组织领导班子宣布，并按照干部管理权限和组织关系将处分决定材料归入受处分者档案；对于受到撤销党内职务以上（含撤销党内职务）处分的，还应当在一个月内办理职务、工资、工作及其他有关待遇等相应变更手续；涉及撤销或者调整其党外职务的，应当建议党外组织及时撤销或者调整其党外职务。特殊情况下，经作出或者批准作出处分决定的组织批准，可以适当延长办理期限。办理期限最长不得超过六个月。

处分决定执行情况的报告 执行党纪处分决定的机关或者受处分党员所在单位，应当在六个月内将处分决定的执行情况向作出或者批准处分决定的机关报告。

党员对所受党纪处分不服的，可以依照党章及有关规定提出申诉。

对违反政治纪律行为的处分

1. 在重大原则问题上不同党中央保持一致且有实际言论、行为或者造成不良后果的，给予警告或者严重警告处分；情节较重的，给予撤销党内职务或者留党察看处分；情节严重的，给予开除党籍处分。

2. 通过网络、广播、电视、报刊、传单、书籍等，或者利用讲座、论坛、报告会、座谈会等方式，公开发表坚持资产阶级自由化立场、反对四项基本原则，反对党的改革开放决策的文章、演说、宣言、声明等的，给予开除党籍处分。

发布、播出、刊登、出版前款所列文章、演说、宣言、声明等或者为上述行为提供方便条件的,对直接责任者和领导责任者,给予严重警告或者撤销党内职务处分;情节严重的,给予留党察看或者开除党籍处分。

3. 通过网络、广播、电视、报刊、传单、书籍等,或者利用讲座、论坛、报告会、座谈会等方式,有下列行为之一,情节较轻的,给予警告或者严重警告处分;情节较重的,给予撤销党内职务或者留党察看处分;情节严重的,给予开除党籍处分:

(1) 公开发表违背四项基本原则,违背、歪曲党的改革开放决策,或者其他有严重政治问题的文章、演说、宣言、声明等的;

(2) 妄议党中央大政方针,破坏党的集中统一的;

(3) 丑化党和国家形象,或者诋毁、诬蔑党和国家领导人、英雄模范,或者歪曲党的历史、中华人民共和国历史、人民军队历史的。

发布、播出、刊登、出版前款所列内容或者为上述行为提供方便条件的,对直接责任者和领导责任者,给予严重警告或者撤销党内职务处分;情节严重的,给予留党察看或者开除党籍处分。

4. 制作、贩卖、传播上述第2项、第3项所列内容之一的书刊、音像制品、电子读物、网络音视频资料等,情节较轻的,给予警告或者严重警告处分;情节较重的,给予撤销党内职务或者留党察看处分;情节严重的,给予开除党籍处分。

私自携带、寄递上述第2项、第3项所列内容之一的书刊、音像制品、电子读物等入出境,情节较重的,给予警告或者严重警告处分;情节严重的,给予撤销党内职务、留党察看或者开除党籍处分。

5. 在党内组织秘密集团或者组织其他分裂党的活动的,给予开除党籍处分。

参加秘密集团或者参加其他分裂党的活动的,给予留党察看或者开除党籍处分。

6. 在党内搞团团伙伙、结党营私、拉帮结派、培植个人势力等非组织活动,或者通过搞利益交换、为自己营造声势等活动捞取政治资本的,给予严重警告或者撤销党内职务处分;导致本地区、本部门、本单位政治生态恶化的,给予留党察看或者开除党籍处分。

7. 党员领导干部在本人主政的地方或者分管的部门自行其是，搞山头主义，拒不执行党中央确定的大政方针，甚至背着党中央另搞一套的，给予撤销党内职务、留党察看或者开除党籍处分。

落实党中央决策部署不坚决，打折扣、搞变通，在政治上造成不良影响或者严重后果的，给予警告或者严重警告处分；情节严重的，给予撤销党内职务、留党察看或者开除党籍处分。

8. 对党不忠诚不老实，表里不一，阳奉阴违，欺上瞒下，搞两面派，做两面人，情节较轻的，给予警告或者严重警告处分；情节较重的，给予撤销党内职务或者留党察看处分；情节严重的，给予开除党籍处分。

9. 制造、散布、传播政治谣言，破坏党的团结统一的，给予警告或者严重警告处分；情节较重的，给予撤销党内职务或者留党察看处分；情节严重的，给予开除党籍处分。

政治品行恶劣，匿名诬告，有意陷害或者制造其他谣言，造成损害或者不良影响的，依照前款规定处理。

10. 擅自对应当由党中央决定的重大政策问题作出决定、对外发表主张的，对直接责任者和领导责任者，给予严重警告或者撤销党内职务处分；情节严重的，给予留党察看或者开除党籍处分。

11. 不按照有关规定向组织请示、报告重大事项，情节较重的，给予警告或者严重警告处分；情节严重的，给予撤销党内职务或者留党察看处分。

12. 干扰巡视巡察工作或者不落实巡视巡察整改要求，情节较轻的，给予警告或者严重警告处分；情节较重的，给予撤销党内职务或者留党察看处分；情节严重的，给予开除党籍处分。

13. 对抗组织审查，有下列行为之一的，给予警告或者严重警告处分；情节较重的，给予撤销党内职务或者留党察看处分；情节严重的，给予开除党籍处分：

（1）串供或者伪造、销毁、转移、隐匿证据的；

（2）阻止他人揭发检举、提供证据材料的；

（3）包庇同案人员的；

（4）向组织提供虚假情况，掩

盖事实的；

（5）有其他对抗组织审查行为的。

14. 组织、参加反对党的基本理论、基本路线、基本方略或者重大方针政策的集会、游行、示威等活动的，或者以组织讲座、论坛、报告会、座谈会等方式，反对党的基本理论、基本路线、基本方略或者重大方针政策，造成严重不良影响的，对策划者、组织者和骨干分子，给予开除党籍处分。

对其他参加人员或者以提供信息、资料、财物、场地等方式支持上述活动者，情节较轻的，给予警告或者严重警告处分；情节较重的，给予撤销党内职务或者留党察看处分；情节严重的，给予开除党籍处分。

对不明真相被裹挟参加，经批评教育后确有悔改表现的，可以免予处分或者不予处分。

未经组织批准参加其他集会、游行、示威等活动，情节较轻的，给予警告或者严重警告处分；情节较重的，给予撤销党内职务或者留党察看处分；情节严重的，给予开除党籍处分。

15. 组织、参加旨在反对党的领导、反对社会主义制度或者敌视政府等组织的，对策划者、组织者和骨干分子，给予开除党籍处分。

对其他参加人员，情节较轻的，给予警告或者严重警告处分；情节较重的，给予撤销党内职务或者留党察看处分；情节严重的，给予开除党籍处分。

16. 组织、参加会道门或者邪教组织的，对策划者、组织者和骨干分子，给予开除党籍处分。

对其他参加人员，情节较轻的，给予警告或者严者警告处分；情节较重的，给予撤销党内职务或者留党察看处分；情节严重的，给予开除党籍处分。

对不明真相的参加人员，经批评教育后确有悔改表现的，可以免予处分或者不予处分。

17. 从事、参与挑拨破坏民族关系制造事端或者参加民族分裂活动的，对策划者、组织者和骨干分子，给予开除党籍处分。

对其他参加人员，情节较轻的，给予警告或者严重警告处分；情节较重的，给予撤销党内职务或者留党察看处分；情节严重的，给予开除党籍处分。

对不明真相被裹挟参加，经批

评教育后确有悔改表现的,可以免予处分或者不予处分。

有其他违反党和国家民族政策的行为,情节较轻的,给予警告或者严重警告处分;情节较重的,给予撤销党内职务或者留党察看处分;情节严重的,给予开除党籍处分。

18. 组织、利用宗教活动反对党的路线、方针、政策和决议,破坏民族团结的,对策划者、组织者和骨干分子,给予开除党籍处分。

对其他参加人员,给予撤销党内职务或者留党察看处分;情节严重的,给予开除党籍处分。

对不明真相被裹挟参加,经批评教育后确有悔改表现的,可以免予处分或者不予处分。

有其他违反党和国家宗教政策的行为,情节较轻的,给予警告或者严重警告处分;情节较重的,给予撤销党内职务或者留党察看处分;情节严重的,给予开除党籍处分。

19. 对信仰宗教的党员,应当加强思想教育,经党组织帮助教育仍没有转变的,应当劝其退党;劝而不退的,予以除名;参与利用宗教搞煽动活动的,给予开除党籍处分。

20. 组织迷信活动的,给予撤销党内职务或者留党察看处分;情节严重的,给予开除党籍处分。

参加迷信活动,造成不良影响的,给予警告或者严重警告处分;情节较重的,给予撤销党内职务或者留党察看处分;情节严重的,给予开除党籍处分。

对不明真相的参加人员,经批评教育后确有悔改表现的,可以免予处分或者不予处分。

21. 组织、利用宗族势力对抗党和政府,妨碍党和国家的方针政策以及决策部署的实施,或者破坏党的基层组织建设的,对策划者、组织者和骨干分子,给予开除党籍处分。

对其他参加人员,给予撤销党内职务或者留党察看处分;情节严重的,给予开除党籍处分。

对不明真相被裹挟参加,经批评教育后确有悔改表现的,可以免予处分或者不予处分。

22. 在国(境)外、外国驻华使(领)馆申请政治避难,或者违纪后逃往国(境)外、外国驻华使(领)馆的,给予开除党籍处分。

在国(境)外公开发表反对党和政府的文章、演说、宣言、声明等的,依照前款规定处理。

故意为上述行为提供方便条件的,给予留党察看或者开除党籍处分。

23. 在涉外活动中,其言行在政治上造成恶劣影响,损害党和国家尊严、利益的,给予撤销党内职务或者留党察看处分;情节严重的,给予开除党籍处分。

24. 不履行全面从严治党主体责任、监督责任或者履行全面从严治党主体责任、监督责任不力,给党组织造成严重损害或者严重不良影响的,对直接责任者和领导责任者,给予警告或者严重警告处分;情节严重的,给予撤销党内职务或者留党察看处分。

25. 党员领导干部对违反政治纪律和政治规矩等错误思想和行为不报告、不抵制、不斗争,放任不管,搞无原则一团和气,造成不良影响的,给予警告或者严重警告处分;情节严重的,给予撤销党内职务或者留党察看处分。

26. 违反党的优良传统和工作惯例等党的规矩,在政治上造成不良影响的,给予警告或者严重警告处分;情节较重的,给予撤销党内职务或者留党察看处分;情节严重的,给予开除党籍处分。

对违反组织纪律行为的处分

1. 违反民主集中制原则,有下列行为之一的,给予警告或者严重警告处分;情节严重的,给予撤销党内职务或者留党察看处分:

（1）拒不执行或者擅自改变党组织作出的重大决定的;

（2）违反议事规则,个人或者少数人决定重大问题的;

（3）故意规避集体决策,决定重大事项、重要干部任免、重要项目安排和大额资金使用的;

（4）借集体决策名义集体违规的。

2. 下级党组织拒不执行或者擅自改变上级党组织决定的,对直接责任者和领导责任者,给予警告或者严重警告处分;情节严重的,给予撤销党内职务或者留党察看处分。

3. 拒不执行党组织的分配、调动、交流等决定的,给予警告、严重警告或者撤销党内职务处分。

在特殊时期或者紧急状况下,拒不执行党组织决定的,给予留党察看或者开除党籍处分。

4. 有下列行为之一,情节较重的,给予警告或者严重警告处分:

（1）违反个人有关事项报告规

定,隐瞒不报的;

(2) 在组织进行谈话、函询时,不如实向组织说明问题的;

(3) 不按要求报告或者不如实报告个人去向的;

(4) 不如实填报个人档案资料的。

篡改、伪造个人档案资料的,给予严重警告处分;情节严重的,给予撤销党内职务或者留党察看处分。

隐瞒入党前严重错误的,一般应当予以除名;对入党后表现尚好的,给予严重警告、撤销党内职务或者留党察看处分。

5. 党员领导干部违反有关规定组织、参加自发成立的老乡会、校友会、战友会等,情节严重的,给予警告、严重警告或者撤销党内职务处分。

6. 有下列行为之一的,给予警告或者严重警告处分;情节较重的,给予撤销党内职务或者留党察看处分;情节严重的,给予开除党籍处分:

(1) 在民主推荐、民主测评、组织考察和党内选举中搞拉票、助选等非组织活动的;

(2) 在法律规定的投票、选举活动中违背组织原则搞非组织活动,组织、怂恿、诱使他人投票、表决的;

(3) 在选举中进行其他违反党章、其他党内法规和有关章程活动的。

搞有组织的拉票贿选,或者用公款拉票贿选的,从重或者加重处分。

7. 在干部选拔任用工作中,有任人唯亲、排斥异己、封官许愿、说情干预、跑官要官、突击提拔或者调整干部等违反干部选拔任用规定行为,对直接责任者和领导责任者,情节较轻的,给予警告或者严重警告处分;情节较重的,给予撤销党内职务或者留党察看处分;情节严重的,给予开除党籍处分。

用人失察失误造成严重后果的,对直接责任者和领导责任者,依照前款规定处理。

8. 在干部、职工的录用、考核、职务晋升、职称评定和征兵、安置复转军人等工作中,隐瞒、歪曲事实真相,或者利用职权或者职务上的影响违反有关规定为本人或者其他人谋取利益的,给予警告或者严重警告处分;情节较重的,给予撤销党内职务或者留党察看处分;情节严重的,给予开除党籍处分。

弄虚作假、骗取职务、职级、职称、待遇、资格、学历、学位、荣誉或者其他利益的,依照前款规定处理。

9. 侵犯党员的表决权、选举权和被选举权,情节较重的,给予警告或者严重警告处分;情节严重的,给予撤销党内职务处分。

以强迫、威胁、欺骗、拉拢等手段,妨害党员自主行使表决权、选举权和被选举权的,给予撤销党内职务、留党察看或者开除党籍处分。

10. 有下列行为之一的,给予警告或者严重警告处分;情节较重的,给予撤销党内职务或者留党察看处分;情节严重的,给予开除党籍处分:

(1) 对批评、检举、控告进行阻挠、压制,或者将批评、检举、控告材料私自扣压、销毁,或者故意将其泄露给他人的;

(2) 对党员的申辩、辩护、作证等进行压制,造成不良后果的;

(3) 压制党员申诉,造成不良后果的,或者不按照有关规定处理党员申诉的;

(4) 有其他侵犯党员权利行为,造成不良后果的。

对批评人、检举人、控告人、证人及其他人员打击报复的,从重或者加重处分。

党组织有上述行为的,对直接责任者和领导责任者,依照第一款规定处理。

11. 违反党章和其他党内法规的规定,采取弄虚作假或者其他手段把不符合党员条件的人发展为党员,或者为非党员出具党员身份证明的,对直接责任者和领导责任者,给予警告或者严重警告处分;情节严重的,给予撤销党内职务处分。

违反有关规定程序发展党员的,对直接责任者和领导责任者,依照前款规定处理。

12. 违反有关规定取得外国国籍或者获取国(境)外永久居留资格、长期居留许可的,给予撤销党内职务、留党察看或者开除党籍处分。

13. 违反有关规定办理因私出国(境)证件、前往港澳通行证,或者未经批准出入国(边)境,情节较轻的,给予警告或者严重警告处分;情节较重的,给予撤销党内职务处分;情节严重的,给予留党察看处分。

14. 驻外机构或者临时出国(境)团(组)中的党员擅自脱离组织,或者从事外事、机要、军事等工作的党员违反有关规定同国(境)外机构、人员联系和交往的,给予警告、严重警告或者撤销党内职务处分。

15. 驻外机构或者临时出国(境)团(组)中的党员,脱离组织出走时间不满六个月又自动回归的,给予撤销党内职务或者留党察看处分;脱离组织出走时间超过六个月的,按照自行脱党处理,党内予以除名。

故意为他人脱离组织出走提供方便条件的,给予警告、严重警告或者撤销党内职务处分。

对违反廉洁纪律行为的处分

1. 党员干部必须正确行使人民赋予的权力,清正廉洁,反对任何滥用职权、谋求私利的行为。

利用职权或者职务上的影响为他人谋取利益,本人的配偶、子女及其配偶等亲属和其他特定关系人收受对方财物,情节较重的,给予警告或者严重警告处分;情节严重的,给予撤销党内职务、留党察看或者开除党籍处分。

2. 相互利用职权或者职务上的影响为对方及其配偶、子女及其配偶等亲属、身边工作人员和其他特定关系人谋取利益搞权权交易的,给予警告或者严重警告处分;情节较重的,给予撤销党内职务或者留党察看处分;情节严重的,给予开除党籍处分。

3. 纵容、默许配偶、子女及其配偶等亲属、身边工作人员和其他特定关系人利用党员干部本人职权或者职务上的影响谋取私利,情节较轻的,给予警告或者严重警告处分;情节较重的,给予撤销党内职务或者留党察看处分;情节严重的,给予开除党籍处分。

党员干部的配偶、子女及其配偶等亲属和其他特定关系人不实际工作而获取薪酬或者虽实际工作但领取明显超出同职级标准薪酬,党员干部知情未予纠正的,依照前款规定处理。

4. 收受可能影响公正执行公务的礼品、礼金、消费卡和有价证券、股权、其他金融产品等财物,情节较轻的,给予警告或者严重警告处分;情节较重的,给予撤销党内职务或者留党察看处分;情节严重的,给予开除党籍处分。

收受其他明显超出正常礼尚往来的财物的,依照前款规定处理。

5. 向从事公务的人员及其配偶、子女及其配偶等亲属和其他特定关系人赠送明显超出正常礼尚往来的礼品、礼金、消费卡和有价证券、股权、其他金融产品等财物,情节较重的,给予警告或者严重警告处分;情节严重的,给予撤销党内职务或者留党察看处分。

6. 借用管理和服务对象的钱款、住房、车辆等,影响公正执行公务,情节较重的,给予警告或者严重警告处分;情节严重的,给予撤销党内职务、留党察看或者开除党籍处分。

通过民间借贷等金融活动获取大额回报,影响公正执行公务的,依照前款规定处理。

7. 利用职权或者职务上的影响操办婚丧喜庆事宜,在社会上造成不良影响的,给予警告或者严重警告处分;情节严重的,给予撤销党内职务处分;借机敛财或者有其他侵犯国家、集体和人民利益行为的,从重或者加重处分,直至开除党籍。

8. 接受、提供可能影响公正执行公务的宴请或者旅游、健身、娱乐等活动安排,情节较重的,给予警告或者严重警告处分;情节严重的,给予撤销党内职务或者留党察看处分。

9. 违反有关规定取得、持有、实际使用运动健身卡、会所和俱乐部会员卡、高尔夫球卡等各种消费卡,或者违反有关规定出入私人会所,情节较重的,给予警告或者严重警告处分;情节严重的,给予撤销党内职务或者留党察看处分。

10. 违反有关规定从事营利活动,有下列行为之一,情节较轻的,给予警告或者严重警告处分;情节较重的,给予撤销党内职务或者留党察看处分;情节严重的,给予开除党籍处分:

(1) 经商办企业的;

(2) 拥有非上市公司(企业)的股份或者证券的;

(3) 买卖股票或者进行其他证券投资的;

(4) 从事有偿中介活动的;

(5) 在国(境)外注册公司或者投资入股的;

(6) 有其他违反有关规定从事营利活动的。

利用参与企业重组改制、定向增发、兼并投资、土地使用权出让等决策、审批过程中掌握的信息买卖股票,利用职权或者职务上的影响通过购买信托产品、基金等方式非正常获利的,依照前款规定处理。

违反有关规定在经济组织、社会组织等单位中兼职,或者经批准兼职但获取薪酬、奖金、津贴等额外利益的,依照第一款规定处理。

11. 利用职权或者职务上的影响,为配偶、子女及其配偶等亲属和其他特定关系人在审批监管、资源开发、金融信贷、大宗采购、土地使用权出让、房地产开发、工程招投标以及公共财政支出等方面谋取利益,情节较轻的,给予警告或者严重警告处分;情节较重的,给予撤销党内职务或者留党察看处分;情节严重的,给予开除党籍处分。

利用职权或者职务上的影响,为配偶、子女及其配偶等亲属和其他特定关系人吸收存款、推销金融产品等提供帮助谋取利益的,依照前款规定处理。

12. 党员领导干部离职或者退(离)休后违反有关规定接受原任职务管辖的地区和业务范围内的企业和中介机构的聘任,或者个人从事与原任职务管辖业务相关的营利活动,情节较轻的,给予警告或者严重警告处分;情节较重的,给予撤销党内职务处分;情节严重的,给予留党察看处分。

党员领导干部离职或者退(离)休后违反有关规定担任上市公司、基金管理公司独立董事、独立监事等职务,情节较轻的,给予警告或者严重警告处分;情节较重的,给予撤销党内职务处分;情节严重的,给予留党察看处分。

13. 党员领导干部的配偶、子女及其配偶,违反有关规定在该党员领导干部管辖的地区和业务范围内从事可能影响其公正执行公务的经营活动,或者在该党员领导干部管辖的地区和业务范围内的外商独资企业、中外合资企业中担任由外方委派、聘任的高级职务或者违规任职、兼职取酬的,该党员领导干部应当按照规定予以纠正;拒不纠正的,其本人应当辞去现任职务或者由组织予以调整职务;不辞去现任职务或者不服从组织调整职务的,给予撤销党内职务处分。

14. 党和国家机关违反有关规定经商办企业的,对直接责任者和领导责任者,给予警告或者严重警告处分;情节严重的,给予撤销党内职务处分。

15. 党员领导干部违反工作、生活保障制度,在交通、医疗、警卫等方面为本人、配偶、子女及其配偶等亲属和其他特定关系人谋求特殊

第十章 党纪处分

待遇,情节较重的,给予警告或者严重警告处分;情节严重的,给予撤销党内职务或者留党察看处分。

16. 在分配、购买住房中侵犯国家、集体利益,情节较轻的,给予警告或者严重警告处分;情节较重的,给予撤销党内职务或者留党察看处分;情节严重的,给予开除党籍处分。

17. 利用职权或者职务上的影响,侵占非本人经管的公私财物,或者以象征性地支付钱款等方式侵占公私财物,或者无偿、象征性地支付报酬接受服务、使用劳务,情节较轻的,给予警告或者严重警告处分;情节较重的,给予撤销党内职务或者留党察看处分;情节严重的,给予开除党籍处分。

利用职权或者职务上的影响,将本人、配偶、子女及其配偶等亲属应当由个人支付的费用,由下属单位、其他单位或者他人支付、报销的,依照前款规定处理。

18. 利用职权或者职务上的影响,违反有关规定占用公物归个人使用,时间超过六个月,情节较重的,给予警告或者严重警告处分;情节严重的,给予撤销党内职务处分。

占用公物进行营利活动的,给予警告或者严重警告处分;情节较重的,给予撤销党内职务或者留党察看处分;情节严重的,给予开除党籍处分。

将公物借给他人进行营利活动的,依照前款规定处理。

19. 违反有关规定组织、参加用公款支付的宴请、高消费娱乐、健身活动,或者用公款购买赠送或者发放礼品、消费卡(券)等,对直接责任者和领导责任者,情节较轻的,给予警告或者严重警告处分;情节较重的,给予撤销党内职务或者留党察看处分;情节严重的,给予开除党籍处分。

20. 违反有关规定自定薪酬或者滥发津贴、补贴、奖金等,对直接责任者和领导责任者,情节较轻的,给予警告或者严重警告处分;情节较重的,给予撤销党内职务或者留党察看处分;情节严重的,给予开除党籍处分。

21. 有下列行为之一,对直接责任者和领导责任者,情节较轻的,给予警告或者严重警告处分;情节较重的,给予撤销党内职务或者留党察看处分;情节严重的,给予开除党籍处分:

（1）公款旅游或者以学习培训、考察调研、职工疗养等为名变相公款旅游的；

（2）改变公务行程，借机旅游的；

（3）参加所管理企业、下属单位组织的考察活动，借机旅游的。

以考察、学习、培训、研讨、招商、参展等名义变相用公款出国（境）旅游的，依照前款规定处理。

22.违反公务接待管理规定，超标准、超范围接待或者借机大吃大喝，对直接责任者和领导责任者，情节较重的，给予警告或者严重警告处分；情节严重的，给予撤销党内职务处分。

23.违反有关规定配备、购买、更换、装饰、使用公务交通工具或者有其他违反公务交通工具管理规定的行为，对直接责任者和领导责任者，情节较重的，给予警告或者严重警告处分；情节严重的，给予撤销党内职务或者留党察看处分。

24.违反会议活动管理规定，有下列行为之一，对直接责任者和领导责任者，情节较重的，给予警告或者严重警告处分；情节严重的，给予撤销党内职务处分：

（1）到禁止召开会议的风景名胜区开会的；

（2）决定或者批准举办各类节会、庆典活动的。

擅自举办评比达标表彰活动或者借评比达标表彰活动收取费用的，依照前款规定处理。

25.违反办公用房管理等规定，有下列行为之一，对直接责任者和领导责任者，情节较重的，给予警告或者严重警告处分；情节严重的，给予撤销党内职务处分：

（1）决定或者批准兴建、装修办公楼、培训中心等楼堂馆所的；

（2）超标准配备、使用办公用房的；

（3）用公款包租、占用客房或者其他场所供个人使用的。

26.搞权色交易或者给予财物搞钱色交易的，给予警告或者严重警告处分；情节较重的，给予撤销党内职务或者留党察看处分；情节严重的，给予开除党籍处分。

27.有其他违反廉洁纪律规定行为的，应当视具体情节给予警告直至开除党籍处分。

对违反群众纪律行为的处分

1.有下列行为之一，对直接责任者和领导责任者，情节较轻的，给予警告或者严重警告处分；情节较

重的,给予撤销党内职务或者留党察看处分;情节严重的,给予开除党籍处分:

(1) 超标准、超范围向群众筹资筹劳、摊派费用,加重群众负担的;

(2) 违反有关规定扣留、收缴群众款物或者处罚群众的;

(3) 克扣群众财物,或者违反有关规定拖欠群众钱款的;

(4) 在管理、服务活动中违反有关规定收取费用的;

(5) 在办理涉及群众事务时刁难群众、吃拿卡要的;

(6) 有其他侵害群众利益行为的。

在扶贫领域有上述行为的,从重或者加重处分。

2. 干涉生产经营自主权,致使群众财产遭受较大损失的,对直接责任者和领导责任者,给予警告或者严重警告处分;情节严重的,给予撤销党内职务或者留党察看处分。

3. 在社会保障、政策扶持、扶贫脱贫、救灾救济款物分配等事项中优亲厚友、明显有失公平的,给予警告或者严重警告处分;情节较重的,给予撤销党内职务或者留党察看处分;情节严重的,给予开除党籍处分。

4. 利用宗族或者黑恶势力等欺压群众,或者纵容涉黑涉恶活动、为黑恶势力充当"保护伞"的,给予撤销党内职务或者留党察看处分;情节严重的,给予开除党籍处分。

5. 有下列行为之一,对直接责任者和领导责任者,情节较重的,给予警告或者严重警告处分;情节严重的,给予撤销党内职务或者留党察看处分:

(1) 对涉及群众生产、生活等切身利益的问题依照政策或者有关规定能解决而不及时解决,慵懒无为、效率低下,造成不良影响的;

(2) 对符合政策的群众诉求消极应付、推诿扯皮,损害党群、干群关系的;

(3) 对待群众态度恶劣、简单粗暴,造成不良影响的;

(4) 弄虚作假,欺上瞒下,损害群众利益的;

(5) 有其他不作为、乱作为等损害群众利益行为的。

6. 盲目举债、铺摊子、上项目,搞劳民伤财的"形象工程""政绩工程",致使国家、集体或者群众财产和利益遭受较大损失的,对直接责任者和领导责任者,给予警告或者严重警告处分;情节严重的,给予撤销党内职务、留党察看或者开除党籍处分。

7. 遇到国家财产和群众生命财产受到严重威胁时,能救而不救,情节较重的,给予警告、严重警告或者撤销党内职务处分;情节严重的,给予留党察看或者开除党籍处分。

8. 不按照规定公开党务、政务、厂务、村(居)务等,侵犯群众知情权,对直接责任者和领导责任者,情节较重的,给予警告或者严重警告处分;情节严重的,给予撤销党内职务或者留党察看处分。

9. 有其他违反群众纪律规定行为的,应当视具体情节给予警告直至开除党籍处分。

对违反工作纪律行为的处分

1. 工作中不负责任或者疏于管理,贯彻执行、检查督促落实上级决策部署不力,给党、国家和人民利益以及公共财产造成较大损失的,对直接责任者和领导责任者,给予警告或者严重警告处分;造成重大损失的,给予撤销党内职务、留党察看或者开除党籍处分。

贯彻创新、协调、绿色、开放、共享的发展理念不力,对职责范围内的问题失察失责,造成较大损失或者重大损失的,从重或者加重处分。

2. 有下列行为之一,造成严重不良影响,对直接责任者和领导责任者,情节较轻的,给予警告或者严重警告处分;情节较重的,给予撤销党内职务或者留党察看处分;情节严重的,给予开除党籍处分:

(1) 贯彻党中央决策部署只表态不落实的;

(2) 热衷于搞舆论造势、浮在表面的;

(3) 单纯以会议贯彻会议、以文件落实文件,在实际工作中不见诸行动的;

(4) 工作中有其他形式主义、官僚主义行为的。

3. 党组织有下列行为之一,对直接责任者和领导责任者,情节较重的,给予警告或者严重警告处分;情节严重的,给予撤销党内职务或者留党察看处分:

(1) 党员被依法判处刑罚后,不按照规定给予党纪处分,或者对违反国家法律法规的行为,应当给予党纪处分而不处分的;

(2) 党纪处分决定或者申诉复查决定作出后,不按照规定落实决定中关于被处分人党籍、职务、职级、待遇等事项的；

（3）党员受到党纪处分后，不按照干部管理权限和组织关系对受处分党员开展日常教育、管理和监督工作的。

4. 因工作不负责任致使所管理的人员叛逃的，对直接责任者和领导责任者，给予警告或者严重警告处分；情节严重的，给予撤销党内职务处分。

因工作不负责任致使所管理的人员出走，对直接责任者和领导责任者，情节较重的，给予警告或者严重警告处分；情节严重的，给予撤销党内职务处分。

5. 在上级检查、视察工作或者向上级汇报、报告工作时对应当报告的事项不报告或者不如实报告，造成严重损害或者严重不良影响的，对直接责任者和领导责任者，给予警告或者严重警告处分；情节严重的，给予撤销党内职务或者留党察看处分。

在上级检查、视察工作或者向上级汇报、报告工作时纵容、唆使、暗示、强迫下级说假话、报假情的，从重或者加重处分。

6. 党员领导干部违反有关规定干预和插手市场经济活动，有下列行为之一，造成不良影响的，给予警告或者严重警告处分；情节较重的，给予撤销党内职务或者留党察看处分；情节严重的，给予开除党籍处分：

（1）干预和插手建设工程项目承发包、土地使用权出让、政府采购、房地产开发与经营、矿产资源开发利用、中介机构服务等活动的；

（2）干预和插手国有企业重组改制、兼并、破产、产权交易、清产核资、资产评估、资产转让、重大项目投资以及其他重大经营活动等事项的；

（3）干预和插手批办各类行政许可和资金借贷等事项的；

（4）干预和插手经济纠纷的；

（5）干预和插手集体资金、资产和资源的使用、分配、承包、租赁等事项的。

7. 党员领导干部违反有关规定干预和插手司法活动、执纪执法活动，向有关地方或者部门打听案情、打招呼、说情，或者以其他方式对司法活动、执纪执法活动施加影响，情节较轻的，给予严重警告处分；情节较重的，给予撤销党内职务或者留党察看处分，情节严重的，给予开除党籍处分。

党员领导干部违反有关规定干预和插手公共财政资金分配、项目立项评审、政府奖励表彰等活动,造成重大损失或者不良影响的,依照前款规定处理。

8. 泄露、扩散或者打探、窃取党组织关于干部选拔任用、纪律审查、巡视巡察等尚未公开事项或者其他应当保密的内容的,给予警告或者严重警告处分;情节较重的,给予撤销党内职务或者留党察看处分;情节严重的,给予开除党籍处分。

私自留存涉及党组织关于干部选拔任用、纪律审查、巡视巡察等方面资料,情节较重的,给予警告或者严重警告处分;情节严重的,给予撤销党内职务处分。

9. 在考试、录取工作中,有泄露试题、考场舞弊、涂改考卷、违规录取等违反有关规定行为的,给予警告或者严重警告处分;情节较重的,给予撤销党内职务或者留党察看处分;情节严重的,给予开除党籍处分。

10. 以不正当方式谋求本人或者其他人用公款出国(境),情节较轻的,给予警告处分;情节较重的,给予严重警告处分;情节严重的,给予撤销党内职务处分。

11. 临时出国(境)团(组)或者人员中的党员,擅自延长在国(境)外期限,或者擅自变更路线的,对直接责任者和领导责任者,给予警告或者严重警告处分;情节严重的,给予撤销党内职务处分。

12. 驻外机构或者临时出国(境)团(组)中的党员,触犯驻在国家、地区的法律、法令或者不尊重驻在国家、地区的宗教习俗,情节较重的,给予警告或者严重警告处分;情节严重的,给予撤销党内职务、留党察看或者开除党籍处分。

13. 在党的纪律检查、组织、宣传、统一战线工作以及机关工作等其他工作中,不履行或者不正确履行职责,造成损失或者不良影响的,应当视具体情节给予警告直至开除党籍处分。

对违反生活纪律行为的处分

1. 生活奢靡、贪图享乐、追求低级趣味,造成不良影响的,给予警告或者严重警告处分;情节严重的,给予撤销党内职务处分。

2. 与他人发生不正当性关系,造成不良影响的,给予警告或者严重警告处分;情节较重的,给予撤销党内职务或者留党察看处分；情节严重的，给予开除党籍处分。

利用职权、教养关系、从属关系或者其他相类似关系与他人发生性关系的，从重处分。

3. 党员领导干部不重视家风建设，对配偶、子女及其配偶失管失教，造成不良影响或者严重后果的，给予警告或者严重警告处分；情节严重的，给予撤销党内职务处分。

4. 违背社会公序良俗，在公共场所有不当行为，造成不良影响的，给予警告或者严重警告处分；情节较重的，给予撤销党内职务或者留党察看处分；情节严重的，给予开除党籍处分。

5. 有其他严重违反社会公德、家庭美德行为的，应当视具体情节给予警告直至开除党籍处分。

党组的主体责任　党组（包含党组性质党委，下同）应当认真履行全面从严治党主体责任，纪委监委派驻纪检监察组应当认真履行监督责任。坚持党要管党、全面从严治党，坚持党纪面前一律平等，坚持实事求是，坚持惩前毖后、治病救人，强化监督执纪问责，确保案件处理取得良好政治效果、纪法效果和社会效果；确保案件质量经得起历史和人民的检验。

党纪处分集体讨论决定　党组对其管理的党员干部实施党纪处分，应当按照规定程序经党组集体讨论决定，不允许任何个人或者少数人擅自决定和批准。党纪处分决定以党组名义作出并自党组讨论决定之日起生效。

案件的审理　中央纪委国家监委派驻纪检监察组（以下简称派驻纪检监察组）按照干部管理权限，对驻在部门（含综合监督单位，下同）党组管理的司局级党员干部涉嫌违纪问题进行立案审查和内部审理，经派驻纪检监察组集体研究，提出党纪处分初步建议，与驻在部门党组沟通并取得一致意见后，将案件移送中央和国家机关纪检监察工委（以下简称纪检监察工委）进行审理。

纪检监察工委对移送的案件应当认真履行审核把关和监督制约职能，形成审理报告并反馈派驻纪检监察组，做到事实清楚、证据确凿、定性准确、处理恰当、手续完备、程序合规。

纪检监察工委在审理过程中，应当加强与派驻纪检监察组沟通。派驻纪检监察组原则上应当尊重纪检监察工委的审理意见。如出现分歧,经沟通不能形成一致意见的,由纪检监察工委将双方意见报中央纪委研究决定。

派驻纪检监察组应当加强与有关方面沟通,特别是对驻在部门党组管理的正司局级党员领导干部违纪案件,在驻在部门党组会议召开前,应当与驻在部门党组和中央纪委充分交换意见。

处分决定 经纪检监察工委审理后,派驻纪检监察组将党纪处分建议通报驻在部门党组,由党组讨论决定,党纪处分建议与党组的意见不同又不能协商一致的,由中央纪委研究决定。党纪处分决定应当正式通报派驻纪检监察组。

处级及以下党员干部党的纪律处分 给予驻在部门的处级及以下党员干部党纪处分,由部门机关党委、机关纪委进行审查和审理,并依据《党章》第四十二条规定履行相应程序后,由党组讨论决定。在作出党纪处分决定前,应当征求派驻纪检监察组意见。

根据工作需要,派驻纪检监察组可以直接审查驻在部门的处级及以下党员干部违反党纪的案件。派驻纪检监察组进行审查和审理后,提出党纪处分建议,移交驻在部门机关党委、机关纪委按照规定履行相应程序后,由党组讨论决定。必要时,派驻纪检监察组可以将党纪处分建议直接通报驻在部门党组,由党组讨论决定。

司局级党员干部的党纪处分 给予驻在部门党组管理的司局级党员干部党纪处分、给予处级党员干部撤销党内职务及以上党纪处分的,由驻在部门机关纪委在党纪处分决定生效之日起三十日内,将党纪处分决定及相关材料报纪检监察工委备案。纪检监察工委对备案材料应当认真审核,发现问题及时反馈并督促解决。

纪检监察工委应当每季度向中央纪委、中央和国家机关工委报送备案监督情况专项报告,必要时可以随时报告。

给予向中央备案的党员干部党纪处分的,驻在部门党组应当按照规定将党纪处分决定通报中央组织部。

党组织关系在地方、干部管理权限在主管部门党组的党员干部违纪案件的处理 对于党的组织关系在地方、干部管理权限在主管部门党组的党员干部违纪案件,凡由派驻纪检监察组查处的,由主管部门党组讨论决定,并向地方党组织通报处理结果。

对于地方纪委首先发现并立案审查,接受上级纪委指定或者与派驻纪检监察组协商后由地方纪委立案审查的上述案件,应当由地方纪委按照程序作出党纪处分决定,并向主管部门党组通报处理结果。在作出立案审查决定及审查处理过程中,地方纪委应当与主管部门党组和派驻纪检监察组加强沟通协调;经沟通不能形成一致意见的,报共同的上级党委或者纪委研究决定。

违纪案件的质量评查 纪检监察工委在中央纪委领导下建立健全对中央和国家机关审查处理违纪案件的质量评查机制,对党组讨论决定、派驻纪检监察组审查处理的案件事实证据、性质认定、处分档次、程序手续等进行监督检查,采取通报、约谈等方式反馈评查结果。

党纪处分的手续 给予党纪处分,一般应办理如下手续:

1. 除特殊情况可由县级以上各级党的委员会和纪律检查委员会直接作出处理决定外,一般都必须经过支部大会讨论决定,并按照规定的处分党员的批准权限,逐级报上级党组织批准。

2. 支部大会讨论对党员的处分时,应通知受处分的党员出席会议,允许本人申辩,也允许别人替他辩护。

3. 支部大会通过处分决定后,应将处分决定和所依据的事实材料同本人见面,认真听取其说明情况和申辩,并让他在处分决定上签署意见,然后上报。如果本人对党组织所认定的事实,定性和处理意见有不同看法时,要认真进行复核,合理的意见要采纳。对于事实清楚,证据确凿,本人坚持错误意见或拒不签署意见的,应写出书面说明,连同本人意见一并报请上级党组织审批。

4. 给予撤销党内职务以上的处分以及本人对处分有意见的,批准处分的党组织在审理过程中,应派专人或委托下级纪检监察同受处分人谈话,听取本人对所认定的事实与定性处理的意见,同时对他进行必要的教育。

5. 上级党组织批准对党员的处分决定,必须经集体讨论作出,决定后应正式下达批复。下级党组织接到批复后,应在适当范围内宣布,并通知犯错误的党员。

一案多人，职级不同的党纪处分手续 在一个案件中，要给几个不同职务的党员党纪处分时，一般应一起报到能够批准其中职务最高的党的纪律处分的党组织批准，但也可以统一研究后，根据审批权限分别报批，并办理审批手续。

一案涉及几个单位党员的纪律处分手续 在一个案件中，涉及给几个单位的党员以纪律处分时，由主办案件单位的党组织提出调查报告和处理意见，报上级纪检监察或转交犯错误党员所在党组织讨论决定，分别履行审批手续。

处分时间的计算 支部大会讨论通过的党员处分决定，必须报上级党委或纪委批准，才能生效。党员受处分的时间，应从党委或纪委批准之日算起。

处分党员的批准权限 《党章》规定，对党员的纪律处分，必须经过支部大会讨论决定，报党的基层委员会批准；如果涉及的问题比较重要或复杂，或给党员以开除党籍的处分，应分别不同情况，报县级或县以上各级党的纪律检查委员会审查批准。在特殊情况下，县级和县以上各级党的委员会和纪律检查委员会有权直接决定给党员以党纪处分。

对党的中央委员会和地方各级委员会的委员、候补委员，给以撤销党内职务、留党察看或开除党籍的处分，必须由本人所在的委员会全体会议三分之二以上的多数决定。在全体会议闭会期间，可以先由中央政治局和地方各级委员会常务委员会作出处理决定，待召开委员会全体会议时予以追认对地方各级委员会委员和候补委员的上述处分，必须经过上级纪律检查委员会常务委员会批准。由这一级纪律检查委员会报同级党的委员会批准。严重触犯刑律的中央委员会委员、候补委员，由中央政治局决定开除其党籍；严重触犯刑律的地方各级委员会委员、候补委员，由同级委员会常务委员会决定开除其党籍。

党内职务 党的各级组织及其工作部门中由党员担任的各种领导职务。包括：各级党委书记、副书记、常委、委员、候补委员；各级纪律检查委员会书记、副书记、常委、委员；党组书记、副书记、成员；机关党委书记、副书记、委员；党的总支、支部的书记、副书记、委员；党委工作部门的正副部长、正副秘书长、正副主任、正副局长、正副处长、正副科长以及相当的领导职务；各级党的代表大会的代表等。

保留意见 根据党的民主集中制原则,党委委员和政府组成人员在党委或政府常务会议上,对所讨论的问题可以充分发表自己的意见。不仅可以发表同与大家一致的意见,也可以发表同与大家不一致的意见;可以赞成多数人的意见,也可以不赞成多数人的意见。但是,当会议根据多数人的意见作出决议之后,每一个党委委员或政府组成人员,都必须服从党委或政府常务会议决议,坚决执行党委或政府常务会议的决议。如果个别委员或政府组成人员对党委或政府常务会议的决议仍持有不同的意见,党的委员会或政府常务会议则应该允许个人保留意见,并保护他向上级组织申述自己意见的权利。但是,保留不同意见的人员在向下级组织、下级干部和机关外进行传达或宣传的时候,必须传达和宣传党委或政府常务会议的决议,不得篡改、歪曲和夹带同党委或政府常务会议决议不同的个人意见,并在自己的实际行动中,坚持按照党委或政府常务会议的决议办事,不得违反。党委委员或政府组成人员对于党委或政府常务会议内部的意见分歧,除了可以向上级党委或政府反映外,一律不得向委员会或政府常务会议以外的其他人传播。

弃权 弃权是指在党政会议上进行表决时,不表示赞成,也不表示反对。在党政会议决定问题时,组成人员有权提出自己赞成或反对的意见,一般不要轻易放弃表决权。如果实在不了解情况,一时还拿不定主意时,也可以暂时弃权,但党政领导应力求避免这种情况的发生。

党政领导应发扬民主,尽量让出席会议的同志做充分准备,让大家充分发表意见,然后再进行表决。对有些因不了解情况,不能提出意见的人员,单位领导应在表决前向他们介绍。如果在讨论中发现重大的意见分歧,而这种分歧又不属于要立即解决的紧急问题,应该适当地延长讨论,一次会议不行,就多开几次,并进行个别谈心,以便在思想一致的基础上通过决议,不要草率仓促表决。每个工作人员也应积极地行使自己的民主权利,要以对党和国家的事业高度负责的精神,会前认真做好准备,调查研究;会上积极发言,明确地讲出自己的意见,尽量不持模棱两可的态度,更不要随意放弃表决权。

第十一章

政务处分

公职人员政务处法的依据 为了规范政务处分,加强对所有行使公权力的公职人员的监督,促进公职人员依法履职、秉公用权、廉洁从政从业、坚持道德操守,根据《监察法》,制定《公职人员政务处分法》以下简称"本法"。

政务处分法的适用范围 本法适用于监察机关对违法的公职人员给予政务处分的活动。

本法第二章、第三章适用于公职人员任免机关、单位对违法的公职人员给予处分。处分的程序、申诉等适用其他法律、行政法规、国务院部门规章和国家有关规定。

公职人员 监察机关对下列公职人员和有关人员进行监察。

1. 中国共产党机关、人民代表大会及其常务委员会机关、人民政府、监察委员会、人民法院、人民检察院、中国人民政治协商会议各级委员会机关、民主党派机关和工商业联合会机关的公务员,以及参照《公务员法》管理的人员;

2. 法律、法规授权或者受国家机关依法委托管理公共事务的组织中从事公务的人员;

3. 国有企业管理人员;

4. 公办的教育、科研、文化、医疗卫生、体育等单位中从事管理的人员；

5. 基层群众性自治组织中从事管理的人员；

6. 其他依法履行公职的人员。

政务处分与监察建议 监察机关应当按照管理权限，加强对公职人员的监督，依法给予违法的公职人员政务处分。

公职人员任免机关、单位应当按照管理权限，加强对公职人员的教育、管理、监督，依法给予违法的公职人员处分。

监察机关发现公职人员任免机关、单位应当给予处分而未给予，或者给予的处分违法、不当的，应当及时提出监察建议。

政务处分的原则 给予公职人员政务处分，坚持党管干部原则，集体讨论决定；坚持法律面前一律平等，以事实为根据，以法律为准绳，给予的政务处分与违法行为的性质、情节、危害程度相当；坚持惩戒与教育相结合，宽严相济。

政务处分的要求 给予公职人员政务处分，应当事实清楚、证据确凿、定性准确、处理恰当、程序合法、手续完备。

公职人员依法履行职责受法律保护，非因法定事由、非经法定程序，不受政务处分。

公职人员政务处分的种类 政务处分的种类为：

1. 警告；
2. 记过；
3. 记大过；
4. 降级；
5. 撤职；
6. 开除。

政务处分的期间 政务处分的期间为：

1. 警告，六个月；
2. 记过，十二个月；
3. 记大过，十八个月；
4. 降级、撤职，二十四个月。

政务处分决定自作出之日起生效，政务处分期自政务处分决定生效之日起计算。

公职人员共同违法的处分 公职人员二人以上共同违法，根据各自在违法行为中所起的作用和应当承担的法律责任，分别给予政务处分。

公职人员集体违法的处分 有关机关、单位、组织集体作出的决定违法或者实施违法行为的，对负有责任的领导人员和直接责任人员中的公职人员依法给予政务处分。

公职人员从轻处分的条件 公

职人员有下列情形之一的,可以从轻或者减轻给予政务处分:

1. 主动交代本人应当受到政务处分的违法行为的;

2. 配合调查,如实说明本人违法事实的;

3. 检举他人违纪违法行为,经查证属实的;

4. 主动采取措施,有效避免、挽回损失或者消除不良影响的;

5. 在共同违法行为中起次要或者辅助作用的;

6. 主动上交或者退赔违法所得的;

7. 法律、法规规定的其他从轻或者减轻情节。

公职人员违法行为情节轻微,且具有上述公职人员从轻处分情形之一的,可以对其进行谈话提醒、批评教育、责令检查或者予以诫勉,免予或者不予政务处分。

公职人员因不明真相被裹挟或者被胁迫参与违法活动,经批评教育后确有悔改表现的,可以减轻、免予或者不予政务处分。

公职人员从重处分的条件　公职人员有下列情形之一的,应当从重给予政务处分:

1. 在政务处分期内再次故意违法,应当受到政务处分的;

2. 阻止他人检举、提供证据的;

3. 串供或者伪造、隐匿、毁灭证据的;

4. 包庇同案人员的;

5. 胁迫、唆使他人实施违法行为的;

6. 拒不上交或者退赔违法所得的;

7. 法律、法规规定的其他从重情节。

公职人员犯罪的政务处分　公职人员犯罪,有下列情形之一的,予以开除:

1. 因故意犯罪被判处管制、拘役或者有期徒刑以上刑罚(含宣告缓刑)的;

2. 因过失犯罪被判处有期徒刑,刑期超过三年的;

3. 因犯罪被单处或者并处剥夺政治权利的。

因过失犯罪被判处管制、拘役或者三年以下有期徒刑的,一般应当予以开除;案件情况特殊,予以撤职更为适当的,可以不予开除,但是应当报请上一级机关批准。

公职人员因犯罪被单处罚金,或者犯罪情节轻微,人民检察院依法作出不起诉决定或者人民法院依法免予刑事处罚的,予以撤职;造成不良影响的,予以开除。

公职人员有两个以上违法行为的处分 公职人员有两个以上违法行为的,应当分别确定政务处分。应当给予两种以上政务处分的,执行其中最重的政务处分;应当给予撤职以下多个相同政务处分的,可以在一个政务处分期以上、多个政务处分期之和以下确定政务处分期,但是最长不得超过四十八个月。

不得重复给予政务处分和处分
对公职人员的同一违法行为,监察机关和公职人员任免机关、单位不得重复给予政务处分和处分。

监察机关可以同时给予政务处分 监察机关可以同时给予下列人员政务处分:

1. 公职人员有违法行为,有关机关依照规定给予组织处理的,监察机关可以同时给予政务处分。

2. 担任领导职务的公职人员有违法行为,被罢免、撤销、免去或者辞去领导职务的,监察机关可以同时给予政务处分。

公职人员受政务处分期内职务、职级和工资的处理 下列人员在处分期内,不得晋升职务,不得晋升工资档次:

1. 公务员以及参照《公务员法》管理的人员在政务处分期内,不得晋升职务、职级、衔级和级别;其中,被记过、记大过、降级、撤职的,不得晋升工资档次。被撤职的,按照规定降低职务、职级、衔级和级别,同时降低工资和待遇。

2. 法律、法规授权或者受国家机关依法委托管理公共事务的组织中从事公务的人员,以及公办的教育、科研、文化、医疗卫生、体育等单位中从事管理的人员,在政务处分期内,不得晋升职务、岗位和职员等级、职称;其中,被记过、记大过、降级、撤职的,不得晋升薪酬待遇等级。被撤职的,降低职务、岗位或者职员等级,同时降低薪酬待遇。

3. 国有企业管理人员在政务处分期内,不得晋升职务、岗位等级和职称;其中,被记过、记大过、降级、撤职的,不得晋升薪酬待遇等级。被撤职的,降低职务或者岗位等级,同时降低薪酬待遇。

基层群众性自治组织中从事管理的人员的处分 基层群众性自治组织中从事管理的人员有违法行为的,监察机关可以予以警告、记过、记大过。

基层群众性自治组织中从事管理的人员受到政务处分的,应当由县级或者乡镇人民政府根据具体情况减发或者扣发补贴、奖金。

其他依法履行公职的人员的处分 《监察法》第十五条第六项规定的人员有违法行为的,监察机关可以予以警告、记过、记大过。情节严重的,由所在单位直接给予或者监察机关建议有关机关、单位给予降低薪酬待遇、调离岗位、解除人事关系或者劳动关系等处理。

《监察法》第十五条第二项规定的人员,未担任公务员、参照《公务员法》管理的人员、事业单位工作人员或者国有企业人员职务的,对其违法行为依照前款规定处理。

公职人员被开除的处理 公职人员被开除,或者依照本法上条规定,受到解除人事关系或者劳动关系处理的,不得录用为公务员以及参照《公务员法》管理的人员。

公职人员违法所得的处理 公职人员违法取得的财物和用于违法行为的本人财物,除依法应当由其他机关没收、追缴或者责令退赔的,由监察机关没收、追缴或者责令退赔;应当退还原所有人或者原持有人的,依法予以退还;属于国家财产或者不应当退还以及无法退还的,上缴国库。

公职人员因违法行为获得的职务、职级、衔级、级别、岗位和职员等级、职称、待遇、资格、学历、学位、荣誉、奖励等其他利益,监察机关应当建议有关机关、单位、组织按规定予以纠正。

公职人员被开除及处分期满后的处理 公职人员被开除的,自政务处分决定生效之日起,应当解除其与所在机关、单位的人事关系或者劳动关系。

公职人员受到开除以外的政务处分,在政务处分期内有悔改表现,并且没有再发生应当给予政务处分的违法行为的,政务处分期满后自动解除,晋升职务、职级、衔级、级别、岗位和职员等级、职称、薪酬待遇不再受原政务处分影响。但是,解除降级、撤职的,不恢复原职务、职级、衔级、级别、岗位和职员等级、职称、薪酬待遇。

已退休公职人员违法行为的处理 已经退休的公职人员退休前或者退休后有违法行为的,不再给予政务处分,但是可以对其立案调查;依法应当予以降级、撤职、开除的,应当按照规定相应调整其享受的待遇,对其违法取得的财物和用于违法行为的本人财物依照上述"公职人员违法所得的处理"的规定处理。

已经离职或者死亡的公职人员在履职期间有违法行为的,依照前款规定处理。

违反政治纪律的政务处分 有下列行为之一的,予以记过或者记大过;情节较重的,予以降级或者撤职;情节严重的,予以开除:

1. 散布有损宪法权威、中国共产党领导和国家声誉的言论的;

2. 参加旨在反对宪法、中国共产党领导和国家的集会、游行、示威等活动的;

3. 拒不执行或者变相不执行中国共产党和国家的路线方针政策、重大决策部署的;

4. 参加非法组织、非法活动的;

5. 挑拨、破坏民族关系,或者参加民族分裂活动的;

6. 利用宗教活动破坏民族团结和社会稳定的;

7. 在对外交往中损害国家荣誉和利益的。

有前款第2项、第4项、第5项和第6项行为之一的,对策划者、组织者和骨干分子,予以开除。

公开发表反对宪法确立的国家指导思想,反对中国共产党领导,反对社会主义制度,反对改革开放的文章、演说、宣言、声明等的,予以开除。

违反组织纪律的处分 不按照规定请示、报告重大事项,情节较重的,予以警告、记过或者记大过;情节严重的,予以降级或者撤职。

违反个人有关事项报告规定,隐瞒不报,情节较重的,予以警告、记过或者记大过。

篡改、伪造本人档案资料的,予以记过或者记大过;情节严重的,予以降级或者撤职。

违反民主集中制原则及不执行上级决定的处分 有下列行为之一的,予以警告、记过或者记大过;情节严重的,予以降级或者撤职:

1. 违反民主集中制原则,个人或者少数人决定重大事项,或者拒不执行、擅自改变集体作出的重大决定的;

2. 拒不执行或者变相不执行、拖延执行上级依法作出的决定、命令的。

违反出入境及国籍管理规定的处分 违反规定出境或者办理因私出境证件的,予以记过或者记大过;

情节严重的,予以降级或者撤职。

违反规定取得外国国籍或者获取境外永久居留资格、长期居留许可的,予以撤职或者开除。

违反干部人事管理规定等的处分 有下列行为之一的,予以警告、记过或者记大过;情节较重的,予以降级或者撤职;情节严重的,予以开除:

1. 在选拔任用、录用、聘用、考核、晋升、评选等干部人事工作中违反有关规定的;

2. 弄虚作假,骗取职务、职级、衔级、级别、岗位和职员等级、职称、待遇、资格、学历、学位、荣誉、奖励或者其他利益的;

3. 对依法行使批评、申诉、控告、检举等权利的行为进行压制或者打击报复的;

4. 诬告陷害,意图使他人受到名誉损害或者责任追究等不良影响的;

5. 以暴力、威胁、贿赂、欺骗等手段破坏选举的。

贪污贿赂等行为的处分 有下列行为之一的,予以警告、记过或者记大过;情节较重的,予以降级或者撤职;情节严重的,予以开除:

1. 贪污贿赂的;

2. 利用职权或者职务上的影响为本人或者他人谋取私利的;

3. 纵容、默许特定关系人利用本人职权或者职务上的影响谋取私利的。

拒不按照规定纠正特定关系人违规任职、兼职或者从事经营活动,且不服从职务调整的,予以撤职。

收受礼品等财物的处分 收受可能影响公正行使公权力的礼品、礼金、有价证券等财物的,予以警告、记过或者记大过;情节较重的,予以降级或者撤职;情节严重的,予以开除。

向公职人员及其特定关系人赠送可能影响公正行使公权力的礼品、礼金、有价证券等财物,或者接受、提供可能影响公正行使公权力的宴请、旅游、健身、娱乐等活动安排,情节较重的,予以警告、记过或者记大过;情节严重的,予以降级或者撤职。

违规发放薪酬等行为的处分 有下列行为之一,情节较重的,予以警告、记过或者记大过;情节严重的,予以降级或者撤职:

1. 违反规定设定、发放薪酬或者津贴、补贴、奖金的;

2. 违反规定,在公务接待、公

务交通、会议活动、办公用房以及其他工作生活保障等方面超标准、超范围的;

3. 违反规定公款消费的。

违反规定从事或者参与营利性活动的处分 违反规定从事或者参与营利性活动,或者违反规定兼任职务、领取报酬的,予以警告、记过或者记大过;情节较重的,予以降级或者撤职;情节严重的,予以开除。

利用宗族或者黑恶势力等欺压群众的处分 利用宗族或者黑恶势力等欺压群众,或者纵容、包庇黑恶势力活动的,予以撤职;情节严重的,予以开除。

违规向管理服务对象收取、摊派财物等行为的处分 有下列行为之一,情节较重的,予以警告、记过或者记大过;情节严重的,予以降级或者撤职:

1. 违反规定向管理服务对象收取、摊派财物的;

2. 在管理服务活动中故意刁难、吃拿卡要的;

3. 在管理服务活动中态度恶劣粗暴,造成不良后果或者影响的;

4. 不按照规定公开工作信息,侵犯管理服务对象知情权,造成不良后果或者影响的;

5. 其他侵犯管理服务对象利益的行为,造成不良后果或者影响的。

有前款第 1 项、第 2 项和第 5 项行为,情节特别严重的,予以开除。

滥用职权等行为的处分 有下列行为之一,造成不良后果或者影响的,予以警告、记过或者记大过;情节较重的,予以降级或者撤职;情节严重的,予以开除:

1. 滥用职权,危害国家利益、社会公共利益或者侵害公民、法人、其他组织合法权益的;

2. 不履行或者不正确履行职责,玩忽职守,贻误工作的;

3. 工作中有形式主义、官僚主义行为的;

4. 工作中有弄虚作假,误导、欺骗行为的;

5. 泄露国家秘密、工作秘密,或者泄露因履行职责掌握的商业秘密、个人隐私的。

违背社会公序良俗等行为的处分 有下列行为之一的,予以警告、记过或者记大过;情节较重的,予以降级或者撤职;情节严重的,予以开除:

1. 违背社会公序良俗,在公共场所有不当行为,造成不良影响的;

2. 参与或者支持迷信活动,造成不良影响的;

3. 参与赌博的;

4. 拒不承担赡养、抚养、扶养义务的;

5. 实施家庭暴力,虐待、遗弃家庭成员的;

6. 其他严重违反家庭美德、社会公德的行为。

吸食、注射毒品,组织赌博,组织、支持、参与卖淫、嫖娼、色情淫乱活动的,予以撤职或者开除。

公职人员有其他违法行为的处理　公职人员有其他违法行为,影响公职人员形象,损害国家和人民利益的,可以根据情节轻重给予相应政务处分。

调查取证　监察机关对涉嫌违法的公职人员进行调查,应当由二名以上工作人员进行。监察机关进行调查时,有权依法向有关单位和个人了解情况,收集、调取证据。有关单位和个人应当如实提供情况。

严禁以威胁、引诱、欺骗及其他非法方式收集证据。以非法方式收集的证据不得作为给予政务处分的依据。

政务处分前违法事实的核实　作出政务处分决定前,监察机关应当将调查认定的违法事实及拟给予政务处分的依据告知被调查人,听取被调查人的陈述和申辩,并对其陈述的事实、理由和证据进行核实,记录在案。被调查人提出的事实、理由和证据成立的,应予采纳。不得因被调查人的申辩而加重政务处分。

调查终结后的处理　调查终结后,监察机关应当根据下列不同情况,分别作出处理:

1. 确有应受政务处分的违法行为的,根据情节轻重,按照政务处分决定权限,履行规定的审批手续后,作出政务处分决定;

2. 违法事实不能成立的,撤销案件;

3. 符合免予、不予政务处分条件的,作出免予、不予政务处分决定;

4. 被调查人涉嫌其他违法或者犯罪行为的,依法移送主管机关处理。

《政务处分决定书》的制作　决定给予政务处分的,应当制作《政务处分决定书》。

《政务处分决定书》应当载明下

列事项：

1．被处分人的姓名、工作单位和职务；

2．违法事实和证据；

3．政务处分的种类和依据；

4．不服政务处分决定，申请复审、复核的途径和期限；

5．作出政务处分决定的机关名称和日期。

《政务处分决定书》应当盖有作出决定的监察机关的印章。

《政务处分决定书》的送达　《政务处分决定书》应当及时送达被处分人和被处分人所在机关、单位，并在一定范围内宣布。

作出政务处分决定后，监察机关应当根据被处分人的具体身份书面告知相关的机关、单位。

参与调查人员的回避　参与公职人员违法案件调查、处理的人员有下列情形之一的，应当自行回避，被调查人、检举人及其他有关人员也有权要求其回避：

1．是被调查人或者检举人的近亲属的；

2．担任过本案的证人的；

3．本人或者其近亲属与调查的案件有利害关系的；

4．可能影响案件公正调查、处理的其他情形。

监察机关负责人的回避　监察机关负责人的回避，由上级监察机关决定；其他参与违法案件调查、处理人员的回避，由监察机关负责人决定。

监察机关或者上级监察机关发现参与违法案件调查、处理人员有应当回避情形的，可以直接决定该人员回避。

公职人员已处刑罚的追加政务处分　公职人员依法受到刑事责任追究的，监察机关应当根据司法机关的生效判决、裁定、决定及其认定的事实和情节，依照本法规定给予政务处分。

公职人员依法受到行政处罚，应当给予政务处分的，监察机关可以根据行政处罚决定认定的事实和情节，经立案调查核实后，依照本法给予政务处分。

监察机关根据本条第一款、第二款的规定作出政务处分后，司法机关、行政机关依法改变原生效判决、裁定、决定等，对原政务处分决定产生影响的，监察机关应当根据改变后的判决、裁定、决定等重新作出相应处理。

人大代表和政协委员政务处分

决定的作出 监察机关对经各级人民代表大会、县级以上各级人民代表大会常务委员会选举或者决定任命的公职人员予以撤职、开除的，应当先依法罢免、撤销或者免去其职务，再依法作出政务处分决定。

监察机关对经中国人民政治协商会议各级委员会全体会议或者其常务委员会选举或者决定任命的公职人员予以撤职、开除的，应当先依章程免去其职务，再依法作出政务处分决定。

监察机关对各级人民代表大会代表、中国人民政治协商会议各级委员会委员给予政务处分的，应当向有关的人民代表大会常务委员会、乡、民族乡、镇的人民代表大会主席团或者中国人民政治协商会议常务委员会通报。

监察机关指定管辖案件的处理 下级监察机关根据上级监察机关的指定管辖决定进行调查的案件，调查终结后，对不属于本监察机关管辖范围内的监察对象，应当交有管理权限的监察机关依法作出政务处分决定。

停职及调查期间的处理 公职人员涉嫌违法，已经被立案调查，不宜继续履行职责的，公职人员任免机关、单位可以决定暂停其履行职务。

公职人员在被立案调查期间，未经监察机关同意，不得出境、辞去公职；被调查公职人员所在机关、单位及上级机关、单位不得对其交流、晋升、奖励、处分或者办理退休手续。

发现不实检举及时正名 监察机关在调查中发现公职人员受到不实检举、控告或者诬告陷害，造成不良影响的，应当按照规定及时澄清事实，恢复名誉，消除不良影响。

作出政务处分后变更手续的办理 公职人员受到政务处分的，应当将政务处分决定书存入其本人档案。对于受到降级以上政务处分的，应当由人事部门按照管理权限在作出政务处分决定后一个月内办理职务、工资及其他有关待遇等的变更手续；特殊情况下，经批准可以适当延长办理期限，但是最长不得超过六个月。

复审、复核 公职人员对监察机关作出的涉及本人的政务处分决定不服的，可以依法向作出决定的监察机关申请复审；公职人员对复审决定仍不服的，可以向上一级监察机关申请复核。

监察机关发现本机关或者下级监察机关作出的政务处分决定确有错误的,应当及时予以纠正或者责令下级监察机关及时予以纠正。

复审、复核期间不停止原政务处分决定的执行 复审、复核期间,不停止原政务处分决定的执行。

公职人员不因提出复审、复核而被加重政务处分。

复审、复核机关应当撤销原政务处分决定的情形 有下列情形之一的,复审、复核机关应当撤销原政务处分决定,重新作出决定或者责令原作出决定的监察机关重新作出决定:

1. 政务处分所依据的违法事实不清或者证据不足的;

2. 违反法定程序,影响案件公正处理的;

3. 超越职权或者滥用职权作出政务处分决定的。

复审、复核机关应当变更原政务处分决定的情形 有下列情形之一的,复审、复核机关应当变更原政务处分决定,或者责令原作出决定的监察机关予以变更:

1. 适用法律、法规确有错误的;

2. 对违法行为的情节认定确有错误的;

3. 政务处分不当的。

政务处分决定的维持 复审、复核机关认为政务处分决定认定事实清楚,适用法律正确的,应当予以维持。

公职人员的政务处分决定被变更的处理 公职人员的政务处分决定被变更,需要调整该公职人员的职务、职级、衔级、级别、岗位和职员等级或者薪酬待遇等的,应当按照规定予以调整。政务处分决定被撤销的,应当恢复该公职人员的级别、薪酬待遇,按照原职务、职级、衔级、岗位和职员等级安排相应的职务、职级、衔级、岗位和职员等级,并在原政务处分决定公布范围内为其恢复名誉。没收、追缴财物错误的,应当依法予以返还、赔偿。

公职人员因有本法第五十七条、第五十八条规定的情形被撤销政务处分或者减轻政务处分的,应当对其薪酬待遇受到的损失予以补偿。

不采纳监察建议的处理 有关机关、单位无正当理由拒不采纳监察建议的,由其上级机关、主管部门责令改正,对该机关、单位给予通报批评,对负有责任的领导人员和直接责任人员依法给予处理。

拒不执行政务处分决定等行为的处理 有关机关、单位、组织或者人员有下列情形之一的,由其上级机关,主管部门,任免机关、单位或者监察机关责令改正,依法给予处理:

1. 拒不执行政务处分决定的;

2. 拒不配合或者阻碍调查的;

3. 对检举人、证人或者调查人员进行打击报复的;

4. 诬告陷害公职人员的;

5. 其他违反本法规定的情形。

内部监督 监察机关及其工作人员有下列情形之一的,对负有责任的领导人员和直接责任人员依法给予处理:

1. 违反规定处置问题线索的;

2. 窃取、泄露调查工作信息,或者泄露检举事项、检举受理情况以及检举人信息的;

3. 对被调查人或者涉案人员逼供、诱供,或者侮辱、打骂、虐待、体罚或者变相体罚的;

4. 收受被调查人或者涉案人员的财物以及其他利益的;

5. 违反规定处置涉案财物的;

6. 违反规定采取调查措施的;

7. 利用职权或者职务上的影响干预调查工作、以案谋私的;

8. 违反规定发生办案安全事故,或者发生安全事故后隐瞒不报、报告失实、处置不当的;

9. 违反回避等程序规定,造成不良影响的;

10. 不依法受理和处理公职人员复审、复核的;

11. 其他滥用职权、玩忽职守、徇私舞弊的行为。

违反本法规定,构成犯罪的,依法追究刑事责任。

第十二章

刑事处罚

主刑的种类 主刑的种类如下：

1. 管制；
2. 拘役；
3. 有期徒刑；
4. 无期徒刑；
5. 死刑。

管制 对犯罪分子不实行关押，但限制其一定自由，依法由社区矫正的刑罚方法。管制的期限，为三个月以上二年以下。管制的刑期，从判决执行之日起计算；判决执行以前先行羁押的，羁押一日折抵刑期二日。

拘役 一种短期剥夺犯罪分子人身自由并强制其劳动改造的刑罚。拘役的期限，为一个月以上六个月以下。拘役的刑期，从判决执行之日起计算；判决执行以前先行羁押的，羁押一日折抵刑期一日。

有期徒刑、无期徒刑 剥夺犯罪分子的人身自由，实行强制劳动改造的刑罚方法。有期徒刑的期限，除《刑法》第五十条、第六十九条规定外，为六个月以上十五年以下。有期徒刑的刑期，从判决执行之日起计算；判决执行以前先行羁押的，羁押一日折抵刑期一日。

死刑 剥夺犯罪人生命的刑罚方法，包括死刑立即执行和死刑缓期执行两种。死刑只适用于罪行极其严重的犯罪分子。对于应当判处死刑的犯罪分子,如果不是必须立即执行的,可以判处死刑同时宣告缓期二年执行。死刑缓期执行的期间,从判决确定之日起计算。死刑缓期执行减为有期徒刑的刑期,从死刑缓期执行期满之日起计算。

附加刑的种类 附加刑的种类如下:

1. 罚金;
2. 剥夺政治权利;
3. 没收财产。

附加刑也可以独立适用。

罚金 由人民法院判决,强制犯罪分子向国家缴纳一定数额金钱的刑罚,罚金与罚款是不同的。罚金是一种刑罚,由法院判决、执行;罚款则是行政机关给予行政违法者依法强制执行的一种行政处罚。罚金除附加适用外,也可以独立使用。判处罚金,应当根据犯罪情节决定罚金数额。

剥夺政治权利 剥夺罪犯参与国家政治生活的权利的刑罚。是我国刑罚中附加刑之一,也可以独立适用。所剥夺的政治权利为:

1. 选举权和被选举权;
2. 言论、出版、集会、结社、游行、示威自由的权利;
3. 担任国家机关职务的权利;
4. 担任国有公司、企业、事业单位和人民团体领导职务的权利。

没收财产 主要适用于犯罪所得巨大或者特别巨大的犯罪,是没收犯罪分子个人所有财产的一部或者全部的刑罚。

量刑 人民法院根据刑事法律,在认定犯罪的基础上,确定对犯罪人是否判处刑罚,判处何种刑罚以及判处多重刑罚,并决定所判刑罚是否立即执行的刑事司法活动。

累犯 被判处有期徒刑以上刑罚的犯罪分子,刑罚执行完毕或者赦免以后,在五年以内再犯应当判处有期徒刑以上刑罚之罪的,是累犯,应当从重处罚,但是过失犯罪和不满十八周岁的人犯罪的除外。前款规定的期限,对于被假释的犯罪分子,从假释期满之日起计算。

自首和立功 自首,是指犯罪分子实施犯罪以后,自动投案,如实供述自己的罪行的行为。立功,是指犯罪分子有揭发他人犯罪行为,查证属实的,或者提供重要线索,从而得以侦破其他案件的行为。

数罪并罚 判决宣告以前一人犯数罪的,除判处死刑和无期徒刑的以外,应当在总和刑期以下、数刑中最高刑期以上,酌情决定执行的刑期,但是管制最高不能超过三年,拘役最高不能超过一年,有期徒刑总和刑期不满三十五年的,最高不能超过二十年。总和刑期在三十五年以上的,最高不能超过二十五年。如果数罪中有判处附加刑的,附加刑仍须执行。

缓刑 对于被判处拘役、三年以下有期徒刑的犯罪分子,同时符合下列条件的,可以宣告缓刑,对其中不满十八周岁的人、怀孕的妇女和已满七十五周岁的人,应当宣告缓刑:

1. 犯罪情节较轻的;
2. 有悔罪表现;
3. 没有再犯罪的危险;
4. 宣告缓刑对所居住社区没有重大不良影响。

减刑 被判处管制、拘役、有期徒刑、无期徒刑的犯罪分子,在执行期间,如果认真遵守监规,接受教育改造,确有悔改表现的,或者有立功表现的,可以减刑;有下列重大立功表现之一的,应当减刑:

1. 阻止他人重大犯罪活动的;
2. 检举监狱内外重大犯罪活动,经查证属实的;
3. 有发明创造或者重大技术革新的;
4. 在日常生产、生活中舍己救人的;
5. 在抗御自然灾害或者排除重大事故中,有突出表现的;
6. 对国家和社会有其他重大贡献的。

假释 被判处有期徒刑的犯罪分子,执行原判刑期二分之一以上,被判处无期徒刑的犯罪分子,实际执行十三年以上,如果认真遵守监规,接受教育改造,确有悔改表现,没有再犯罪的危险的,可以假释。有期徒刑的假释考验期限,为没有执行完毕的刑期;无期徒刑的假释考验期限为十年。假释考验期限,从假释之日起计算。

时效 法律规定的对犯罪行为进行追诉或者执行所判处刑罚的有效期限。追诉期限从犯罪之日起计算;犯罪行为有连续或者继续状态的,从犯罪行为终了之日起计算。在追诉期限以内又犯罪的,前罪追诉的期限从犯后罪之日起计算。

贪污、受贿、挪用公款罪量刑标准 以下依据最高人民法院、最高人民检察院《关于办理贪污贿赂刑事案件适用法律若干问题的解释》

(以下简称《解释》)整理。

贪污受贿数额较大 贪污或者受贿数额在三万元以上不满二十万元的,应当认定为《刑法》第三百八十三条第一款规定的"数额较大",依法判处三年以下有期徒刑或者拘役,并处罚金。

贪污数额在一万元以上不满三万元,具有下列情形之一的,应当认定为《刑法》第三百八十三条第一款规定的"其他较重情节",依法判处三年以下有期徒刑或者拘役,并处罚金:

1. 贪污救灾、抢险、防汛、优抚、扶贫、移民、救济、防疫、社会捐助等特定款物的;

2. 曾因贪污、受贿、挪用公款受过党纪、行政处分的;

3. 曾因故意犯罪受过刑事追究的;

4. 赃款赃物用于非法活动的;

5. 拒不交代赃款赃物去向或者拒不配合追缴工作,致使无法追缴的;

6. 造成恶劣影响或者其他严重后果的。

受贿数额在一万元以上不满三万元,具有前款第二项至第六项规定的情形之一,或者具有下列情形之一的,应当认定为《刑法》第三百八十三条第一款规定的"其他较重情节",依法判处三年以下有期徒刑或者拘役,并处罚金:

1. 多次索贿的。

2. 为他人谋取不正当利益,致使公共财产、国家和人民利益遭受损失的。

3. 为他人谋取职务提拔、调整的。

贪污、受贿数额巨大 贪污或者受贿数额在二十万元以上不满三百万元的,应当认定为《刑法》第三百八十三条第一款规定的"数额巨大",依法判处三年以上十年以下有期徒刑,并处罚金或者没收财产。

贪污数额在十万元以上不满二十万元,具有本《解释》第一条第二款规定的情形之一的,应当认定为《刑法》第三百八十三条第一款规定的"其他严重情节",依法判处三年以上十年以下有期徒刑,并处罚金或者没收财产。

受贿数额在十万元以上不满二十万元,具有本《解释》第一条第三款规定的情形之一的,应当认定为《刑法》第三百八十三条第一款规定的"其他严重情节",依法判处三年以上十年以下有期徒刑,并处罚金或者没收财产。

贪污受贿数额特别巨大 贪污或者受贿数额在三百万元以上的,应当认定为《刑法》第三百八十三条第一款规定的"数额特别巨大",依法判处十年以上有期徒刑、无期徒刑或者死刑,并处罚金或者没收财产。

贪污数额在一百五十万元以上不满三百万元,具有本《解释》第一条第二款规定的情形之一的,应当认定为《刑法》第三百八十三条第一款规定的"其他特别严重情节",依法判处十年以上有期徒刑、无期徒刑或者死刑,并处罚金或者没收财产。

受贿数额在一百五十万元以上不满三百万元,具有本《解释》第一条第三款规定的情形之一的,应当认定为《刑法》第三百八十三条第一款规定的"其他特别严重情节",依法判处十年以上有期徒刑、无期徒刑或者死刑,并处罚金或者没收财产。

贪污、受贿数额特别巨大可以判处死刑 贪污、受贿数额特别巨大,犯罪情节特别严重、社会影响特别恶劣,给国家和人民利益造成特别重大损失的,可以判处死刑。

符合前款规定的情形,但具有自首、立功、如实供述自己罪行、真诚悔罪、积极退赃,或者避免、减少损害结果的发生等情节,不是必须立即执行的,可以判处死刑缓期二年执行。

符合前款规定情形的,根据犯罪情节等情况可以判处死刑缓期二年执行,同时裁判决定在其死刑缓期执行二年期满依法减为无期徒刑后,终身监禁,不得减刑、假释。

挪用公款数额巨大 挪用公款归个人使用,进行非法活动,数额在三万元以上的,应当依照《刑法》第三百八十四条的规定以挪用公款罪追究刑事责任;数额在三百万元以上的,应当认定为《刑法》第三百八十四条第一款规定的"数额巨大"。具有下列情形之一的,应当认定为《刑法》第三百八十四条第一款规定的"情节严重":

1. 挪用公款数额在一百万元以上的;

2. 挪用救灾、抢险、防汛、优抚、扶贫、移民、救济特定款物,数额在五十万元以上不满一百万元的;

3. 挪用公款不退还,数额在五十万元以上不满一百万元的;

4. 其他严重的情节。

挪用公款归个人使用未归还的

挪用公款归个人使用,进行营利活动或者超过三个月未还,数额在五万元以上的,应当认定为《刑法》第三百八十四条第一款规定的"数额较大";数额在五百万元以上的,应当认定为《刑法》第三百八十四条第一款规定的"数额巨大"。具有下列情形之一的,应当认定为《刑法》第三百八十四条第一款规定的"情节严重":

1. 挪用公款数额在二百万元以上的;

2. 挪用救灾、抢险、防汛、优抚、扶贫、移民、救济特定款物,数额在一百万元以上不满二百万元的;

3. 挪用公款不退还,数额在一百万元以上不满二百万元的;

4. 其他严重的情节。

行贿　为谋取不正当利益,向国家工作人员行贿,数额在三万元以上的,应当依照《刑法》第三百九十条的规定以行贿罪追究刑事责任。

行贿数额在一万元以上不满三万元,具有下列情形之一的,应当依照《刑法》第三百九十条的规定以行贿罪追究刑事责任:

1. 向三人以上行贿的;

2. 将违法所得用于行贿的;

3. 通过行贿谋取职务提拔、调整的;

4. 向负有食品、药品、安全生产、环境保护等监督管理职责的国家工作人员行贿,实施非法活动的;

5. 向司法工作人员行贿,影响司法公正的;

6. 造成经济损失数额在五十万元以上不满一百万元的。

行贿情节严重　犯行贿罪,具有下列情形之一的,应当认定为《刑法》第三百九十条第一款规定的"情节严重":

1. 行贿数额在一百万元以上不满五百万元的;

2. 行贿数额在五十万元以上不满一百万元,并具有《解释》第七条第二款第一项至第五项规定的情形之一的;

3. 其他严重的情节。

为谋取不正当利益,向国家工作人员行贿,造成经济损失数额在一百万元以上不满五百万元的,应当认定为《刑法》第三百九十条第一款规定的"使国家利益遭受重大损失"。

行贿情节特别严重　犯行贿罪,具有下列情形之一的,应当认定为《刑法》第三百九十条第一款规定的"情节特别严重"：

1. 行贿数额在五百万元以上的；

2. 行贿数额在二百五十万元以上不满五百万元，并具有《解释》第七条第二款第1项至第5项规定的情形之一的；

3. 其他特别严重的情节。

为谋取不正当利益，向国家工作人员行贿，造成经济损失数额在五百万元以上的，应当认定为《刑法》第三百九十条第一款规定的"使国家利益遭受特别重大损失"。

利用影响力受贿罪的定罪量刑

《刑法》第三百八十八条之一规定的利用影响力受贿罪的定罪量刑适用标准，参照《解释》关于受贿罪的规定执行。

《刑法》第三百九十条之一规定的对有影响力的人行贿罪的定罪量刑适用标准，参照《解释》关于行贿罪的规定执行。

单位对有影响力的人行贿数额在二十万元以上的，应当依照《刑法》第三百九十条之一的规定以对有影响力的人行贿罪追究刑事责任。

职务侵占罪中的"数额较大""数额巨大" 《刑法》第一百六十三条规定的非国家工作人员受贿罪、第二百七十一条规定的职务侵占罪中的"数额较大""数额巨大"的数额起点，按照《解释》关于受贿罪、贪污罪相对应的数额标准规定的二倍、五倍执行。

《刑法》第二百七十二条规定的挪用资金罪中的"数额较大""数额巨大"以及"进行非法活动"情形的数额起点，按照《解释》关于挪用公款罪"数额较大""情节严重"以及"进行非法活动"的数额标准规定的二倍执行。

《刑法》第一百六十四条第一款规定的对非国家工作人员行贿罪中的"数额较大""数额巨大"的数额起点，按照《解释》第七条、第八条第一款关于行贿罪的数额标准规定的二倍执行。

贿赂犯罪中的财物 贿赂犯罪中的"财物"，包括货币、物品和财产性利益。财产性利益包括可以折算为货币的物质利益如房屋装修、债务免除等，以及需要支付货币的其他利益如会员服务、旅游等。后者的犯罪数额，以实际支付或者应当支付的数额计算。

为他人谋取利益 具有下列情

形之一的,应当认定为"为他人谋取利益",构成犯罪的,应当依照《刑法》关于受贿犯罪的规定定罪处罚:

1. 实际或者承诺为他人谋取利益的;

2. 明知他人有具体请托事项的;

3. 履职时未被请托,但事后基于该履职事由收受他人财物的。

国家工作人员索取、收受具有上下级关系的下属或者具有行政管理关系的被管理人员的财物价值三万元以上,可能影响职权行使的,视为承诺为他人谋取利益。

犯罪较轻、重大案件 根据行贿犯罪的事实、情节,可能被判处三年有期徒刑以下刑罚的,可以认定为《刑法》第三百九十条第二款规定的"犯罪较轻"。

根据犯罪的事实、情节,已经或者可能被判处十年有期徒刑以上刑罚的,或者案件在本省、自治区、直辖市或者全国范围内有较大影响的,可以认定为《刑法》第三百九十条第二款规定的"重大案件"。

具有下列情形之一的,可以认定为《刑法》第三百九十条第二款规定的"对侦破重大案件起关键作用":

1. 主动交待办案机关未掌握的重大案件线索的;

2. 主动交待的犯罪线索不属于重大案件的线索,但该线索对于重大案件侦破有重要作用的;

3. 主动交待行贿事实,对于重大案件的证据收集有重要作用的;

4. 主动交待行贿事实,对于重大案件的追逃、追赃有重要作用的。

受贿数额的计算 对多次受贿未经处理的,累计计算受贿数额。

国家工作人员利用职务上的便利为请托人谋取利益前后多次收受请托人财物,受请托之前收受的财物数额在一万元以上的,应当一并计入受贿数额。

赃款赃物用于单位公务支出的定罪 国家工作人员出于贪污、受贿的故意,非法占有公共财物、收受他人财物之后,将赃款赃物用于单位公务支出或者社会捐赠的,不影响贪污罪、受贿罪的认定,但量刑时可以酌情考虑。

特定关系人索取、收受他人财物,国家工作人员知道后未退还或者上交的,应当认定国家工作人员具有受贿故意。

受贿罪和渎职犯罪 国家工作人员利用职务上的便利,收受他人财物,为他人谋取利益,同时构成受贿罪和《刑法》分则第三章第三节、第九章规定的渎职犯罪的,除《刑法》另有规定外,以受贿罪和渎职犯罪数罪并罚。

违法所得财物的追缴 贪污贿赂犯罪分子违法所得的一切财物,应当依照《刑法》第六十四条的规定予以追缴或者责令退赔,对被害人的合法财产应当及时返还。对尚未追缴到案或者尚未足额退赔的违法所得,应当继续追缴或者责令退赔。

并处罚金的额度 对贪污罪、受贿罪判处三年以下有期徒刑或者拘役的,应当并处十万元以上五十万元以下的罚金;判处三年以上十年以下有期徒刑的,应当并处二十万元以上犯罪数额二倍以下的罚金或者没收财产;判处十年以上有期徒刑或者无期徒刑的,应当并处五十万元以上犯罪数额二倍以下的罚金或者没收财产。

对刑法规定并处罚金的其他贪污贿赂犯罪,应当在十万元以上犯罪数额二倍以下判处罚金。

第十三章

责任事故

《地方党政领导干部安全生产责任制规定》适用的范围 本规定适用于县级以上地方各级党委和政府领导班子成员（以下统称地方党政领导干部）。

县级以上地方各级党委工作机关、政府工作部门及相关机构领导干部，乡镇（街道）党政领导干部，各类开发区管理机构党政领导干部，参照本规定执行。

《地方党政领导干部安全生产责任制规定》制定的指导思想 实行地方党政领导干部安全生产责任制，必须以习近平新时代中国特色社会主义思想为指导，切实增强政治意识、大局意识、核心意识、看齐意识，牢固树立发展决不能以牺牲安全为代价的红线意识，按照高质量发展要求，坚持安全发展、依法治理，综合运用巡查督查、考核考察、激励惩戒等措施，加强组织领导，强化属地管理，完善体制机制，有效防范安全生产风险，坚决遏制重特大生产安全事故，促使地方各级党政领导干部切实承担起"促一方发展、保一方平安"的政治责任，为统筹推进"五位一体"总体布局和协调推进"四个全面"战略布局营造良好稳定的安全生产环境。

党政同责 实行地方党政领导

干部安全生产责任制,应当坚持党政同责、一岗双责、齐抓共管、失职追责,坚持管行业必须管安全、管业务必须管安全、管生产经营必须管安全。

地方各级党委和政府主要负责人是本地区安全生产第一责任人,班子其他成员对分管范围内的安全生产工作负领导责任。

地方各级党委主要负责人安全生产职责 主要包括:

1. 认真贯彻执行党中央以及上级党委关于安全生产的决策部署和指示精神,安全生产方针政策、法律法规;

2. 把安全生产纳入党委议事日程和向全会报告工作的内容,及时组织研究解决安全生产重大问题;

3. 把安全生产纳入党委常委会及其成员职责清单,督促落实安全生产"一岗双责"制度;

4. 加强安全生产监管部门领导班子建设、干部队伍建设和机构建设,支持人大、政协监督安全生产工作,统筹协调各方面重视支持安全生产工作;

5. 推动将安全生产纳入经济社会发展全局,纳入国民经济和社会发展考核评价体系,作为衡量经济发展、社会治安综合治理、精神文明建设成效的重要指标和领导干部政绩考核的重要内容;

6. 大力弘扬生命至上、安全第一的思想,强化安全生产宣传教育和舆论引导,将安全生产方针政策和法律法规纳入党委理论学习中心组学习内容和干部培训内容。

县级以上地方各级政府主要负责人安全生产职责 主要包括:

1. 认真贯彻落实党中央、国务院以及上级党委和政府、本级党委关于安全生产的决策部署和指示精神,安全生产方针政策、法律法规;

2. 把安全生产纳入政府重点工作和政府工作报告的重要内容,组织制定安全生产规划并纳入国民经济和社会发展规划,及时组织研究解决安全生产突出问题;

3. 组织制定政府领导干部年度安全生产重点工作责任清单并定期检查考核,在政府有关工作部门"三定"规定中明确安全生产职责;

4. 组织设立安全生产专项资金并列入本级财政预算、与财政收入保持同步增长,加强安全生产基础建设和监管能力建设,保障监管执法必需的人员、经费和车辆等

装备;

5. 严格安全准入标准,推动构建安全风险分级管控和隐患排查治理预防工作机制,按照分级属地管理原则明确本地区各类生产经营单位的安全生产监管部门,依法领导和组织生产安全事故应急救援、调查处理及信息公开工作;

6. 领导本地区安全生产委员会工作,统筹协调安全生产工作,推动构建安全生产责任体系,组织开展安全生产巡查、考核等工作,推动加强高素质专业化安全监管执法队伍建设。

地方各级党委常委会其他成员职责 按照职责分工,协调纪检监察机关和组织、宣传、政法、机构编制等单位支持保障安全生产工作,动员社会各界力量积极参与、支持、监督安全生产工作,抓好分管行业(领域)、部门(单位)的安全生产工作。

县级以上地方各级政府领导干部的职责 原则上由担任本级党委常委的政府领导干部分管安全生产工作,其安全生产职责主要包括:

1. 组织制定贯彻落实党中央、国务院以及上级及本级党委和政府关于安全生产决策部署,安全生产方针政策、法律法规的具体措施;

2. 协助党委主要负责人落实党委对安全生产的领导职责,督促落实本级党委关于安全生产的决策部署;

3. 协助政府主要负责人统筹推进本地区安全生产工作,负责领导安全生产委员会日常工作,组织实施安全生产监督检查、巡查、考核等工作,协调解决重点难点问题;

4. 组织实施安全风险分级管控和隐患排查治理预防工作机制建设,指导安全生产专项整治和联合执法行动,组织查处各类违法违规行为;

5. 加强安全生产应急救援体系建设,依法组织或者参与生产安全事故抢险救援和调查处理,组织开展生产安全事故责任追究和整改措施落实情况评估;

6. 统筹推进安全生产社会化服务体系建设、信息化建设、诚信体系建设和教育培训、科技支撑等工作。

县级以上地方各级政府其他领导干部安全生产职责 主要包括:

1. 组织分管行业(领域)、部门(单位)贯彻执行党中央、国务院以及上级及本级党委和政府关于安全

生产的决策部署,安全生产方针政策,法律法规;

2. 组织分管行业(领域)、部门(单位)健全和落实安全生产责任制,将安全生产工作与业务工作同时安排部署、同时组织实施、同时监督检查;

3. 指导分管行业(领域)、部门(单位)把安全生产工作纳入相关发展规划和年度工作计划,从行业规划、科技创新、产业政策、法规标准、行政许可、资产管理等方面加强和支持安全生产工作;

4. 统筹推进分管行业(领域)、部门(单位)安全生产工作,每年定期组织分析安全生产形势,及时研究解决安全生产问题,支持有关部门依法履行安全生产工作职责;

5. 组织开展分管行业(领域)、部门(单位)安全生产专项整治、目标管理、应急管理、查处违法违规生产经营行为等工作,推动构建安全风险分级管控和隐患排查治理预防工作机制。

考核考察 考核考察的内容包括:

1. 把地方党政领导干部落实安全生产责任情况纳入党委和政府督查督办重要内容,一并进行督促检查。

2. 建立完善地方各级党委和政府安全生产巡查工作制度,加强对下级党委和政府的安全生产巡查,推动安全生产责任措施落实。将巡查结果作为对被巡查地区党委和政府领导班子和有关领导干部考核、奖惩和使用的重要参考。

3. 建立完善地方各级党委和政府安全生产责任考核制度,对下级党委和政府安全生产工作情况进行全面评价,将考核结果与有关地方党政领导干部履职评定挂钩。

4. 在对地方各级党委和政府领导班子及其成员的年度考核、目标责任考核、绩效考核以及其他考核中,应当考核其落实安全生产责任情况,并将其作为确定考核结果的重要参考。

地方各级党委和政府领导班子及其成员在年度考核中,应当按照"一岗双责"要求,将履行安全生产工作责任情况列入述职内容。

5. 党委组织部门在考察地方党政领导干部拟任人选时,应当考察其履行安全生产工作职责情况。

有关部门在推荐、评选地方党政领导干部作为奖励人选时,应当考察其履行安全生产工作职责情况。

6. 实行安全生产责任考核情况公开制度。定期采取适当方式公布或者通报地方党政领导干部安全生产工作考核结果。

表彰奖励 表彰奖励的内容包括：

1. 对在加强安全生产工作、承担安全生产专项重要工作、参加抢险救护等方面作出显著成绩和重要贡献的地方党政领导干部，上级党委和政府应当按照有关规定给予表彰奖励。

2. 对在安全生产工作考核中成绩优秀的地方党政领导干部，上级党委和政府按照有关规定给予记功或者嘉奖。

责任追究 责任追究的内容包括：

1. 地方党政领导干部在落实安全生产工作责任中存在下列情形之一的，应当按照有关规定进行问责：

（1）履行本规定第二章（即上述职责）所规定职责不到位的；

（2）阻挠、干涉安全生产监管执法或者生产安全事故调查处理工作的；

（3）对迟报、漏报、谎报或者瞒报生产安全事故负有领导责任的；

（4）对发生生产安全事故负有领导责任的；

（5）有其他应当问责情形的。

2. 对存在本规定前述第1项情形的责任人员，应当根据情况采取通报、诫勉、停职检查、调整职务、责令辞职、降职、免职或者处分等方式问责；涉嫌职务违法犯罪的，由监察机关依法调查处置。

3. 严格落实安全生产"一票否决"制度，对因发生生产安全事故被追究领导责任的地方党政领导干部，在相关规定时限内，取消考核评优和评选各类先进资格，不得晋升职务、级别或者重用任职。

4. 对工作不力导致生产安全事故人员伤亡和经济损失扩大，或者造成严重社会影响负有主要领导责任的地方党政领导干部，应当从重追究责任。

5. 对主动采取补救措施，减少生产安全事故损失或者挽回社会不良影响的地方党政领导干部，可以从轻、减轻追究责任。

6. 对职责范围内发生生产安全事故，经查实已经全面履行了本规定上述所规定职责、法律法规规定有关职责，并全面落实了党委和政府有关工作部署的,不予追究地方有关党政领导干部的领导责任。

7. 地方党政领导干部对发生生产安全事故负有领导责任且失职失责性质恶劣、后果严重的,不论是否已调离转岗、提拔或者退休,都应当严格追究其责任。

8. 实施安全生产责任追究,应当依法依规、实事求是、客观公正,根据岗位职责、履职情况、履职条件等因素合理确定相应责任。

9. 存在本规定本条第1项所列情形应当问责的,由纪检监察机关、组织人事部门和安全生产监管部门按照权限和职责分别负责。

生产安全事故 职业活动或有关活动过程中发生的意外、突发性事件的总称,通常会使正常活动中断,造成人员伤亡或财产损失。

特大生产安全事故是指对职工、公众或环境以及生产设备造成即刻或延迟性严重危害的事故。由于各行业性质、特点不同,具体事故严重程度的划分标准也不同,职工伤亡事故的伤害程度分为五类。

职工伤亡事故的伤害程度分类:

1. 按伤害程度分:根据国家标准(GB/T 15236—94),职工伤亡事故按伤害程度分为:

轻伤事故:指一次事故只有轻伤的事故。

重伤事故:指一次事故只有重伤无死亡的事故。

死亡事故:指一次事故死亡一至二人的事故。

重大死亡事故:指一次事故死亡三至九人的事故。

特大死亡事故:指一次事故死亡十人以上(含十人)的事故。

2. 按经济损失程度分:根据事故造成的经济损失程度,事故通常分为:

一般损失事故:一次损失一万元以下的事故。

较大损失事故:一次损失一万元或一万元以上,十万元以下的事故。

重大损失事故:一次损失十万元或十万元以上,一百万元以下的事故。

特大损失事故:一次损失一百万元或一百万元以上的事故。

火灾 凡在时间或空间上失去控制的燃烧所造成的灾害,都为火灾,所有火灾不论损害大小,都应列入火灾统计范围。所有统计火灾应包括下列火灾:

1. 易燃、易爆化学物品燃烧爆炸引起的火灾；

2. 破坏性试验中引起非实验体的燃烧；

3. 机电设备因内部故障导致外部明火燃烧或者由此引起其他物件的燃烧；

4. 车辆、船舶、飞机以及其他交通工具发生的燃烧（飞机因飞行事故而导致本身燃烧的除外），或者由此引起其他物件的燃烧。

统计范围 凡在火灾和火灾扑救过程中因烧、摔、砸、炸、窒息、中毒、触电、高温辐射等原因所致的人员伤亡，列入火灾人员伤亡统计范围。其中死亡以火灾发生后七天内死亡为限，伤残统计标准按原劳动部的有关规定认定。火灾损失分直接财产损失和间接财产损失两项统计，具体计算方法按公安部的有关规定执行。

火灾事故严重程度分类 1996年11月11日由公安部、原劳动部、国家统计局联合颁布的《火灾统计管理规定》将火灾事故分为特大火灾事故、重大火灾事故和一般火灾事故三类。

特大火灾事故 具有下列情形之一的火灾，为特大火灾：死亡十人以上（含十人，下同）；重伤二十人以上；死亡、重伤二十人以上；受灾五十户以上；直接财产损失一百万元以上。

重大火灾事故 具有下列情形之一的火灾，为重大火灾事故；死亡三人以上；重伤十人以上；死亡、重伤十人以上；受灾三十户以上；直接财产损失三十万元以上。

一般火灾事故 不具有前列两项情形的燃烧事故，为一般火灾。

船舶交通事故分级标准
1990年6月16日交通部发布的第16号令《船舶交通事故统计规则》规定，船舶交通事故是指船舶发生碰撞、搁浅、触礁、触损、浪损、风灾、火灾及其他造成财产和营业员损失或人身伤亡的交通事故。根据事故船舶的等级、死亡人数和造成的直接经济损失，将船舶交通事故分为小事故、一般事故、大事故、重大事故。

道路交通事故严重程度分类 国务院发布的《道路交通事故处理办法》第六条规定，根据人身伤亡或者财产损失的程度和数额，交通事故分为轻微事故、一般事故、重大事故和特大事故。根据公安部修订的《道路交通事故等级划分标准》，各类的标准如下：

轻微事故：是指一次造成轻伤一至二人，或者财产损失机动车事故不足一千元，非机动车事故不足二百元的事故。

一般事故：是指一次造成重伤一至二人，或者轻伤三人以上，或者财产损失不足三万元的事故。

重大事故：是指一次造成死亡一至二人，或者重伤三人以上十人以下，或者财产损失三万元以上不足六万元的事故。

特大事故：是指一次造成死亡三人以上，或者重伤十一人以上；或者死亡一人，同时重伤八人以上；或者死亡二人，同时重伤五人以上；或者财产损失六万元以上的事故。

重大责任事故罪 是指工厂、矿山、林场、建筑企业或者其他企业、事业单位的职工，由于不服管理，违反规章制度，或者强令工人违章冒险作业，因而发生重大死亡事故或者造成其他严重后果的行为。

重大责任事故罪的特征 本罪具有如下构成特征：

1. 本罪侵犯的客体是厂矿企业、其他企业、事业单位的生产安全。

2. 本罪在客观方面表现为在生产作业过程中，不服管理、违反规章制度，或者强令工人违章冒险作业，因而发生重大伤亡事故，造成严重后果的行为。首先，行为人必须具有违反规章制度的行为。

规章制度 是指与保障安全生产、作业有关的规章制度，包括法律法规的明文规定，企业、事业单位及其上级管理机关所制定的规程、规则、章程等的明文规定，还包括企业、事业单位中通行的正确的操作习惯与惯例。

违反规章制度的行为表现 本罪中违反规章制度的行为表现为两种形式：一是不服管理、违反规章制度。企业、事业单位的管理方式包括两种，既可以是通过国家颁发的法律法规，企业、事业单位及其上级管理机关制定的规程、规则等规范和通行的正确的习惯、惯例对职工的生产、作业活动进行管理，也可以是通过企业、事业单位从事生产、作业指挥、管理的人员要求职工为一定的行为或不为一定的行为对职工的生产、作业活动进行管理，因此，职工的"不服管理"，就包括职工不遵守本单位要求其遵守的各种规章制度和不服从本单位从事生产、作业指挥、管理人员有关安全方面的工作安排两个方面。只要认定行为人具有不服管理的表现，即可认定其违反了规章制度。二是强令工人违章冒险作业。即指强行要求工人违反规章制度，冒着发生重大责任事故的危险从事作业活动。

其次，行为人违反规章制度的行为只能发生在生产、作业过程中并与生产、作业有直接关系。如果事故的发生与生产、作业没有关系，不构成本罪。

最后，行为人在生产、作业过程中违反规章制度的行为必须造成了重大伤亡事故或者其他严重后果。

根据最高人民检察院的有关司法解释：

"重大伤亡"是指死亡一人以上或者重伤三人以上。

"严重后果"是指直接经济损失五万元以上，或者直接经济损失不足五万元，但是情节严重，使生产、工作受到重大损害的。

"直接经济损失"是指由于事故而造成的建筑、设备、产品等的毁坏损失（全部或部分丧失价值或使用价值），以及因人员伤亡而支付的医药、丧葬、抚恤等费用。

3. 本罪的主体为特殊主体，即工厂、矿山、林场、建筑企业或其他企业、事业单位的职工。这里所说的"工厂、矿山、林场、建筑企业或者其他企事业单位"既包括国有、集体性质的企业、事业单位，也包括私营企业。

"职工"　主要是指直接从事生产、科研和生产指挥的人员，如生产工人、工程师、技术员、化验员、施工员、设计师、主管生产的厂长、矿长、坑长、车间主任、队长等。在工矿企业、事业单位中从事非生产性的一般党政工作人员由于官僚主义或玩忽职守造成重大损失的，不构成本罪，而构成玩忽职守罪。

此外，无照施工经营者在施工过程中强令从业人员违章作业，造成重大伤亡事故的，也可以成为本罪的主体。

4. 本罪在主观方面表现为过失，包括疏忽大意的过失和过于自信的过失。这里的过失是就行为人对其行为所引起的重大事故的心理态度而言的，至于行为人对其违反规章制度的行为本身，则可能是明知的、故意的。

认定重大责任事故罪应注意划清的几种界限　实务中认定重大责任事故罪应注意划清以下几种界限：

1. 本罪与非罪的界限。企业、事业单位或者其他单位中发生重大死亡事故或重大经济损失事故,情况比较复杂,必须注意分清罪与非罪的界限。除了考察客观上是否造成前述严重后果外,最关键的是要查明行为人有无过失。对于自然事故,即因自然原因(如雷电)引起的事故;和技术事故,即因技术、设备条件限制而发生的事故,以及在科学试验中无法避免的事故,要与重大责任事故严格区别开来。

2. 本罪与失火罪、过失爆炸罪、过失投放危险物质罪等的界限。在重大责任事故案件中,有的造成了火灾、爆炸、中毒等严重后果,同时也触犯了失火罪、过失爆炸罪、过失投放危险物质罪等刑法规定。对此,要按照特别法优于一般法原则,以重大责任事故罪定罪处罚。

3. 本罪与交通肇事罪的界限。驾驶机动车辆,违反交通运输管理法规,造成严重后果的可以构成交通肇事罪,但是,并非凡是驾驶机动车辆造成严重后果的,都只能构成交通肇事罪,有的可能构成重大责任事故罪。两罪的区别在于:

(1) 交通肇事罪的主体是一般主体,而重大责任事故罪的主体是特殊主体,即企业、事业单位的职工。

(2) 交通肇事行为必须是发生在交通管理的范围内,例如驾车行驶在公路上、城镇街道上或胡同(里弄)里,而重大责任事故罪一般发生在企业、事业单位内部或者其他作业的场所。

(3) 交通肇事罪违反的是交通运输管理法规,而重大责任事故罪违反的是与生产、作业有关的规章制度。因此,在公路交通管理的范围之外,驾驶机动车辆从事某种作业,如货运汽车在货场卸货,在倒车时司机未注意观察车后的情况,将一工人挤死,该司机不构成交通肇事罪,而是构成重大责任事故罪。

4. 本罪与重大劳动安全事故罪的区别。重大劳动安全事故罪是有关单位不重视劳动者的安全,劳动安全设施不符合国家规定,对事故隐患不采取措施排除,因而发生事故的情况。设置本罪名意在保护劳动者的利益,惩治违反《劳动保护法》的单位。

而重大责任事故罪则是针对职工(劳动者)违章作业造成的事故进行惩罚。

5. 责任事故型过失犯罪与日

常生活型过失犯罪的区别。

（1）发生的场合不同。责任事故型过失犯罪一般发生在业务活动中，具有业务过失性质；日常生活型过失犯罪则发生在日常生活中，多是由于日常生活不够小心谨慎而导致严重后果，属于普通过失。

（2）主体不同。责任事故型过失犯罪的主体是特殊主体，如厂矿企业的职工和铁路、航空职工；日常生活型过失犯罪的主体是一般主体。

（3）行为特点不同。责任事故型过失犯罪通常违反业务规章；日常生活型过失犯罪通常违反生活常理。

犯重大责任事故罪的，依照我国《刑法》第一百三十四条的规定，处三年以下有期徒刑或者拘役；情节特别恶劣的，处三年以上七年以下有期徒刑。

第十四章 问责

《中国共产党问责条例》的制定 为了坚持党的领导,加强党的建设,全面从严治党,保证党的路线方针政策和党中央重大决策部署贯彻落实,规范和强化党的问责工作,根据《党章》,制定《中国共产党问责条例》(以下简称《条例》)。

《条例》的指导思想 党的问责工作坚持以马克思列宁主义、毛泽东思想、邓小平理论、"三个代表"重要思想、科学发展观、习近平新时代中国特色社会主义思想为指导,增强"四个意识",坚定"四个自信",坚决维护习近平总书记党中央的核心、全党的核心地位,坚决维护党中央权威和集中统一领导,围绕统筹推进"五位一体"总体布局和协调推进"四个全面"战略布局,落实管党治党政治责任,督促各级党组织、党的领导干部负责守责尽责,践行忠诚干净担当。

问责工作的原则 党的问责工作应当坚持以下原则:

1. 依规依纪、实事求是;
2. 失责必问、问责必严;
3. 权责一致、错责相当;
4. 严管和厚爱结合、激励和约束并重;
5. 惩前毖后、治病救人;
6. 集体决定、分清责任。

党委(党组)的主体责任 党委(党组)应当履行全面从严治党主体责任,加强对本地区本部门本单位问责工作的领导,追究在党的建设、党的事业中失职失责党组织和党的领导干部的主体责任、监督责任、领导责任。

纪委应当履行监督专责,协助同级党委开展问责工作。纪委派驻(派出)机构按照职责权限开展问责工作。

党的工作机关应当依据职能履行监督职责,实施本机关本系统本领域的问责工作。

问责的对象和重点 问责对象是党组织、党的领导干部,重点是党委(党组)、党的工作机关及其领导成员,纪委、纪委派驻(派出)机构及其领导成员。

主要领导责任和重要领导责任 问责应当分清责任。党组织领导班子在职责范围内负有全面领导责任,领导班子主要负责人和直接主管的班子成员在职责范围内承担主要领导责任,参与决策和工作的班子成员在职责范围内承担重要领导责任。

对党组织问责的,应当同时对该党组织中负有责任的领导班子成员进行问责。

党组织和党的领导干部应当坚持把自己摆进去、把职责摆进去、把工作摆进去,注重从自身找问题、查原因,勇于担当、敢于负责,不得向下级党组织和干部推卸责任。

问责的内容 党组织、党的领导干部违反党章和其他党内法规,不履行或者不正确履行职责,有下列情形之一,应当予以问责:

1. 党的领导弱化,"四个意识"不强,"两个维护"不力,党的基本理论、基本路线、基本方略没有得到有效贯彻执行,在贯彻新发展理念,推进经济建设、政治建设、文化建设、社会建设、生态文明建设中,出现重大偏差和失误,给党的事业和人民利益造成严重损失,产生恶劣影响的;

2. 党的政治建设抓得不实,在重大原则问题上未能同党中央保持一致,贯彻落实党的路线方针政策和执行党中央重大决策部署不力,不遵守重大事项请示报告制度,有令不行、有禁不止,阳奉阴违、欺上瞒下,团团伙伙、拉帮结派问题突出,党内政治生活不严肃不健康,党的政治建设工作责任制落实不到位,造成严重后果或者恶劣影响的;

3. 党的思想建设缺失，党性教育特别是理想信念宗旨教育流于形式，意识形态工作责任制落实不到位，造成严重后果或者恶劣影响的；

4. 党的组织建设薄弱，党建工作责任制不落实，严重违反民主集中制原则，不执行领导班子议事决策规则，民主生活会、"三会一课"等党的组织生活制度不执行，领导干部报告个人有关事项制度执行不力，党组织软弱涣散，违规选拔任用干部等问题突出，造成恶劣影响的；

5. 党的作风建设松懈，落实中央八项规定及其实施细则精神不力，"四风"问题得不到有效整治，形式主义、官僚主义问题突出，执行党中央决策部署表态多调门高、行动少落实差，脱离实际、脱离群众，拖沓敷衍、推诿扯皮，造成严重后果的；

6. 党的纪律建设抓得不严，维护党的政治纪律、组织纪律、廉洁纪律、群众纪律、工作纪律、生活纪律不力，导致违规违纪行为多发，造成恶劣影响的；

7. 推进党风廉政建设和反腐败斗争不坚决、不扎实，削减存量、遏制增量不力，特别是对不收敛、不收手，问题线索反映集中、群众反映强烈，政治问题和经济问题交织的腐败案件放任不管，造成恶劣影响的；

8. 全面从严治党主体责任、监督责任落实不到位，对公权力的监督制约不力，好人主义盛行，不负责不担当，党内监督乏力，该发现的问题没有发现，发现问题不报告不处置，领导巡视巡察工作不力，落实巡视巡察整改要求走过场、不到位，该问责不问责，造成严重后果的；

9. 履行管理、监督职责不力，职责范围内发生重特大生产安全事故、群体性事件、公共安全事件，或者发生其他严重事故、事件，造成重大损失或者恶劣影响的；

10. 在教育医疗、生态环境保护、食品药品安全、扶贫脱贫、社会保障等涉及人民群众最关心最直接最现实的利益问题上不作为、乱作为、慢作为、假作为，损害和侵占群众利益问题得不到整治，以言代法、以权压法、徇私枉法问题突出，群众身边腐败和作风问题严重，造成恶劣影响的；

11. 其他应当问责的失职失责情形。

问责的方式　对党组织的问责，根据危害程度以及具体情况，可以采取以下方式：

1. 检查。责令作出书面检查并切实整改。

2. 通报。责令整改，并在一定范围内通报。

3. 改组。对失职失责、严重违犯党的纪律、本身又不能纠正的，应当予以改组。

对党的领导干部的问责，根据危害程度以及具体情况，可以采取以下方式：

1. 通报。进行严肃批评，责令作出书面检查、切实整改，并在一定范围内通报。

2. 诫勉。以谈话或者书面方式进行诫勉。

3. 组织调整或者组织处理。对失职失责、危害较重，不适宜担任现职的，应当根据情况采取停职检查、调整职务、责令辞职、免职、降职等措施。

4. 纪律处分。对失职失责、危害严重，应当给予纪律处分的，依照《中国共产党纪律处分条例》追究纪律责任。

上述问责方式，可以单独使用，也可以依据规定合并使用。问责方式有影响期的，按照有关规定执行。

问责调查的审批 发现有上述"问责的内容"所列问责情形，需要进行问责调查的，有管理权限的党委（党组）、纪委、党的工作机关应当经主要负责人审批，及时启动问责调查程序。其中，纪委、党的工作机关对同级党委直接领导的党组织及其主要负责人启动问责调查，应当报同级党委主要负责人批准。

应当启动问责调查未及时启动的，上级党组织应当责令有管理权限的党组织启动。根据问题性质或者工作需要，上级党组织可以直接启动问责调查，也可以指定其他党组织启动。

对被立案审查的党组织、党的领导干部问责的，不再另行启动问责调查程序。

问责调查的开展 启动问责调查后，应当组成调查组，依规依纪依法开展调查，查明党组织、党的领导干部失职失责问题，综合考虑主客观因素，正确区分贯彻执行党中央或者上级决策部署过程中出现的执行不当、执行不力、不执行等不同情况，精准提出处理意见，做到事实清楚、证据确凿、依据充分、责任分明、程序合规、处理恰当，防止问责不力或者问责泛化、简单化。

问责调查材料 查明调查对象

失职失责问题后,调查组应当撰写事实材料,与调查对象见面,听取其陈述和申辩,并记录在案;对合理意见,应当予以采纳。调查对象应当在事实材料上签署意见,对签署不同意见或者拒不签署意见的,调查组应当作出说明或者注明情况。

调查工作结束后,调查组应当集体讨论,形成调查报告,列明调查对象基本情况、调查依据、调查过程、问责事实,调查对象的态度、认识及其申辩,处理意见以及依据,由调查组组长以及有关人员签名后,履行审批手续。

问责决定的审批 问责决定应当由有管理权限的党组织作出。对同级党委直接领导的党组织,纪委和党的工作机关报经同级党委或者其主要负责人批准,可以采取检查、通报方式进行问责。采取改组方式问责的,按照党章和有关党内法规规定的权限、程序执行。

对同级党委管理的领导干部,纪委和党的工作机关报经同级党委或者其主要负责人批准,可以采取通报、诫勉方式进行问责;提出组织调整或者组织处理的建议。采取纪律处分方式问责的,按照党章和有关党内法规规定的权限、程序执行。

问责决定作出后的执行 问责决定作出后,应当及时向被问责党组织、被问责领导干部及其所在党组织宣布并督促执行。有关问责情况应当向纪委和组织部门通报,纪委应当将问责决定材料归入被问责领导干部廉政档案,组织部门应当将问责决定材料归入被问责领导干部的人事档案,并报上一级组织部门备案;涉及组织调整或者组织处理的,相应手续应当在一个月内办理完毕。

被问责领导干部应当向作出问责决定的党组织写出书面检讨,并在民主生活会、组织生活会或者党的其他会议上作出深刻检查。建立健全问责典型问题通报曝光制度,采取组织调整或者组织处理、纪律处分方式问责的,应当以适当方式公开。

被问责党组织、被问责领导干部及其所在党组织应当深刻汲取教训,明确整改措施。作出问责决定的党组织应当加强督促检查,推动以案促改。

需要对问责对象作出政务处分或者其他处理的,作出问责决定的党组织应当通报相关单位,相关单位应当及时处理并将结果通报或者报告作出问责决定的党组织。

终身问责 实行终身问责,对失职失责性质恶劣、后果严重的,不论其责任人是否调离转岗、提拔或者退休等,都应当严肃问责。

不予问责或免予问责 有下列情形之一的,可以不予问责或者免予问责:

1. 在推进改革中因缺乏经验、先行先试出现的失误,尚无明确限制的探索性试验中的失误,为推动发展的无意过失;

2. 在集体决策中对错误决策提出明确反对意见或者保留意见的;

3. 在决策实施中已经履职尽责,但因不可抗力、难以预见等因素造成损失的。

对上级错误决定提出改正或者撤销意见未被采纳,而出现上述"问责的内容"所列问责情形的,依照前款规定处理。上级错误决定明显违法违规的,应当承担相应的责任。

从轻或减轻问责 有下列情形之一,可以从轻或者减轻问责:

1. 及时采取补救措施,有效挽回损失或者消除不良影响的;

2. 积极配合问责调查工作,主动承担责任的;

3. 党内法规规定的其他从轻、减轻情形。

从重或加重问责 有下列情形之一,应当从重或者加重问责:

1. 对党中央、上级党组织三令五申的指示要求,不执行或者执行不力的;

2. 在接受问责调查和处理中,不如实报告情况,敷衍塞责、推卸责任,或者唆使、默许有关部门和人员弄虚作假,阻挠问责工作的;

3. 党内法规规定的其他从重、加重情形。

问责不服的申诉 问责对象对问责决定不服的,可以自收到问责决定之日起一个月内,向作出问责决定的党组织提出书面申诉。作出问责决定的党组织接到书面申诉后,应当在一个月内作出申诉处理决定,并以书面形式告知提出申诉的党组织、领导干部及其所在党组织。

申诉期间,不停止问责决定的执行。

问责决定不妥的纠正 问责决定作出后,发现问责事实认定不清楚、证据不确凿、依据不充分、责任不清晰、程序不合规、处理不恰当,或者存在其他不应当问责、不精准问责情况的,应当及时予以纠正。必要时,上级党组织可以直接纠正或者责令作出问责决定的党组织予以纠正。

党组织、党的领导干部滥用问责,或者在问责工作中严重不负责任,造成不良影响的,应当严肃追究责任。

对问责干部的使用 正确对待被问责干部,对影响期满、表现好的干部,符合条件的,按照干部选拔任用有关规定正常使用。

问责的审批权限 《条例》所涉及的审批权限均指最低审批权限,工作中根据需要可以按照更高层级的审批权限报批。

第十五章

巡视巡察

《中国共产党巡视工作条例》的制定　为落实全面从严治党要求，严肃党内政治生活，净化党内政治生态，加强党内监督，规范巡视工作，根据《中国共产党章程》，制定本条例。

巡视制度和巡视机构

1. 党的中央和省、自治区、直辖市委员会实行巡视制度，建立专职巡视机构，在一届任期内对所管理的地方、部门、企事业单位党组织全面巡视。

2. 中央有关部委、中央国家机关部门党组（党委）可以实行巡视制度，设立巡视机构，对所管理的党组织进行巡视监督。

3. 党的市（地、州、盟）和县（市、区、旗）委员会建立巡察制度，设立巡察机构，对所管理的党组织进行巡察监督。

开展巡视巡察工作的党组织承担巡视巡察工作的主体责任。

巡视工作的指导思想　巡视工作以马克思列宁主义、毛泽东思想、邓小平理论、"三个代表"重要思想、科学发展观、习近平新时代中国特色社会主义思想为指导，深入贯彻习近平总书记系列重要讲话精神和治国理政新理念新思想新战略，牢固树立政治意识、大局意识、核心意识、看齐意识,坚定不移维护以习近平同志为核心的党中央权威和集中统一领导,统筹推进"五位一体"总体布局和协调推进"四个全面"战略布局,贯彻新发展理念,坚定对中国特色社会主义的道路自信、理论自信、制度自信、文化自信,尊崇党章,依规治党,落实中央巡视工作方针,深化政治巡视,聚焦坚持党的领导、加强党的建设、全面从严治党,发现问题、形成震慑、推动改革、促进发展,确保党始终成为中国特色社会主义事业的坚强领导核心。

巡视工作的原则 巡视工作坚持中央统一领导、分级负责;坚持实事求是、依法依规;坚持群众路线、发扬民主。

巡视工作领导机构 党的中央和省、自治区、直辖市委员会成立巡视工作领导小组,分别向党中央和省、自治区、直辖市党委负责并报告工作。

巡视工作领导小组组长由同级党的纪律检查委员会书记担任,副组长一般由同级党委组织部部长担任。巡视工作领导小组组长为组织实施巡视工作的主要责任人。

中央巡视工作领导小组应当加强对省、自治区、直辖市党委,中央有关部委,中央国家机关部门党组(党委)巡视工作的领导。

巡视工作领导小组的职责 巡视工作领导小组的职责是:

1. 贯彻党的中央委员会和同级党的委员会有关决议、决定;

2. 研究提出巡视工作规划、年度计划和阶段任务安排;

3. 听取巡视工作汇报;

4. 研究巡视成果的运用,分类处置,提出相关意见和建议;

5. 向同级党组织报告巡视工作情况;

6. 对巡视组进行管理和监督;

7. 研究处理巡视工作中的其他重要事项。

巡视工作领导小组办公室 巡视工作领导小组下设办公室,为其日常办事机构。

中央巡视工作领导小组办公室设在中央纪律检查委员会。

省、自治区、直辖市党委巡视工作领导小组办公室为党委工作部门,设在同级党的纪律检查委员会。

巡视工作领导小组办公室的职责 巡视工作领导小组办公室的职责是:

1. 向巡视工作领导小组报告工作情况,传达贯彻巡视工作领导小组的决策和部署；

2. 统筹、协调、指导巡视组开展工作；

3. 承担政策研究、制度建设等工作；

4. 对派出巡视组的党组织、巡视工作领导小组决定的事项进行督办；

5. 配合有关部门对巡视工作人员进行培训、考核、监督和管理；

6. 办理巡视工作领导小组交办的其他事项。

巡视组的设置 党的中央和省、自治区、直辖市委员会设立巡视组，承担巡视任务。巡视组向巡视工作领导小组负责并报告工作。

巡视组的职位设置 巡视组设组长、副组长、巡视专员和其他职位。巡视组实行组长负责制，副组长协助组长开展工作。

巡视组组长根据每次巡视任务确定并授权。

巡视工作人员的条件 巡视工作人员应当具备下列条件：

1. 理想信念坚定，对党忠诚，在思想上政治上行动上同党中央保持高度一致；

2. 坚持原则，敢于担当，依法办事，公道正派，清正廉洁；

3. 遵守党的纪律，严守党的秘密；

4. 熟悉党务工作和相关政策法规，具有较强的发现问题、沟通协调、文字综合等能力；

5. 身体健康，能胜任工作要求。

选配巡视工作人员应当严格标准条件，对不适合从事巡视工作的人员，应当及时予以调整。

巡视工作人员应当按照规定进行轮岗交流。

巡视工作人员实行任职回避、地域回避、公务回避。

中央巡视组的巡视对象和范围

1. 省、自治区、直辖市党委和人大常委会、政府、政协党组领导班子及其成员，省、自治区、直辖市高级人民法院、人民检察院党组主要负责人，副省级城市党委和人大常委会、政府、政协党组主要负责人；

2. 中央部委领导班子及其成员，中央国家机关部委、人民团体党组（党委）领导班子及其成员；

3. 中央管理的国有重要骨干企业、金融企业、事业单位党委（党组）领导班子及其成员；

4. 中央要求巡视的其他单位的党组织领导班子及其成员。

省、自治区、直辖市党委巡视组的巡视对象和范围：

1. 市（地、州、盟）、县（市、区、旗）党委和人大常委会、政府、政协党组领导班子及其成员，市（地、州、盟）中级人民法院、人民检察院和县（市、区、旗）人民法院、人民检察院党组主要负责人；

2. 省、自治区、直辖市党委工作部门领导班子及其成员，政府部门、人民团体党组（党委、党工委）领导班子及其成员；

3. 省、自治区、直辖市管理的国有企业、事业单位党委（党组）领导班子及其成员；

4. 省、自治区、直辖市党委要求巡视的其他单位的党组织领导班子及其成员。

巡视内容 巡视组对巡视对象执行《中国共产党章程》和其他党内法规，遵守党的纪律，落实全面从严治党主体责任和监督责任等情况进行监督，着力发现党的领导弱化、党的建设缺失、全面从严治党不力，党的观念淡漠、组织涣散、纪律松弛，管党治党宽松软问题：

1. 违反政治纪律和政治规矩，存在违背党的路线方针政策的言行，有令不行、有禁不止，阳奉阴违、结党营私、团团伙伙、拉帮结派，以及落实意识形态工作责任制不到位等问题；

2. 违反廉洁纪律，以权谋私、贪污贿赂、腐化堕落等问题；

3. 违反组织纪律，违规用人、任人唯亲、跑官要官、买官卖官、拉票贿选，以及独断专行、软弱涣散、严重不团结等问题；

4. 违反群众纪律、工作纪律、生活纪律，落实中央八项规定精神不力，搞形式主义、官僚主义、享乐主义和奢靡之风等问题；

5. 派出巡视组的党组织要求了解的其他问题。

专项巡视 派出巡视组的党组织可以根据工作需要，针对所辖地方、部门、企事业单位的重点人、重点事、重点问题或者巡视整改情况，开展机动灵活的专项巡视。

巡视组的工作方式 巡视组可以采取以下方式开展工作：

1. 听取被巡视党组织的工作汇报和有关部门的专题汇报；

2. 与被巡视党组织领导班子成员和其他干部群众进行个别谈话；

3. 受理反映被巡视党组织领导班子及其成员和下一级党组织领

导班子主要负责人问题的来信、来电、来访等；

4. 抽查核实领导干部报告个人有关事项的情况；

5. 向有关知情人询问情况；

6. 调阅、复制有关文件、档案、会议记录等资料；

7. 召开座谈会；

8. 列席被巡视地区（单位）的有关会议；

9. 进行民主测评、问卷调查；

10. 以适当方式到被巡视地区（单位）的下属地方、单位或者部门了解情况；

11. 开展专项检查；

12. 提请有关单位予以协助；

13. 派出巡视组的党组织批准的其他方式。

巡视组依靠被巡视党组织开展工作，不干预被巡视地区（单位）的正常工作，不履行执纪审查的职责。

巡视组请示报告制度 巡视组应当严格执行请示报告制度，对巡视工作中的重要情况和重大问题及时向巡视工作领导小组请示报告。

特殊情况下，中央巡视组可以直接向中央巡视工作领导小组组长报告，省、自治区、直辖市党委巡视组可以直接向省、自治区、直辖市党委书记报告。

巡视期间，经巡视工作领导小组批准，巡视组可以将被巡视党组织管理的干部涉嫌违纪违法的具体问题线索，移交有关纪律检查机关或者政法机关处理；对群众反映强烈、明显违反规定并且能够及时解决的问题，向被巡视党组织提出处理建议。

巡视组工作程序 巡视工作程序如下：

1. 巡视组开展巡视前，应当向同级纪检监察机关、政法机关和组织、审计、信访等部门和单位了解被巡视党组织领导班子及其成员的有关情况。

2. 巡视组进驻被巡视地区（单位）后，应当向被巡视党组织通报巡视任务，按照规定的工作方式和权限，开展巡视了解工作。

巡视组对反映被巡视党组织领导班子及其成员的重要问题和线索，可以进行深入了解。

3. 巡视了解工作结束后，巡视组应当形成巡视报告，如实报告了解的重要情况和问题，并提出处理建议。

对党风廉政建设等方面存在的普遍性、倾向性问题和其他重大问题，应当形成专题报告，分析原因，提出建议。

4. 巡视工作领导小组应当及时听取巡视组的巡视情况汇报，研究提出处理意见，报派出巡视组的党组织决定。

5. 派出巡视组的党组织应当及时听取巡视工作领导小组有关情况汇报，研究并决定巡视成果的运用。

6. 经派出巡视组的党组织同意后，巡视组应当及时向被巡视党组织领导班子及其主要负责人分别反馈相关巡视情况，指出问题，有针对性地提出整改意见。

根据巡视工作领导小组要求，巡视组将巡视的有关情况通报同级党委和政府有关领导及其职能部门。

7. 被巡视党组织收到巡视组反馈意见后，应当认真整改落实，并于两个月内将整改情况报告和主要负责人组织落实情况报告，报送巡视工作领导小组办公室。

被巡视党组织主要负责人为落实整改工作的第一责任人。

巡视发现的问题和线索的移交　对巡视发现的问题和线索，派出巡视组的党组织作出分类处置的决定后，依据干部管理权限和职责分工，按照以下途径进行移交：

1. 对领导干部涉嫌违纪的线索和作风方面的突出问题，移交有关纪律检查机关；

2. 对执行民主集中制、干部选拔任用等方面存在的问题，移交有关组织部门；

3. 其他问题移交相关单位。

巡视组移交的问题或线索的处理　有关纪律检查机关、组织部门收到巡视移交的问题或者线索后，应当及时研究提出谈话函询、初核、立案或者组织处理等意见，并于三个月内将办理情况反馈巡视工作领导小组办公室。

派出巡视组的党组织及其组织部门应当把巡视结果作为干部考核评价、选拔任用的重要依据。

了解督促整改落实情况　巡视工作领导小组办公室应当会同巡视组采取适当方式，了解和督促被巡视地区（单位）整改落实工作并向巡视工作领导小组报告。

巡视工作领导小组可以直接听取被巡视党组织有关整改情况的汇报。

巡视进驻、反馈、整改等情况的公开　巡视进驻、反馈、整改等情况,应当以适当方式公开,接受党员、干部和人民群众监督。

加强对巡视工作的领导 派出巡视组的党组织和巡视工作领导小组应当加强对巡视工作的领导。对领导巡视工作不力,发生严重问题的,依据有关规定追究相关责任人员的责任。

巡视工作的配合 纪检监察机关、审计机关、政法机关和组织、信访等部门及其他有关单位,应当支持配合巡视工作。对违反规定不支持配合巡视工作,造成严重后果的,依据有关规定追究相关责任人员的责任。

巡视工作人员的违纪处理 巡视工作人员应当严格遵守巡视工作纪律。巡视工作人员有下列情形之一的,视情节轻重,给予批评教育、组织处理或者纪律处分;涉嫌犯罪的,移送司法机关依法处理:

1. 对应当发现的重要问题没有发现的;

2. 不如实报告巡视情况,隐瞒、歪曲、捏造事实的;

3. 泄露巡视工作秘密的;

4. 工作中超越权限,造成不良后果的;

5. 利用巡视工作的便利谋取私利或者为他人谋取不正当利益的;

6. 有违反巡视工作纪律的其他行为的。

被巡视党组织应积极配合巡视组开展工作 被巡视党组织领导班子及其成员应当自觉接受巡视监督,积极配合巡视组开展工作。

党员有义务向巡视组如实反映情况。

被巡视地区(单位)及其工作人员的纪律与责任 被巡视地区(单位)及其工作人员有下列情形之一的,视情节轻重,对该地区(单位)领导班子主要负责人或者其他有关责任人员,给予批评教育、组织处理或者纪律处分;涉嫌犯罪的,移送司法机关依法处理:

1. 隐瞒不报或者故意向巡视组提供虚假情况的;

2. 拒绝或者不按照要求向巡视组提供相关文件材料的;

3. 指使、强令有关单位或者人员干扰、阻挠巡视工作,或者诬告、陷害他人的;

4. 无正当理由拒不纠正存在的问题或者不按照要求整改的;

5. 对反映问题的干部群众进行打击、报复、陷害的;

6. 其他干扰巡视工作的情形。

巡视工作人员违反巡视纪律的处理 被巡视地区（单位）的干部群众发现巡视工作人员有上述"巡视工作人员的违纪处理"的所列行为的，可以向巡视工作领导小组或者巡视工作领导小组办公室反映，也可以依照规定直接向有关部门、组织反映。

第十六章

信访工作

信访 公民、法人或者其他组织采用书信、电子邮件、传真、电话、走访等形式,向各级纪检监察机关反映情况,提出建议、意见或者投诉请求,依法依规由纪检监察机关处理的活动。

信访人 采用前条规定的形式,反映情况,提出建议、意见或者投诉请求的公民、法人或者其他组织,称信访人。

任何组织和个人不得打击报复信访人。

属地管理、分级负责 纪检监察信访工作应当在各级纪检监察机关的领导下,坚持属地管理、分级负责,谁主管、谁负责,依法、及时、就地解决问题与疏导教育相结合的原则。

各级纪检监察信访部门应当科学、民主决策,依法履行职责,从源头上预防导致信访事项的矛盾和纠纷。同时要统筹兼顾、标本兼治,建立排查调处机制、建立信访督查工作制度等方式,及时化解矛盾和纠纷。

各级纪检监察信访部门的负责人应当阅批重要来信、接待重要来访、听取信访工作汇报,研究解决信访工作中的突出问题。

纪检监察信访工作的职责 纪

检监察信访工作机构履行下列职责：

1. 受理、交办、转送信访人提出的信访事项；

2. 承办上级和本级纪检监察机关交由处理的信访事项；

3. 协调处理重要信访事项；

4. 督促检查信访事项的处理；

5. 研究、分析信访情况，开展调查研究，及时向本级纪检监察机关提出完善政策和改进工作的建议；

6. 对本级纪检监察其他工作部门和下级纪检监察信访工作机构的信访工作进行指导。

信访人的权利　是指《宪法》和法律以及有关规定赋予的写信和访问的权利。主要有申诉权、批评建议权、检举揭发控告权等。

信访工作　是指社会组织管理者受理人民群众来信和接待人民来访的工作。信访工作的根本出发点，是保障人民的民主权利，保证人民群众参与国家政治生活。信访工作由6个基本要素构成：

1. 信访人；

2. 受理者；

3. 信访形式；

4. 信访内容；

5. 信访办理程序；

6. 信访结果。

来信办理　是指信访工作人员对人民来信的办理。一般包括接收、阅读、登记、转办、函转、上报送阅等程序。在办理过程中要做到及时接收，认真阅读，详细登记，准确交办，妥善处理。对于较为重要的来信，要写出请示，摘要介绍来信反映的情况、问题和要求，提出转请有关单位处理或直接派人查处的意见，报请领导审定。对于一些政策不能解决、内容无须查处和要求显然无理的来信，应请示领导后存查，也可转至来信人单位，做好本人的思想工作。

受理者　即信访者所诉诸的对象，也就是接受处理来信来访的社会组织管理者。在我国，信访受理者是党和政府的各级领导机关及其负责人，以及由他们委托的有关部门和有关人员。

接待群众来访的程序　接待群众来访，一般有接待、登记、接谈、答复、办理等几个程序：

1. 登记与归口。来访群众都要进行初谈，予以登记。其内容包括来访人姓名、性别、年龄、职业、住址（或工作单位）以及反映的主要问题等。除有些问题有必要由领导机关直接接待处理以外，其他问题都应按照分级负责、归口办理的原则，及时介绍到有关部门去接谈处理。

2. 接谈和处理。信访部门的接待人员对来访者的申诉，要坚持"一听，二问，三记，四分析"。

3. 维护上访秩序。信访部门的接待人员要经常向来访群众宣传党和政府关于维护上访秩序的有关规定，要求他们遵纪守法，实事求是地反映情况，不得弄虚作假，不得陷害他人，不准无理取闹，以维护正常的信访秩序。

4. 帮助领导同志做好接待工作。每逢领导同志轮流值班接待来访群众，信访部门要事先做好准备工作。这些工作不仅要在事先与来访者预约好，而且要使领导对来访者反映的问题有所了解，对如何解决问题做到心中有数。

办理群众来信的程序 受理人民来信一般有接收、阅读、登记、办理等几个程序。

接收 是指接收人民来信。有五道程序：收信，分拣，拆封，装订和盖章。凡是写给领导机关的信件，都必须及时接收、分拣和拆阅，履行挂号信的交接手续。

阅读 是指阅读人民来信。必须将信封、收信人、正文、落款、日期、附记、发信地址、单位、姓名、日戳、信件的性质，急缓及封装等阅读完毕。

登记 是指对人民来信来访进行登记。来信登记内容有：收信日期、来信编号、来信单位和姓名、寄发类别、内容摘要、附件份数、办理情况、办理日期、经办人、备注发信日期和地址，来信人住址、挂号编号、性质分类、附件名称、请示对象、转至单位、处理结果等项目。登记的式样有簿式、卡片式和活页式三种。来访登记有来访人的姓名、性别、年龄、单位、住址、职业、职务、政治面貌、文化程度、参加工作时间、来访次数、来访问题、来访日期、来访字号及来访人数等。

接谈 是指对来访人员的接待谈话。一般做法是先请来访群众填写"来访登记表"。如果来访群众不识字，则应由接待人员代填。接谈时要耐心听，认真记，要让来访群众把话说完，把问题讲清楚。对某些问题，特别是一些关键性的问题或重要情节，如讲得不清楚，要进行必要的询问，引导他们把问题讲清楚。接谈结束前应复述记录的主要内容,以确认来访反映的内容的准确无误和记录。

匿名信的处理 在大量的人民来信中,有相当一部分来信不具名或具假名,即匿名信。匿名信内容有属实或基本属实的,也有不实的,其中确有极少数利用写匿名信的手段,捏造事实进行诬陷的,所以,对匿名信不能一概肯定或一概否定,应当区别对待,慎重处理:

1. 对不明情况的匿名信,不登简报,不转载。

2. 反映道听途说的流言蜚语,没有事实的不予处理。

3. 对反映的一般问题,可摘要交被揭发的本人说明情况或转有关部门酌情处理。

4. 揭发有重要内容的匿名信,先初步核实情况,再确定是否查处,揭发不实的则澄清。

5. 对那些内容反动,恶意攻击谩骂的匿名信,可交公安部门酌处。

上访老户 是指上访人反映的问题或提出的要求,虽经纪检监察机关或有关单位处理,但本人不服,仍反复上访。其特点是:上访时间长,上访范围广,往往涉及从中央到地方的各级信访部门,反映的问题经过多次处理仍不满足。上访老户形成的原因既有上访者本人的问题,也有信访部门工作方面的问题,因此要认真研究解决,并注意以下几点:

1. 分析上访老户产生的原因。它是多方面的,一是信访工作中的官僚主义作风,如对来信来访反映的问题处理不认真、不及时,对群众的合理要求和实际困难未能妥善解决,甚至顶着不办;二是不善于变通处理问题,对一些政策上没有明确规定的问题,一些地方不能从实际出发变通处理,使之久拖不决;三是有关部门处理口径不一,有些问题由于多头接待,重复处理,而互相之间又未沟通联系,往往答复口径不一致,造成一些信访人长期到处写信上访;四是信访人员文化水平低,法制观念淡薄,或个人主义严重,坚持过高或无理要求,得不到满足就长期纠缠,无理取闹。对这些人,由于缺乏必要的教育管束措施,致使矛盾逐步升级。

2. 既要坚持原则又要灵活处理。处理上访老户,最根本的是要按国家的政策办事,执行政策要坚决统一思想认识、处理办法和答复口径,实行解决实际问题和做好深入细致的思想工作相结合、说法教育与采取必要的强制手段相结合的方法。对于那些不顾政策、不明大理,个人欲望不满足就不终止上访的人,不能迁就,特别是对那些长期坚持无理要求,纠缠取闹的人,要采取必要的强制手段,依法处理。而对有些上访老户,只要在政策允许范围内,本人不坚持无理要求的情况下,就可以根据客观条件,给予一次性解决,使其终止上访。

信访办理程序 即信访部门处理来信来访的业务程序规范,如办信、接访、查案所必经的工作步骤和分级与归口的工作责任制等。

信访结果 它是受理信访活动后的结果。体现了信访工作的性质、目的、态度、作用、效果,等等。我们党和政府处理信访的正确结果,从实质上体现了党的方针、政策及国家法律、法令和实事求是的原则。

纪检监察信访工作的指导思想
是通过处理来信来访,认真受理人民群众的控告检举和干部的申诉,发现和检查处理国家党政机关及其工作人员违反党纪政纪的案件,向党委、政府和纪检监察部门反映情况,为反对腐败,严肃党纪政纪,维护党政廉洁,提高行政效能,满足信访群众的正当要求,为促进改革和推进"四个全面"服务。

纪检监察信访工作的原则 以事实为依据,以国家的政策、法律,法令为准绳,区别情况,实事求是地进行处理。具体应遵循以下原则:

1. 坚持调查研究、实事求是的原则。

2. 坚持做好思想工作的原则。信访工作人员有责任向他们宣传党的路线,方针和政策。

3. 坚决执行国家的各项方针政策的原则。

4. 坚持分级负责、归口办理的原则,按来信来访反映问题的性质和来信来访人所在单位的隶属关系,分别转交有关部门、单位认真办理,做到分层负责。属于哪一级职权范围内的问题,就应由哪一级负责解决。

5. 联合办案的原则。凡涉及几个部门、情况又比较复杂的信访问题.应由党政负责人组织有关单位联合办案,集体研究,统一思想,相互协作,把问题妥善解决。

6. 把问题解决在基层的原则。

7. 领导人亲自处理来信来访的原则。

8. 坚持件件有着落,事事有结

果的原则。

纪检监察信访工作的任务 纪检监察信访工作的主要任务是：

1. 反映情况，充分发挥信访工作的信息作用和反馈作用，为领导同志了解社情民意和科学决策服务。

2. 推动各级纪检监察机关查处群众对党政机关工作人员的检举、控告和受处分人员申诉等问题。

3. 受理本地区、本系统的群众来访问题。

4. 办理领导同志和上级机关交办的群众来信来访问题。

5. 做好领导同志接待群众来访的事前准备及事后的交办、催办和落实工作。

6. 参与查处和组织、配合有关部门、单位联合办案，会同处理"老大难"的信访问题。

7. 协助领导督促检查、指导本地区、本系统和基层单位的信访工作。

8. 定期综合分析信访工作中的情况和问题，并就有关的政策问题进行调查研究，及时向领导和上级机关汇报。

9. 向下属机关、单位交办重要来信来访问题，并进行检查、指导和催办，直到问题解决为止。

10. 在信访工作中，积极配合中心工作，为中心工作服务。

11. 组织召开本地区、本系统的信访工作会议，并调查、汇集会议决定的贯彻落实情况。

纪检监察信访工作的特点 纪检监察信访工作具有四个特点：

1. 涉及面广。凡是有党政单位的地方都有党风政风问题、党纪政纪问题和执行国家的路线、方针、政策的问题，因此，纪检监察信访内容具有涉及面广的特点。

2. 复杂性。由于一些单位领导人作风霸道，压制批评和搞打击报复等，使真实情况难以反映上来；加之反映问题涉及的对象都是有职有权的人，在查处过程中难免会有说情风的影响，会有伪证等情况出现，这就决定了纪检监察信访的复杂性。

3. 高层次性。纪检监察信访部门受理的问题涉及的对象是国家党政机关及其官员，而其他部门的信访机构受理的问题涉及的对象较为广泛，其主要涉及的对象并非是党政机关及其工作人员，而是一般公民和法人。

4. 专门性。纪检监察机关着

重处理检举、控告党政工作人员和受处分人员申诉问题的来信来访。

纪检监察信访工作的作用

1. 信息反馈作用；
2. 联系群众作用；
3. 监督作用；
4. 保障作用。

信息反馈作用 信息是指音信和消息，也可以理解为事物发展变化的情况反映。不同的事物具有不同的特征，会给人们带来不同的信息，人们正是通过获得和识别不同的信息来区别不同事物，以便认识世界和改造世界。信息的作用就是通过处理大量的群众来信来访，把他们对有关党风党纪的意见和要求，把社会各个领域对党政机关的工作的反映，源源不断地反映到各级纪检监察机关，成为党政机关制定政策、部署工作的参考或依据。

联系群众的作用 密切联系群众是党的优良传统，也是纪检监察部门必须发扬的优良传统之一。虽然纪检监察部门联系群众的渠道多种多样，但信访渠道有其他渠道不可替代的特殊作用。通过做信访工作，可以及时了解群众的意见和情绪，为群众排忧解难，增强群众对党和政府的向心力，可以调动群众参政和参与惩治腐败的积极性，集思广益，为两个文明建设服务。

监督作用 实行群众对国家工作人员和党政领导干部的监督，是端正党风政风，维护党纪政纪的重要条件。党风的好坏，是通过国家的党政干部和工作人员的行动表现出来的。而我们的国家机关工作人员是工作和生活在群众之中的，他们的一举一动、一言一行，都避不开群众的视线。因此，群众最能起监督作用，随时可以反映他们的情况和问题。事实证明，重视发挥群众信访的监督作用，对于促进党政机关及其工作人员为政清廉、依法办事有着重要意义。另外，发挥群众信访监督作用，也是健全行政法制监督体系的重要内容，是党政监督与群众监督相结合的有效形式，纪检监察信访工作是发挥群众监督作用的一条重要渠道。

保障作用 保障群众行使民主权利，是纪检监察信访工作的一项重要职责。党政人员对受到党纪政纪处分和检查处理不服提出申诉，群众揭发党政组织和党政人员的违纪行为，对党政机关的各项工作提出建议和意见，都是《宪法》赋予广大人民群众的民主权利。他们行使这些权利最常用的方法,就是向各级党政机关写信上访。为此,各级纪检监察机关必须对来信来访提出的问题认真查处,以保障群众的民主权利不受侵犯,体现我党全心全意为人民服务的宗旨和社会主义民主制度的优越性。

信访立案 是指对人民来信来访经过初步了解分析,确有违法违纪事实或处理不当的,经过履行报批手续确定查处的案件。立案工作,要坚持党纪面前人人平等,重证据,重调查研究的原则。

立案范围 是指纪检监察机关查处案件的管辖范围。包括对案件的管辖和对人的管辖两个部分。

（一）案件管辖范围

违反国家政策、法律、法规和违反党纪政纪的党政违纪案件。具体有以下几方面的问题:

1. 贪污、受贿、以权谋私,敲诈勒索的问题。

2. 违反党政和有关部门的政策、决议、规章制度的问题。

3. 官僚主义、压制民主、搞打击报复的问题。

4. 弄虚作假、欺上瞒下的问题。

5. 丧失立场,包庇坏人的问题。

6. 浪费国家财产,损害公共财物的问题。

7. 泄露国家机密的问题。

8. 腐化堕落,损害国家机关威信和声誉的问题。

9. 涉及群众生产、生活的重大问题。

10. 批评建议中的重要的问题。

11. 不服处分提出申诉的问题。

（二）对人的管辖范围

凡国家党政机关及其工作人员、国家党政机关任命的其他人员违反党纪政纪的,均由纪检监察机关立案调查。

受理检举、控告和申诉的范围

1. 对国家工作人员或党政组织违反国家方针、政策和决议,违犯国家的法律、法令,利用职权谋取私利和其他败坏党风政风的行为的检举、控告;

2. 党政工作人员对所受党纪政纪处分不服的申诉。

不属上述范围的问题,转有关部门处理。

听取申诉 是指听取来信来访人、反映的对象和发案单位以及原办案人的申述。对申述,要听清案情的来龙去脉,记明重要情节,注意申述的前后矛盾,询问清楚。听取原办案人的申述,既要明确其不能解决的症结所在,也要避免受其主观偏见影响。在听取申述时,注意收集原始证据。

反复核实 是指对有不服的有关事实材料反复进行调查、核实。在调查中,争取查到新的证据,以扩大调查范围,以新的证据证明事实。

检举、控告案件的处理 是对于人民群众来信来访中提出的检举控告案件,纪检监察信访部门应区别下列不同情况进行处理。

1. 对于情节简单、性质不严重的检举控告案件,可交由被检举告者所在的部门调查处理。

2. 对于情节严重,牵涉面广的案件,应当由被控告检举者所在部门的上级领导机关或纪检监察机关检查处理,必要时信访部门也可派人协同处理。

3. 如果被检举控告者涉及党政机关的主要领导干部,应由上一级纪检监察部门检查处理。

4. 检举、控告他人或查处检举、控告的问题,都是十分严肃的事,必须采取认真负责的态度。无论对事实的认定,还是对是非的分析,都要坚持实事求是的原则。

5. 对于如实检举,控告或反映情况的,应当予以支持和保护。对于检举、控告不完全真实的,除对不真实的部分予以解释说明外,对真实的部分应予以适当处理。对于检举、控告不实的,必须分清是错告还是诬告。如系错告。应说明情况,澄清是非。对于捏造事实或制造假证、诬陷、诽谤他人的,必须追究责任,根据情节轻重,按照党纪国法处理。

6. 给干部党纪政纪处分,应当严格按照有关处分干部批准权限所规定的程序办理。

处理申诉的程序

1. 对受处分人员的申诉,一般由决定或批准处分的组织复查、复议。原组织已撤销的,应由申诉人现在的县(或相当县)级以上的组织复查、复议。重要的案件,上级纪检监察机关可以直接或指定有关的组织或纪检监察机关复查、复议。

2. 经过复查、复议,需要改变原处分决定的,应经原批准处分的组织或相应的组织批准。

3. 经过复查、复议,如果原处分事实清楚、证据确凿、定性准确、处理恰当、手续完备,无须改变结论,可由原批准处分的组织批准结案并通知本人和报上级备查。

4. 申诉人如果对复查、复议结论仍然不服,应将本人申诉和复查、复议材料一并报告批准处分的组织的上一级党委政府或纪检监察机关审查决定。

5. 对于受处分人员对党纪政纪处分不服的申诉,必须按照全错全纠,部分错部分纠,不错不纠的原则,实事求是地处理。凡属冤假错案,不管是哪一级组织、哪一个领导人定的和批的,都要实事求是地纠正。对于处理正确,而本人拒不承认错误的,应当批评教育,属于无理纠缠的应正式通知本人不再受理,并在适当范围公布。

处理检举、控告和申诉的要求和办法

1. 各级纪检监察机关处理对党政工作人员的检举、控告和受处分人员的申诉,根据分级负责原则,实行责任制。对于需要直接检查处理的,必须及时办理,不得推诿。对需要转办的,必须迅速转出,不得扣压。除匿名信外,承办单位(指直接核查该案的单位,下同)应视情况与检举、控告或申诉人取得联系,交换意见。

2. 对于上级纪检监察机关要求报告结果的案件,承办单位一般应在三个月内报告,不能如期报告时,要说明理由和办理情况。对没有要求报告结果的案件,承办单位也应及时查处,不得置之不理。对长期拖延不办的案件,转办单位要及时督促检查。

3. 对检举、控告和申诉案件处理后,承办单位应酌情将结果通知检举、控告和申诉人或给以负责的答复。

4. 群众对党政工作人员或党政机关进行检举,控告和受处分人员向组织提出申诉,都是他们的权利,必须予以保护。不准将检举、控告材料转给被检举、被控告人处理。不得对检举、控告和申诉人进行压制和刁难,对打击报复检举、控告人的,必须严肃处理。

5. 各级纪检监察机关和各地区、各部门的党政组织都有责任处理对所属人员的检举、控告和受处分人员的申诉。任何党政组织和负责人,如果对检举、控告和申诉采取不负责任的官僚主义态度,对受处分人员的申诉不认真复查、复议,对冤假错案坚持不改,对违纪案件无故拖延不办或进行包庇，都要给予批评教育，情节严重的，必须由交办的组织或纪检监察机关追究责任，给予应得的处分。

6. 对匿名的检举、揭发信，要具体分析，区别对待。对揭发的一般问题，可摘要交被揭发者说明情况或转交有关组织酌情处理。对揭发的重要问题，必须查明究竟，认真处理。对没有具体事实内容，只是空扣帽子的检举材料，可不予处理。

7. 各级纪检监察机关对有关党政组织处理的案件有不同意见时，根据有关规定的原则，有权改变下级纪检监察机关对案件所作的决定或向上级纪检监察机关提出申诉，请求予以复查或协助处理。

整理结果 是指整理信访调查结果。包括来信来访人的基本情况、反映的主要问题、调查的情况、反映问题的分类、取证情况、认定的事实、结论的问题、同对方见面的情况、遗留的主要问题、处理意见等。

信访处理 是指在查清事实的基础上，进行定性、处理的全过程。包括案件性质的确定、处理意见、处理决定和处理决定的落实等。处理信访案件的基本要求是：坚持实事求是、合情合理的原则，坚持群众路线，在调查研究、弄清案情的基础上，对照有关政策，积极主动地解决问题，满足群众的正当要求。对每一起案件的处理，应做到事实清楚，证据确凿，定性准确，处理恰当，程序合法，手续完备，善后工作落实。

信访综合 是指对人民来信来访及其处理情况所进行的综合研究和分析。主要是综合分析人民来信来访的动态及信访处理情况。通过比较、鉴别和客观的分析，从大量的来信来访中找出带普遍性、倾向性的问题和有价值的材料，提出解决问题的办法和建议，提供给领导参考。

信访文书 是指纪检监察机关和有关机关的信访部门处理人民来信来访的文书材料。包括人民来信、上访材料、信访摘记、信访请示、接访记录、接谈介绍便信、信访转办便信、立案通知、信函简报、转发领导批示、催办信函、调查报告和结案报告以及各种统计报表等。

控告案件报送材料 凡要求报告处理结果的控告案件，必须报送下列材料：

1. 调查报告和组织处理结论。

2. 控告人和被控告人对调查、处理结论的意见。如果控告人或被控告人提出不同意见,还应附有承办单位对这些不同意见的说明。

3. 如果被控告人确有错误,组织上已经令其检讨或给予处分的,应附有本人检讨或处分决定。

4. 呈报机关的审查意见。

申诉案件报送材料 凡要求报告处理结果的申诉案件,必须报送下列材料:

1. 原处分决定和复查、复议结论。

2. 申诉人对复查、复议结论的意见。如果申诉人提出不同意见,还应附有承办单位对这些不同意见的说明。

3. 呈报机关的审查意见。

分级负责 分级负责就是对来信来访中提出的检举、控告或申诉,按照干部职务或管理权限,分级处理,层层负责。应当由哪一级处理的问题,就由哪一级负责处理,不得推诿拖延。

来信拆封 拆封要保持原信完整,包括邮票、邮戳完整无损,信封、信纸一并保存。信内如有证件、现钞要专项登记,妥善保管,待后处理。并写明收信日期、编写号码,以便查阅。

反映情况 遇到重要或具有典型意义的来信来访,应及时向领导请示,并根据领导的批示进行处理。反映情况时,要明确反映情况的目的和对象,采取上报党委政府和上级纪检监察机关、内部通报、分类、对口交流等有效的形式和方法,做到定期反映信访形势,综合反映倾向性问题。对一些重要问题要专题反映,苗头性问题要及时反映,对重要的情况和问题要作必要的核实,力争反应迅速、准确。

督促承办 对转到下级纪检监察机关处理的来信来访,决不能一转了之,要经常向下级纪检监察机关了解处理情况。特别是要求报告处理结果的信访案件,应限期报告结果。下级纪检监察机关对上级纪检监察机关交办以及其他应由本级纪检监察机关直接办理的信访案件,应请示领导,组织力量及时调查处理。凡是上级纪检监察机关要求报告处理结果的案件,应按期上报。不能按期上报的,要说明理由,如果调查处理有困难,要请示党委政府和上级纪检监察机关。

直接过问 纪检监察机关的信访部门对一些重要的典型案件,不但要督促有关党政组织认真查处,还应对案件的处理提出意见或建议，必要时还应派人协助下级纪检监察机关进行查处。

审查处理结果 下级纪检监察机关对上级纪检监察机关要求报告结果的案件，在调查处理后，由承办单位将调查报告、处理结果，申诉人、控告人对调查和结果的意见，一并报上级纪检监察机关。上级纪检监察机关收到报告后，要认真审查，如发现对案件处理不当，可请承办单位携卷汇报，进行协商。如果认为对案件的处理确有错误，可责成承办单位重新处理。必要时上级纪检监察机关可以改变下级纪检监察机关的决定。如果处理恰当，即可结案。结案的案件，应分别登记、编号、分解归档，并由承办单位给控告、申诉人以负责的答复。

信访简报 信访简报是人民群众来信的摘录，它要真实反映人民群众所反映的问题，因此它只能是对来信内容的照抄和压缩，而不能对来信随意增加和修改。

情况反映 是指将纪检监察工作中所遇到、所看到、所了解到的有关情况，向上级领导和上级组织报告的一种形式。情况反映的内容很广泛，几乎各种情况都在纪检监察机关的情况反映之列。例如：那些与执行党和国家的路线、方针，政策密切相关的重大问题、重要情况和经验，上级单位正在抓的中心工作、重点任务的进展情况，上级部门和领导正在关心的重要动态，人民群众反映强烈和迫切要求解决的问题，与党风政风工作密切相关的其他工作所出现的问题，存在的矛盾、不好的倾向与苗头等。情况反映要及时而且真实，没有事实根据，道听途说，捕风捉影得来的消息，不能当作真实的情况来报告。如果不坚持这一点，反映的是假信息、假情况，不仅不可能发挥侦察、参谋的作用，反而会给上级领导了解情况、思考问题、解决问题带来麻烦，甚至会造成失误。

复信 是指对群众来信来访提出的问题，本级纪检监察机关是如何处理的，要给来信来访人以回信，告知其对来信来访的处理（承办或转办）情况。

来信来访的转办 是指接受人民群众来信，接待人民群众来访后将其反映的情况和材料转给有关部门处理。人民群众不甚了解各级纪检监察机关的工作范围，时常会出现越级信访和跨部门信访的现象。对于这类的上访信件或信访人员所提出的问题，一般要转给有关纪检监察机关或其他部门解决。转办时要填写转办单。转办可分四种情况：一是统转，就是将应由其他部门处理的信件，统一转给有关主管部门处理。在写这类转办单时，可以不一一列出所转材料的具体名称，而用"群众来信"概括即可。二是分转，就是当某一材料反映的问题需要由几个部门分别处理时，要将材料摘抄后分别送给对口部门处理。在写这类转办单时，应该注明某些材料给某几个部门，以便他们之间沟通情况。三是单转，就是将涉及党风政风、党纪政纪问题的信件材料，单转给有关纪检监察机关处理。四是面交，就是将部分材料当面交给有关组织处理，并提出处理要求。这类材料的转办，也要写转办单。

来信来访登记卡 是指为了便于查找和统计信访人员的情况和其反映的主要问题，纪检监察机关的信访部门将来信来访者的姓名、地址、单位、职务、来信来访时间、反映的主要问题以及对来信的处理意见登记下来的一种卡片。

信访统计 是指信访有关数据的搜集、整理、计算和分析等。其内容包括对群众来信来访处理情况的统计、处理结果的统计和信访机构的设置状况、信访工作人员的数量以及工作量的统计等。它是以信访工作中大量的现象为对象，通过了解量的变化，观察和研究信访活动的发展过程、状况及其一般的规律性，从而做到"胸中有数"，为分析党风政风、党纪政纪状况提供数据。信访统计包括群众来信来访情况统计、信访工作情况统计。群众来信来访统计分为定期和不定期统计两种。定期统计，是按照年、季、月、旬进行统计，包括：来信来访总数、信访问题的类型，以及各类信访在总量中所占的百分比、以往同期增减的数量与百分比等。不定期统计，是根据工作需要或在信访工作中发现了新的、重要的问题，在适当的时候，抽查某一地区或在某一问题上，群众来信来访的数量、种类、范围等情况，以便对所抽查的地区或信访问题进行专门研究，提供可靠的数据和资料。

信访工作注意事项 是指信访工作人员在接待和处理信访事务时应注意的事项。

1. 要热情、诚恳、耐心地对待来访群众，不得采取盛气凌人、蔑视厌烦、训斥对方的做法。

2. 冷静分析,防止主观片面。要听取不同意见,防止先入为主、轻易表态。

3. 坚持原则,秉公办事。不准徇私舞弊、贪赃枉法。

4. 认真工作,忠于职守。不准拖拉推诿、不负责任。

5. 严格遵守各种信访工作制度。如:信访登记、承办批转、档案管理,请示汇报等。

第十七章

文秘档案

公文 公务文件的总称,是指党政机关实施领导、履行职能、处理公务的具有特定效力和规范体式的文书,是传达贯彻党和国家的方针、政策,公布法规和规章,指导、布置和商洽工作,请示和答复问题,报告、通报和交流情况等的重要工具。各级组织内部以及各组织之间的公务活动都离不开公文。公文就其使用的范围而言,可分为专用公文和通用公文两大类。

公文种类 公文种类主要有:
1. 决议;
2. 决定;
3. 命令(令);
4. 公报;
5. 公告;
6. 通告;
7. 意见;
8. 通知;
9. 通报;
10. 报告;
11. 请示;
12. 批复;
13. 议案;
14. 函;
15. 纪要。

决议 适用于会议讨论通过的重大决策事项的一种公文。

决定 适用于对重要事项作出

决策和部署，奖惩有关单位和人员，变更或者撤销下级机关不适当的决定事项的一种公文。

命令 适用于公布行政法规和规章、宣布施行重大强制性措施、批准授予和晋升衔级、嘉奖有关单位和人员的一种公文。

公报 适用于公布重要决定或者重大事项的一种公文。

公告 适用于向国内外宣布重要事项或者法定事项的一种公文。

通告 适用于在一定范围内公布应当遵守或者周知的事项的一种公文。

意见 适用于对重要问题提出见解和处理办法的一种公文。

通知 适用于发布、传达要求下级机关执行和有关单位周知或者执行的事项，批转、转发公文的一种公文。

通报 适用于表彰先进、批评错误、传达重要精神和告知重要情况的一种公文。

报告 适用于向上级机关汇报工作、反映情况、回复上级机关的询问的一种公文。

请示 适用于向上级机关请求指示、批准而使用的一种公文。从内容和作用上看，请示一般有两种类型：一是请求上级指示的，某些问题需要处理，但又没有明确的政策规定和理论依据，或者某些问题需要上级裁定，这就需要请求上级给予明确的指示；二是请求批准的，本机关职权范围内所不能解决的，如人事安排，机构设置等，必须经上级批准。

批复 适用于答复下级机关请示事项的公文体。批复是对下级机关请求指示的事项，要指示原则、方向、要求、办法；对裁决事项必须有明确的意见；对要求批准事项必须表明同意、批准、不同意或用准确的数字表明。批复可以分为两种：一是通过正式文件发出的比较全面，具体的批示；二是在有关材料、文件上所作的批语或口头指示。

议案 适用于各级人民政府按照法律程序向同级人民代表大会或者人民代表大会常务委员会提请审议事项的一种公文。

函 适用于不相隶属机关之间商洽工作、询问和答复问题、请求批准和答复审批事项所使用的一种公务信件。公函有来函和复函之分。有时向上级机关请示一件较细小的事情，也可以不写正规的"请示"，发一份公函即可。上级也可以不用正式的批复，而用一份复函来答复。

公函的特点是，它不像正规文件那样有严格的限制。它可以不用正式的文件版头，而用单位的信笺就行。它一般不需要编文件的号码，签发也比较简便。公函有的时候为表郑重，也冠以一个标题，把所要传达的内容在标题中概括出来。公函的开头要写送达单位的全称而不能写简称。公函的正文主要写清楚与对方单位商洽、询问、答复的事项。要做到直截了当，把所联系的事情表达清楚。语气是平行的商量式的。最后要写发出公函的单位的全称，并且一定要加盖公章，要写明具体的年、月、日。

纪要 适用于记载会议主要情况和议定事项的一种公文。它是根据会议的宗旨和所讨论的内容，参照会上所作记录，简明扼要记述会议情况，重点阐述会议的基本精神、主要议程和会上作出决定的事项的公文文体。会议纪要按内容和作用分为两种类型：一是指示、决定性的会议纪要。纪要对某一方面或某部门工作进行估价，并作出相应的决定，要求下级机关遵照办理；二是协议性的会议纪要。把出席会议的各方面代表共同商议、决定的事项整理出来，便于各方面共同遵守。

公文格式 即公文的规格式样。一般由份号、密级和保密期限、紧急程度、发文机关标志、发文字号、签发人、标题、主送机关、正文、附件说明、发文机关署名、成文日期、印章、附注、附件、抄送机关、印发机关和印发日期、页码等组成。

份号 是指公文印制份数的顺序号。涉密公文应当标注份号。

密级和保密期限 是指公文的秘密等级和保密的期限。涉密公文应当根据涉密程度公别标注"绝密""机密""秘密"和保密期限。

紧急程度 是指公文送达和办理的时限要求。根据紧急程度，紧急公文应当分别标注"特急""加急"，电报应当分别标注"特提""特急""加急""平急"。

发文机关标志 由发文机关全称或者规范化简称加"文件"二字组成，也可以使用发文机关全称或者规范化简称。联合行文时，发文机关标志可以并用联合发文机关名称，也可以单独用主办机关名称。

发文字号 由发文机关代字、年份、发文顺序号组成。联合行文时，使用主办机关的发文字号。

签发人 是指上行文应当标注

签发人姓名。

标题 由发文机关名称、事由和文种组成。

主送机关 是指公文的主要受理机关，应当使用机关全称、规范化简称或者同类型机关统称。

正文 是指公文的主体，用来表述公文的内容。

附件说明 是指公文附件的顺序号和名称。

发文机关署名 是指署发文机关全称或者规范化简称。

成文日期 是指署会议通过或者发文机关负责人签发的日期。联合行文时，署最后签发机关负责人签发的日期。

印章 是指公文中有发文机关署名的，应当加盖发文机关印章，并与署名机关相符。有特定发文机关标志的普发性公文和电报可以不加盖印章。

附注 是指公文印发传达范围等需要说明的事项。

附件 是指公文正文的说明、补充或者参考资料。

抄送机关 是指除主送机关外需要执行或者知晓公文内容的其他机关，应当使用机关全称、规范化简称或者同类型机关统称。

印发机关和印发日期 是指公文的送印机关和送印日期。

页码 是指公文页数顺序号。

公文版式 公文的版式按照《党政机关公文格式》国家标准执行。

公文文字 是指公文使用的汉字、数字、外文字符、计量单位和标点符号等，按照有关国家标准和规定执行。民族自治地方的公文，可以并用汉字和当地通用的少数民族文字。

公文用纸幅面 一般采用国际标准 A4 型。特殊形式的公文用纸幅画，根据实际需要确定。

上行文规则 向上级机关行文，应当遵循以下规则：

1. 原则上主送一个上级机关，根据需要同时抄送相关上级机关和同级机关，不抄送下级机关；

2. 党委、政府的部门向上级主管部门请示、报告重大事项，应当经本级党委、政府同意或者授权；属于部门职权范围内的事项应当直接报送上级主管部门。

3. 下级机关的请示事项，如需以本机关名义向上级机关请示，应当提出倾向性意见后上报，不得原文转报上级机关。

4. 请示应当一文一事。不得在报告等非请示性公文中夹带请示事项。

5. 除上级机关负责人直接交办事项外，不得以本机关名义向上级机关负责人报送公文，不得以本机关负责人名义向上级机关报送公文。

6. 受双重领导的机关向一个上级机关行文，必要时抄送另一个上级机关。

下行文规则 向下级机关行文，应当遵循以下规则：

1. 主送受理机关，根据需要抄送相关机关。重要行文应当同时抄送发文机关的直接上级机关。

2. 党委、政府的办公厅(室)根据本级党委、政府授权，可以向下级党委、政府行文，其他部门和单位不得向下级党委、政府发布指令性公文或者在公文中向下级党委、政府提出指令性要求。需经政府审批的具体事项，经政府同意后可以由政府职能部门行文，文中须注明已经政府同意。

3. 党委、政府的部门在各自职权范围内可以向下级党委、政府的相关部门行文。

4. 涉及多个部门职权范围内的事务，部门之间未协商一致的，不得向下行文；擅自行文的，上级机关应当责令其纠正或者撤销。

5. 上级机关向受双重领导的下级机关行文，必要时抄送该下级机关的另一个上级机关。

联合行文 同级党政机关、党政机关与其他同级机关必要时可以联合行文。属于党委、政府各自职权范围内的工作，不得联合行文。

党委、政府的部门依据职权可以相互行文。

部门内设机构除办公厅(室)外不得对外正式行文。

公文拟制 公文拟制包括公文的起草、审核、签发等程序

公文起草 公文起草应当做到：

1. 符合党的理论路线方针政策和国家法律法规，完整准确体现发文机关意图，并同现行有关公文机衔接。

2. 一切从实际出发，分析问题实事求是，所提政策措施和办法切实可行。

3. 内容简洁、主题突出，观点鲜明，结构严谨，表述准确，文字精练。

4. 文种正确，格式规范。

5. 深入调查研究,充分进行论证,广泛听取意见。

6. 公文涉及其他地区或者部门职权范围内的事项,起草单位必须征求相关地区或者部门意见,力求达成一致。

7. 机关负责人应当主持、指导重要公文起草工作。

公文文稿审核 公文文稿签发前,应当由发文机关办公厅(室)进行审核。审核的重点是:

1. 行文理由是否充分,行文依据是否准确。

2. 内容是否符合党的理论路线方针政策和国家法律法规;是否完整准确体现发文机关意图;是否同现行有关公文相衔接;所提政策措施和办法是否切实可行。

3. 涉及有关地区或者部门职权范围内的事项是否经过充分协商并达成一致意见。

4. 文种是否正确,格式是否规范;人名、地名、时间、数字、段落顺序、引文等是否准确;文字、数字、计量单位和标点符号等用法是否规范。

5. 其他内容是否符合公文起草的有关要求。

需要发文机关审议的重要公文稿,审议前由发文机关办公厅(室)进行初核。

不宜发文的公文稿 经审核不宜发文的公文文稿,应当退回起草单位并说明理由;符合发文条件但内容需作进一步研究和修改的,由起草单位修改后重新报送。

公文签发 公文应当经本机关负责人审批签发。重要公文和上行文由机关主要负责人签发。党委、政府的办公厅(室)根据党委、政府授权制发的公文,由受权机关主要负责人签发或者按照有关规定签发。签发人签发公文,应当签署意见、姓名和完整日期;圈阅或者签名,视为同意。联合发文由所有联署机关的负责人会签。

公文办理 公文办理包括收文办理、发文办理和整理归档。

收文办理程序 收文办理主要程序是:

1. 签收。对收到的公文应当逐件清点,核对无误后签字或者盖章,并注明签收时间。

2. 登记。对公文的主要信息和办理情况应当详细记载。

3. 初审。对收到的公文应当进行初审。初审的重点是:是否应当由本机关办理,是否符合行文规则,文种、格式是否符合要求,涉及其他地区或者部门职权范围内的事项是否已经协商、会签,是否符合公文起草的其他要求。经初审不符合规定的公文,应当及时退回来文单位并说明理由。

4. 承办。阅知性公文应当根据公文内容、要求和工作需要确定范围后分送。批办性公文应当提出拟办意见报本机关负责人批示或者转有关部门办理;需要两个以上部门办理的,应当明确主办部门。紧急公文应当明确办理时限。承办部门对交办的公文应当及时办理,有明确办理时限要求的应当在规定时限内办理完毕。

5. 传阅。根据领导批示和工作需要将公文及时送传阅对象阅知或者批示。办理公文传阅应当随时掌握公文去向,不得漏传、误传、延误。

6. 催办。及时了解掌握公文的办理进展情况,督促承办部门按期办结。紧急公文或者重要公文应当由专人负责催办。

7. 答复。公文的办理结果应当及时答复来文单位,并根据需要告知相关单位。

发文办理程序 发文办理主要程序是:

1. 复核。已经发文机关负责人签批的公文,印发前应当对公文的审批手续、内容、文种、格式等进行复核;需作实质性修改的,应当报原签批人复审。

2. 登记。对复核后的公文,应当确定发文字号、分送范围和印制份数并详细记载。

3. 印制。公文印制必须确保质量和时效。涉密公文应当在符合保密要求的场所印制。

4. 核发。公文印制完毕,应当对公文的文字、格式和印刷质量进行检查后分发。

涉密公文的收发 涉密公文应当通过机要交通、邮政机要通信、城市机要文件交换站或者收发件机关机要收发人员进行传递,通过密码电报或者符合国家保密规定的计算机信息系统进行传输。

公文归档 需要归档的公文及有关材料,应当根据有关档案法律法规以及机关档案管理规定,及时收集齐全、整理归档。两个以上机关联合办理的公文,原件由主办机关归档,相关机关保存复制件。机关负责人兼任其他机关职务的,在履行所兼职务过程中形成的公文,由其兼职机关归档。

公文管理 公文管理应做到以下几点：

1. 各级党政机关应当建立健全本机关公文管理制度，确保管理严格规范，充分发挥公文效用。

2. 党政机关公文由文秘部门或者专人统一管理。设立党委（党组）的县级以上单位应当建立机要保密室和机要阅文室，并按照有关保密规定配备工作人员和必要的安全保密设施设备。

3. 公文确定密级前，应当按照拟定的密级先行采取保密措施。确定密级后，应当按照所定密级严格管理。绝密级公文应当由专人管理。

公文的密级需要变更或者解除的，由原确定密级的机关或者其上级机关决定。

4. 公文的印发传达范围应当按照发文机关的要求执行；需要变更的，应当经发文机关批准。

涉密公文公开发布前应当履行解密程序。公开发布的时间、形式和渠道，由发文机关确定。

经批准公开发布的公文，同发文机关正式印发的公文具有同等效力。

5. 复制、汇编机密级、秘密级公文，应当符合有关规定并经本机关负责人批准。绝密级公文一般不得复制、汇编，确有工作需要的，应当经发文机关或者其上级机关批准。复制、汇编的公文视同原件管理。

复制件应当加盖复制机关戳记。翻印件应当注明翻印的机关名称、日期。汇编本的密级按照编入公文的最高密级标注。

6. 公文的撤销和废止，由发文机关、上级机关或者权力机关根据职权范围和有关法律法规决定。公文被撤销的，视为自始无效；公文被废止的，视为自废止之日起失效。

7. 涉密公文应当按照发文机关的要求和有关规定进行清退或者销毁。

8. 不具备归档和保存价值的公文，经批准后可以销毁。销毁涉密公文必须严格按照有关规定履行审批登记手续，确保不丢失、不漏销。个人不得私自销毁、留存涉密公文。

9. 机关合并时，全部公文应当随之合并管理；机关撤销时，需要归档的公文经整理后按照有关规定移交档案管理部门。

工作人员离岗离职时,所在机关应当督促其将暂存、借用的公文按照有关规定移交、清退。

10. 新设立的机关应当向本级党委、政府的办公厅(室)提出发文立户申请。经审查符合条件的,列为发文单位,机关合并或者撤销时,相应进行调整。

公文销毁 没有存档价值的公文,经过鉴别和主管领导人批准,可定期销毁。销毁秘密公文,要进行登记,有专人监督,保证不丢失、不漏销。

公文的审批 对纪检监察公文的内容进行审核,符合一定要求的,要经领导批准方能生效。纪检监察公文的内容,代表的是某一级纪检监察机关的意见和态度,不是某个人的个别看法,因此,它不是某个人随意就可以起草,不经同意就可发出的,而是必须经过严格的审批手续。

公文结构的基本要求 为了使需要表达的内容安排得更合理,以便更充分、更准确地将内容反映出来,公文的结构应当符合三项要求:

1. 条理清楚,公文的内容要简洁充实,结构要条理清楚。公文内容要表达什么、说明什么,是赞成还是反对;哪些问题已澄清,其过程、后果、危害及影响如何;什么问题需要解决,什么问题正在解决,什么问题还有待于解决;内容要主次清楚,分清哪些问题是要重点论述的,哪些问题是要稍加说明的,哪些问题是一带而过的;要搞清楚各个问题之间的关系,分清哪些是主要问题,哪些是需要说明、解释问题的;要分清哪些是中心论点,哪些是分论点,哪些是论据,所选择的论据要能充分说明自己的论点。

2. 结构严谨,表述的问题应理清逻辑线索,分清层次,搞清内在联系,紧紧围绕中心。论点要突出而统一。论述或说明的问题要明确。不能使人读完之后还不知所云,应把中心论点鲜明地提出之后,再围绕这个论点提出问题、阐明问题、回答问题。如果公文内容偏重于叙事,把事情本身及与此有密切关系的材料讲清楚即可,不必过分发挥。全篇各段落、各层次之间的联系,要一环套一环,环环相扣,不节外生枝,注意问题之间的逻辑顺序及问题之间的内部联系,逐层次分析和说明。

3. 布局全面,每一种公文从其编号,到公文的印刷份数、发放范围,都是公文的有机组成部分,缺少某一项都是不完整的。公文的题目、编号、主报单位、署名日期、密级、抄送单位、印发份数等,都应按要求准确标出。

公文写作的叙述形式 一般常用的有横式、纵式、纵横式三种:

1. 横式是把公文所要反映内容的基本情况或几个突出的问题并列排放,分头叙述。并列的层次可以按问题的性质,也可按空间位置或其他特征来划分,主要问题可以利用大标题或小标题的形式,也可以利用别的方法标出。一般先用几句精炼的话开头,再用几句简要的话结尾,中间一部分是正文。如决定、通报、指示、通知等性质相类似的公文内容的表达。

2. 纵式是按照事件发生、发展的脉络,按先后次序叙述问题或事情的发展过程,或者按问题事理演进层次来写。这样能够使事情或问题的产生、发展的来龙去脉表述清楚,便于把握事物的全过程来下判断,便于认识、了解问题的立论及论据。诸如调查报告、案件调查、典型案件分析等公文可采用这种形式。

3. 纵横式是兼有以上两种特点的一种写法。它可以介绍事件或问题的产生、发展的过程,分析前因后果,再集中介绍几件主要事情或主要问题,既考虑时间顺序,又按照问题的不同性质分别阐述。这种形式的优点是眉目清楚,重点突出。适合于多种类型的公文。

纪检监察公文 是党政机关公文的一种,是在纪检监察工作中直接运用的具有一定特殊要求的文字表达形式,是纪检监察工作所需的文字工具。纪检监察工作,从接收人民来信,接待人民来访,到案件的审查和处理;从典型案件的审理,到对全国进行党风政风党纪政纪教育,每项工作、每个过程都离不开文字的记载和表达。随着纪检监察工作的不断发展、扩大其形成了具有自身特点的纪检监察公文体系。纪检监察工作同其他政府工作既有联系又有区别,有其共性也有其特殊性。因此,它有一套不同于一般行政公文的纪检监察公文内容、体式与要求。纪检监察公文一旦生效,就具有一定的法律效力。它在一定范围、一定时间内,对一定的人具有约束力。例如:纪检监察机关所作出的决议、决定,对某一案件所作出的结论,对某一人员所作出的处分决定,等等,这些是与一般的行政公文所不同的。

纪检监察工作简报 是对纪检监察工作和与纪检监察工作关系密切的重要工作作简明扼要报告的一种内部刊物。它是向上级反映重大问题和重要情况,交流工作信息和经验的一种有效途径。

纪检监察工作大事记 是指用来简要地记录纪检监察机关的主要工作活动,便于考查和总结工作,反映机关的工作情况的连续性的一种文体。它是记载机关历史的重要依据。大事记一般是按事情发生的时间顺序一事一记。写"大事记"应该注意当日的事尽量当日记,不要拖到事后补记。随时记录,若有不清楚的问题及时询问有关的承办部门和承办人员,做到及时、准确、无遗漏。

工作计划 是在行动或工作之前,为了取得预期的成效,将预先制定的目标、要求、措施、安排、确定的行动步骤,用书面形式记载下来的一种文体。制定工作计划,要实事求是,使制定的计划符合实际,并有实现计划的可能性。工作计划的种类很多,有整个单位的计划、部门的计划和个人的计划;有月计划、年计划、长期计划等。要写明计划完成的主要任务是什么,要达到什么目的,要收到哪些成效,以及有关具体的数字和时间要求,还应包括为执行计划准备采取的步骤和措施。

档案工作 是指按科学原则和科学方法进行档案的收集、整理、鉴定、保管、统计和提供利用的工作。它是一项管理性的、科学性的工作;它是一项文献资料服务工作;它是一项政治性的工作,也是维护国家利益和历史面貌的重大事业。它的基本原则是:集中统一地管理国家全部档案,维护档案的完整与安全,便于党和国家各项工作的利用。

档案整理 是指把零散的和需要进一步条理化的档案进行基本的分类、组合、排列和编目,使之条理化、系统化的工作。其内容区分为全宗、分类、组卷、卷内文件的整理,案卷封面的编目、案卷的装订、案卷的排列,案卷目录的编制等。主要整理方法如下:

1. 按全宗整理;

2. 按问题类别、性质整理,主要按档案反映的时间、机构和问题等内在联系,将整个全宗的档案进行科学排列。

档案整理的原则 档案整理工作要遵循的原则主要有以下几点:

1. 整理档案必须最大限度地保持文件之间的历史联系,即文件来源方面的联系、文件时间方面的联系、文件内容方面的联系、文件形式方面的联系。

2. 档案整理必须便于保管和利用。

3. 档案的整理应充分利用原基础。

档案检索工具 亦称档案查找工具。是揭示和介绍档案管理部门所存档案内容和成分以及进行档案管理的一种重要手段,开展档案利用工作的前提条件。其作用是:

1. 可供档案工作人员熟悉和掌握所管档案的情况;

2. 可以迅速、准确地查找提供档案;

3. 进行档案馆(室)之间的档案情报交流;

4. 通过编制检索工具还可了解馆(室)藏档案的齐全完整程度,有利于档案的收集工作。

立卷 是指按照单份文件在形成和处理过程中的联系,将之编立成各个案卷,将单份文件进行系统化整理。其内容包括:组卷,拟写案卷标题,卷内文体的排列与编号,填写卷内目录与备考表,案卷封面的编目与案卷装订。常用的组合方法如下:

1. 按问题组卷;
2. 按作者组卷;
3. 按文件名称组卷;
4. 按时间组卷;
5. 接收发文机关组卷;

按地区组卷。

文书的立卷归档 是指把处理完毕的有保存价值的同类文书材料进行系统化整理,按照它们在形成和处理过程中的相互联系和规律,编立成各个案卷。机关单位文书处理的终端环节。

《档案保管期限表》 是指用表册形式列举档案的来源、内容和形式,并指明其保管期限的一种指导性文件。它是现行机关鉴定档案保存价值和确定档案管理期限的依据和标准。《档案保管期限表》有如下类型:

1. 《标准档案保管期限表》。由国家档案事业管理机关编制,供全国各机关、团体、企事业单位鉴定档案时通用的标准和依据。

2. 《专门档案保管期限表》。由国家档案事业管理机关会同有关主管部门编制,是各机关、团体、企事业单位鉴定专门性档案时通用的依据和标准。

3. 同系统机关档案保管期限表。由主管领导机关编制，供同一系统内各机关、单位鉴定档案时通用的依据和标准。

4. 同类型机关档案保管期限表。由档案事业管理机关或主管领导机关编制，是同一类型各单位鉴定档案时通用的依据和标准。

5. 机关档案保管期限表。各机关根据本机关档案的具体情况编制，专供本机关鉴定档案时使用。

《档案保管期限表》的结构由顺序号、条款、保管期限、附注和说明组成。顺序号，是在各条款分类系统排列后，在各条款前面编上统一的顺序号，固定位置，起条款代号作用。条款，是一种类型相同的文件的名称或标题。一般要求条款能反映出一组文件的来源、内容和形式。文字要简明确切，合乎语法。为便于使用，应将条款按一定的方法归纳分成不同类别，条理清楚。保管期限，就是在每一条款之后，根据鉴定档案价值的原则，指出该组文件应该保存的年限。保管期限分为永久保存、长期保存、短期保存。附注，是在条款之下对条款及其保管期限所作的必要注解或说明。说明，是对《档案保管期限表》所作的总说明，一般应指出保管期限表的适用范围、制定保管期限表的根据、结构、期限的计算方法，以及其他有关事项。

销毁材料 是指那些没有保存价值，经过审批可以销毁的材料。为便于审批的备查，销毁材料必须进行认真登记。销毁材料登记表的填写，要准确清楚。填写后，要逐人、逐份、逐项核对。对销毁材料的处理要十分慎重，要建立严格的审批制度。档案鉴别工作结束后，整理工作人员要写出销毁材料的处理报告，并附上销毁材料登记表，送给分管的领导审批。其内容有：列入拟销毁的材料是否符合销毁的有关规定，是否确应销毁；销毁材料中是否有应转有关单位、退还本人以及具有史料价值的材料；销毁登记的份数、时间填得是否准确，材料名称和销毁理由填得是否符合要求等。

第十八章

纪检监察常用文书

《信访拟办单》 根据信访举报渠道的不同,信访举报又分为来信、来访、电话举报和网络举报。不同的举报途径应进行专人负责、分类登记,分别建立台账,重要信访件需填写《信访拟办单》。《信访拟办单》承担着登记信访举报件的作用,详细记录信访反映人与被反映人情况,反映的主要问题和详细内容,为准确统计信访情况提供基础,同时,《信访拟办单》也是信访工作人员对信访件的管辖判断和线索处置的重要载体。《信访拟办单》需载明单位名称、信访编号,写清登记时间,信访方式、来源,准确记录被反映人姓名、单位、现任职务和级别,如系实名举报,需登记反映人姓名、单位、现任职务和联系方式,归纳记录信访主要内容,提出拟办理意见,由承办人签字,并报部门领导、分管领导审批签字,需移送其他部门、其他人员办理的,由移送人和接收人同时签字。

《督办函》 督办是指本级纪检监察机关交下级纪检监察机关或派驻机构酌处,并报告办理结果或相关情况。《督办函》需载明函号、发函单位,正文中需说明被反映人姓名、现任职务、反映问题类型及上报结果的期限,落款注明发函单位、发函时间并加盖公章。

问题线索分流转办单 信访部门或案管部门收到信访件应根据管辖权限及反映内容进行分流转办，并填写《分流转办单》和《分流转办汇总表》，前者用于有关部门对接时，需要接收人签字，后者用于本部门报告领导审批并留存，二者填写的要点基本相同。

问题线索登记表 问题线索承办部门应当结合问题线索所涉及地区、部门、单位总体情况，综合分析，按照谈话函询、初步核实、暂存待查、予以了结四类方式进行处置。承办部门应当定期汇总线索处置情况，及时向案件监督管理部门通报。案件监督管理部门定期汇总、核对问题线索及处置情况，向纪检机关主要负责人报告。实践中，负责问题线索处理职能的部门，主要包括案件监督管理部门、监督检查部门和审查调查部门。实践中，有的部门将这类表格叫作《问题线索登记表》，有的则叫作《问题线索管理台账》等，具体内容可根据本地区本机关本部门实际情况有所取舍，主要是起到统计汇总问题线索的作用，另外各部门在需要对问题线索进行备案管理时需填写《问题线索备案登记表》，如不属本部门处置的问题线索需移交给有管辖权的部门，此时，需填写《问题线索移交登记表》。

谈话函询呈批报告 纪检监察机关的监督检查、审查调查部门，对认为需要进行谈话函询的问题，报有关领导审批的法定文书。谈话函询呈批报告的内容通常由四部分构成：一是线索来源；二是被反映人的基本情况；三是反映的主要问题；四是承办部门的工作意见。在呈批报告之后，一般应将谈话函询通知书等材料，附反映的主要问题以及书面说明的有关要求，与呈批报告一并提交领导审批。情况较复杂的，应当附谈话函询的方案。方案主要内容包括四部分：一是线索来源；二是被反映人的基本情况；三是反映的主要问题；四是承办部门的具体工作安排。

初步核实情况报告 初步核实工作结束后，核查组应当撰写初步核实情况报告，列明被核查人基本情况、反映的主要问题、办理依据以及初步核实结果、存在疑点、处理建议，由核查组全体人员签名备查。初步核实情况报告应当报纪检监察机关主要负责人审批，必要时向同级党委主要负责人报告。

《立案决定书》 有批准立案权的党组织、纪律检查委员会、监察委员会,对违犯党纪的党员、党组织和违反国家法律法规的监察对象决定立案审查调查的正式文件。《立案决定书》是纪检监察机关对立案对象进行立案审查调查的重要文件依据,通常由立案的机关发出。实际工作中,可针对不同的立案对象,分别以纪律检查委员会、监察委员会名义或以纪委、监委联名发出。《立案决定书》的主要内容包括:

1. 立案决定的标题。应写明是何组织对何人何问题立案审查调查的决定。

2. 受文机关名称。写明立案决定所要通知、通报的组织的名称。

3. 所要立案审查调查的是何性质的问题。

4. 是何时经何种会议讨论决定的。

5. 决定立案的党组织、纪律检查委员会、监察委员会署名。

6. 批准立案的时间。

请示和案件办理请示 请示,是指下级机关向上级机关请求对某项工作、问题作出指示,对某项政策界限给予明确,对某个事项予以审核批准时使用的一种请求性公文,属于上行文的一种。案件办理请示,是指纪检监察机关对线索处置和案件查办工作中遇到的问题,书面报请上级纪检监察机关或同级党委作出指示、审核批准。请示具有以下特点:

1. 请示事项一般时间性较强。请示的事项一般都是急需明确和解决的,否则会影响正常工作,因此时间性强。

2. 应一事一请示。

3. 一般主送一个机关,不多头主送,如需同时送其他机关,应当用抄送形式,但不得在请示的同时又抄送下级机关。

4. 应按隶属关系逐级请示,一般情况下不得越级请示,如确需越级请示,应同时抄报直接主管部门。

批复和案件办理批复 批复是上级机关答复下级机关请示事项所使用的一种公文,与请示相对应,批复属于一种下行文。案件办理批复是指纪检监察机关对下级机关在案件办理过程中所请示问题的正式答复公文。批复的特点如下:

1. 行文具有被动性。批复的写作以下级的请示为前提,它是专门用于答复下级机关请示事项的公文,先有上报的请示,后有下发的批复,一来一往,被动行文,这一点与其他公文有所不同。

2. 内容具有针对性。批复要针对请示事项表明是否同意或是否可行的态度,批复事项必须针对请示内容来答复,而不能另找与请示内容不相关的话题。因此,批复的内容必须明确、简洁,以利下级机关贯彻执行。

3. 效用的权威性。批复表示的是上级机关的结论性意见,下级机关对上级机关的答复必须认真贯彻执行,不得违背,批复的效用在这方面类似于命令、决定,带有很强的权威性。

4. 态度的明确性。批复的内容要具体明确,不能有模棱两可的语言,使得请示单位不知道如何处理。

审查调查报告 审查调查工作结束,审查调查组应当集体讨论,形成审查调查报告,列明被审查调查人基本情况、问题线索来源及审查调查依据、审查调查过程、主要违纪或者职务违法、职务犯罪事实,被审查调查人的态度和认识,处理建议及党纪法律依据,并由审查调查组组长以及有关人员签名。对审查调查过程中发现的重要问题和意见建议,应当形成专题报告。

违纪违法事实材料 又称为错误事实见面材料,是在案件审查调查工作中,审查调查组经过立案审查调查后,把所认定的违纪违法事实与被审查调查人进行核对的文字材料,也是纪检监察机关或党组织对犯错误的党员或者监察对象作出处分所依据的事实材料。将违纪违法事实材料与本人见面进行核对,是纪检监察机关在案件审查调查过程中的一个重要环节,对于保障被审查调查人的民主权利、保证执纪执法质量有着十分重要的作用。

案件会议纪要 执纪执法过程中,召开有关案件方面的重要会议,研究议定有关事项时,一般应当形成会议纪要。案件会议纪要是在案件审查调查中经常使用的一种记载案件讨论情况及议定事项的公文。案件会议纪要应简明扼要,实事求是地记载会议精神和议定的事项。会议纪要正文一般由两部分组成。

1. 会议概况。主要包括会议时间、地点、名称、主持人、与会人员、基本议程。

2. 会议的精神和议定事项。常委会、室务会、办公会的纪要,一般包括会议内容、议定事项,有的还可概述议定事项的意义。

谈话、询问、讯问通知书 谈话、询问、讯问通知书一般分三联，第一联统一保存备查，第二联附卷，第三联送达被谈话人。其中，第一联中批准人、批准日期应填写审批同意决定采取措施的领导同志签字日期，承办人填写负责具体实施措施的工作人员姓名；填发人由负责制发文书的工作人员签名，填写制发文书的日期。第二联、第三联中的落款日期应当与领导同志审批决定采取措施的日期，与第一联中批准时间一致。

谈话笔录、询问笔录、讯问笔录 为保障被谈话人的权益，纪检监察机关在谈话时应当分别制作谈话笔录、询问笔录或讯问笔录。其中，对被反映人进行纪律审查有关谈话时应当使用谈话笔录，与证人谈话时应当使用询问笔录，监察委对采取留置等措施的涉嫌犯罪的被调查人进行谈话时应当使用讯问笔录。进行谈话、询问、讯问时，应当由至少两名以上工作人员进行，并由其中一人负责记录。笔录中应当注明谈话、询问、讯问的起止时间、地点、人员等，笔录内容应当与谈话、询问或讯问过程一致，公正、客观、完整、准确。谈话、询问、讯问结束后，应当将笔录交被谈话、询问、讯问人阅读并签字确认。

权利义务告知书 权利义务告知书是纪检监察机关在对被调查人、证人首次进行谈话、询问、讯问之前，为充分保障被调查人、证人的合法权益，依法告知被调查人、证人所享有的权利和承担的义务所使用的法定文书，是开展谈话、询问或讯问之前的必经程序。权利义务告知书应当在被告知人签字后附卷。

根据告知对象和权利义务范围的不同，可以分为《被调查人权利义务告知书》和《证人权利义务告知书》。二者基本的权利包括使用本民族语言文字接受谈话或询问的权利、申请办案人员回避的权利、保障人身安全、人格尊严等合法权益的权利等；二者主要的义务包括如实接受谈话或询问的义务以及故意作虚假陈述可能承担的法律责任等。对于被调查人，还应当告知其有辩解的权利。

销案呈批报告 审查调查室对所反映的问题经调查认定属于检举失实的案件，报请立案机关批准予以销案的法定文书。

《纪检建议书》 纪检机关根据

审查情况,依照《中国共产党章程》第四十四条,《中国共产党纪律检查机关案件检查工作条例》第十四条第二项、第三十八条和《中国共产党纪律检查机关案件检查工作条例实施细则》第十一条等规定,建议有关党组织进一步完善廉政、勤政制度,对被调查人进行批评教育,以及作出对被调查人的工作或职务进行调整、在一定范围内进行通报批评、责成被调查人退出违纪所得等组织处理措施时所使用的法定文书。

《监察建议书》 监察机关依法根据监督、调查结果,针对监察对象所在单位廉政建设和履行职责存在的问题等,向相关单位和人员就其职责范围内的事项提出的具有一定法律效力的建议的文书。

通报 通报是纪检监察机关经常使用的一种公文样式,同其他公文种类相比,它所反映的内容更为广泛,不仅用于沟通情况、交流信息、剖析案件、总结教训、提出要求,而且还常用于表彰先进、树立典型、弘扬正气。它不仅在党组织和国家行政机关内部使用,而且还可面向社会、面向广大群众发布有关内容。因此,纪检监察机关的通报,无论是在结构写法、材料组织,还是在语言运用等方面,都有其特定的要求。通常可将通报分为表彰性通报、批评性通报、情况通报三大类。

提前介入审理意见 提前介入审理意见,就是提前介入审理阶段形成的书面审理意见,提前介入审理工作的主要成果体现在该意见上。形成提前介入审理意见需要把握以下三个问题:

1. 要把握提前介入审理的条件。一般而言,只有在审查调查阶段,案件重大、复杂,审查调查部门已查清主要违纪违法事实并提出倾向性意见,或是对违纪违法行为性质认定分歧较大的情况下,经报本纪检监察机关领导同意,提请审理部门提前介入审理。

2. 提前介入审理要防止以审代查。提前介入审理的定位还是审理,要坚持审理工作的基本立场和基本要求,按照"二十四字"审理工作基本要求审理案件,防止介入过深,以审代查、查审不分,保持审理工作的相对独立性。

3. 提前介入审理意见要把握住度。对一些存在较大分歧的问题,如审理部门内部不能达成一致,不能强行追求在该阶段盖棺定论,可以将其作为正式审理阶段进一步研究论证的问题表述。这样，既符合案件处理的实际，又有利于在正式审理阶段突出审理重点，确保最终所提意见准确、恰当。

审理报告 审理报告是纪检监察机关案件审理部门就移送审理或呈报审批案件的事实、证据、定性、处理以及办理程序等提出审理意见的文书。审理报告应当列明被审查调查人的基本情况、审查调查简况、主要违纪违法事实、涉案财物情况、被审查调查人的态度和认识、监督检查或审查调查部门的意见、审理意见等。案件审理报告是案件审理处理阶段的重要审理文书，是纪检监察机关领导班子审议案件的主要依据。案件审理报告体现了案件审理部门对案件的事实、证据、定性、处理等问题的说理、论证过程，是案件审理部门审理意见的综合反映；案件审理报告是制作请示、批复、处分决定等相关文书的基础。审理报告作为纪检监察办案的重要文书，要按照纪法贯通、法法衔接的要求，用纪律性语言描述违纪行为，用法律语言描述违法犯罪行为。

《党纪处分决定书》 党的纪律检查委员会对违犯党的纪律的党组织或党员作出党纪处分决定时所使用的文书。《党纪处分决定书》是按照特定的程序制作的，具有党纪的约束力。《党纪处分决定书》一经批准即发生效力，有关党组织和党员必须无条件地执行，其效力不受被处分的党组织或党员申诉的影响。凡经有决定或批准权限的纪律检查委员会决定给予党员警告、严重警告、撤销党内职务、留党察看、开除党籍，给予党组织改组、解散处分的，均需制作处分决定书。

《政务处分决定书》 国家各级监察委员会对违反国家监察法的党组织或党员作出政务处分决定时所使用的文书。《政务处分决定书》是按照特定的程序制作的，载明政务处分并具有相应效力的监察文书。《政务处分决定书》一经批准送达，即发生效力，被处分对象及所在的单位必须执行，其效力不受被处分对象申诉的影响。凡经有决定或批准权限的监察机关决定给予监察对象警告、记过、记大过、降级、撤职、开除政务处分的，均需制作政务处分决定书。

《起诉意见书》 监察机关在案件审查调查结束后，认为被调查人的行为涉嫌职务犯罪需要追究刑事责任，依法将案件移请检察机关的起诉部门审查,建议对被调查人提起公诉的法律文书。《起诉意见书》是案件处理阶段的重要文书,是实现纪检监察机关与司法机关纪法贯通、法法衔接的桥梁。对于经监察机关调查后认为被调查人涉嫌职务犯罪的事实清楚、证据确实充分,依法应对被告人追究刑事责任的案件,应制作《起诉意见书》,经有关领导批准后,连同卷宗材料、证据,一并移送有管辖权的人民检察院公诉(刑检)部门审查起诉。《起诉意见书》的主要内容包括被调查人的基本情况、案件调查简况、涉嫌犯罪事实、被调查人的态度及情节、涉案财物情况等,并阐明移送起诉的理由和法律根据,附注被告人现关押场所、卷宗册数,以及随案移送的赃物、证物、违禁品及其清单等。

第十九章

党规党纪常识

党的领导 是指党对无产阶级革命事业的统帅和向导作用。党的领导主要是政治思想和组织的领导,即政治原则、政治方向、重大决策的领导和向国家政权机关推荐重要干部。党是通过制定和执行正确的路线、方针和政策,通过细致而有力的思想政治工作和宣传教育工作,通过严密而审慎的组织工作,通过充分发挥党员的先锋模范作用来实现其领导的。

四项基本原则 邓小平同志在1979年3月30日党的理论工作务虚会上提出"四项基本原则"。其内容是:坚持社会主义道路,坚持人民民主专政,坚持中国共产党的领导,坚持马克思列宁主义毛泽东思想。

党风 一个政党和它的党员在政治上、思想上、工作上、生活上的作风。党风体现着一个政党的性质和宗旨,是一个政党及其党员的党性和世界观的外在表现。

党内不正之风 党内不正之风是与党的优良作风相对而言的,是指在一定时期、一定范围内,带有倾向性的违反党的原则和党性不纯的表现,即党员或党的组织同党的性质、宗旨和世界观相背离的态度和行为。它涉及的范围较广,包含的内容也较为复杂。既有思想方法问题，也有思想意识问题，严重者还有违犯党纪、政纪的行为。对搞不正之风的人，属于一般缺点、错误的，主要通过批评教育，加以纠正；属于严重违犯党纪、政纪的，则必须给以党纪、政务处分。

党风教育 用马克思列宁主义、毛泽东思想、邓小平理论、"三个代表"重要思想、科学发展观、习近平新时代中国特色社会主义思想武装党员的头脑，划清作风方面的是非界限，启发和培养党员作风修养的自觉性，不断提高党员素质。党风教育具体包括党性、党规、党纪的教育，党的光荣传统、优良作风的教育等内容。

党风检查 就是发扬党的优良作风，反对不正之风，同党内各种违反党纪的行为展开斗争。具体内容包括：制定和监督执行有关党风的法规，在党内和群众中大力表扬好人好事，公开揭露、纠正不正之风，对违犯党纪的行为予以批评甚至必要的纪律处分，等等。

领导人谦虚谨慎的作风 人民群众是社会发展的决定力量，无产阶级的领袖人物是在群众的革命斗争中成长和锻炼出来的，对革命事业起重大作用。但是对领导人的宣传，一定要采取唯物主义态度，不能无原则地吹捧。领导者越是受到群众的尊敬和拥护，就越是要谦虚谨慎，这是我们党历来的优良作风。

普通劳动者的作风 中国共产党是中国各族人民利益的忠实代表，党除了工人阶级和最广大人民群众的利益外，没有自己特殊的利益。党的性质，决定了所有党员、党的各级领导干部，必须把自己看作是人民的公仆和勤务员，看作是劳动人民的普通一员。一定要和人民群众同甘苦、共患难，始终和人民群众打成一片。要处处把人民群众的利益放在第一位，吃苦在前、享受在后，甚至不惜牺牲自己的一切。

平等待人的作风 这是我们党一贯的优良作风。在党内，无论是同志对同志，上级对下级，领导对被领导，政治上应一律平等，没有高低贵贱之分，大家一律平等相待。在党外，我们党也一贯以平等态度对待群众。我们革命和建设的每一个胜利，都是依靠广大人民群众的支持和共同斗争取得的，我们任何时候也离不开群众。

从群众中来、到群众中去的工作作风 这是我们党一贯坚持的走群众路线的工作方法,是党一贯的优良作风。在我们党的一切工作中,凡属正确的领导,必须是从群众中来,到群众中去,也就是将群众中分散的、无系统的意见集中起来,经过研究,化为系统的意见,制定出符合群众利益的路线、方针和政策,再回到群众中去,亦即把党的路线、方针、政策交给群众,使之化为群众的行动,并在群众行动中检验这些意见是否正确。这样从群众中来,到群众中去,集中起来,坚持下去,循环往复,可以使我们的认识一次比一次更深刻、更正确、更生动丰富,工作也越做越好。

深入实际、调查研究的工作作风 深入实际,调查研究,是我们党一贯坚持的工作方法和工作作风,是辩证唯物主义认识论在实际工作中的具体运用。老一辈无产阶级革命家在领导中国革命和建设的长期斗争中,为我们党确立了一条一切从实际出发、实事求是、理论联系实际的思想路线;深入实际、调查研究,是贯彻这条思想路线的必由之路。只有深入实际,调查研究,才能对客观事物有真切的了解,使认识符合于客观实际,达到主观与客观相一致。无论做什么工作,都应通过深入实际、调查研究,获得第一手材料,然后经过去粗取精、去伪存真、由此及彼、由表及里的综合分析,把感性认识上升到理性认识,从而得出正确的结论,制定出正确的理论、路线、方针、政策,用来指导实践。深入实际,调查研究,是克服主观主义、官僚主义的最佳方法。实践证明,我们工作的好坏,成绩的大小,与是否坚持深入实际,调查研究有密切的关系。在面临着许多新情况、新问题的新的历史时期,要贯彻执行党的路线、方针、政策,推进"四个全面"的实现,就要更加发扬深入实际、调查研究的优良作风,不断地研究新情况,解决新问题。

民主作风 党的民主作风,是使我们党实现正确领导,推动党的事业前进的重要保证,也是我们党的优良传统和作风。推进"四个全面"建设,实现中国梦是十分艰巨复杂的任务,要求充分发扬党内民主,发挥全体党员的积极性和创造性,使党的领导机关在决定路线、方针、政策的时候,能够集中全党的智慧。

艰苦奋斗的作风 艰苦奋斗是我们党的优良传统,是无产阶级世界观和政治本色的具体体现。艰苦奋斗主要表现在:政治思想上斗志旺盛,为实现远大理想而战斗不息;工作上不怕艰苦,不怕困难,勇挑重担;在管理和使用国家、集体的财物上,精打细算,尽量少花钱,多办事,不浪费;个人生活上艰苦朴素,克勤克俭,不铺张,不奢侈。随着生产力的提高和经济的发展,我国人民生活水平正在逐步提高,今后还要继续提高,但即使如此,我们仍然需要保持和发扬艰苦奋斗的作风。这是我们战胜一切敌人,克服一切困难,取得革命和建设胜利的必要保证。

公道正派的工作作风 这是每个共产党员,尤其是党员干部都应有的作风。公道正派的工作作风,它具体表现在:

1. 干部政策上要任人唯贤,不搞"任人唯亲";

2. 处理与群众利益有关的问题要秉公办事,不徇私情,坚持真理,光明磊落,不偏断,不枉法。

坚持公道正派的作风,需要有坚强的党性、无私的品德、宽阔的襟怀。共产党是以解放全人类为奋斗目标的党,是大公无私的党,只有这样的党,才能有真正公道正派的优良作风。

为政清廉的作风 是指党和国家机关应成为廉洁、高效、遵纪守法的机关。其基本要求是,党和国家机关工作人员,要正确运用人民赋予的权力,兢兢业业地为"四个全面"而工作,勤勤恳恳地为人民办实事,切实做到:严守法纪,不贪赃枉法;秉公尽责,不以权谋私;艰苦奋斗,不奢侈浪费。

是非分明的工作作风 有些党员在是非面前不敢坚持原则,"和稀泥",做老好人,坚持原则的反而受孤立。要提倡坚持原则,提倡是则是、非则非的精神。党内首先要形成是非分明的风气,党的团结才有基础,党才有战斗力,整个社会风气才会跟着好转,才会使正气不断上升。

勇于自我牺牲的作风 中国共产党继承中华民族的优良传统,在长期艰苦卓绝的斗争中,把勇于自我牺牲的精神发展到崭新的高度。共产党人是用共产主义思想武装起来的。共产党员从入党的那一天起,就下定了为共产主义事业奋斗终生,不惜牺牲自己的一切,包括牺牲自己生命的决心。共产党员为了共产主义理想,为了党和人民的利益,在战场上可以冲锋在前,英勇战斗到最后一滴血;在工作中可以勤勤恳恳，鞠躬尽瘁，毫不吝惜自己的精力；在艰苦困难的情况下，能够吃苦在前，把方便让给别人，把困难留给自己；在危险的情况下，能够挺身而出，见义勇为。

党的干部路线 党按照德才兼备、以德为先的原则选拔干部，坚持五湖四海、任人唯贤，反对任人唯亲，努力实现干部队伍的革命化、年轻化、知识化、专业化，以保证党的政治路线的实施。

德才兼备 这是我们党历来选拔干部的标准。"德"是政治标准，主要是指政治思想品质；"才"是业务标准，主要是指工作能力。

1. "德"和"才"的含义，在不同的历史时期有不同的具体内容。现在，我们处在推进"四个全面"建设时期，干部的德和才有了新的内容。党中央根据新时期的要求，结合干部队伍的实际情况，对现阶段干部的德才标准提出了新的要求。这就是坚持四项基本原则，坚持改革开放，坚持执行党的路线、方针、政策，思想端正，作风正派；具有一定的专业知识和组织领导能力，能开创新局面。

2. 要正确理解"德"的内容。所谓"德"，主要是指干部的政治态度、政治品质和思想作风。有些同志片面理解或曲解"德"的内容，把一些唯唯诺诺的"和事佬""老好人"、工作庸庸碌碌、打不开局面的人，看成是"德"好；或者把拉拉扯扯、到处讨好的人，看成是"德"好；而对有见解、有能力、坚持原则、敢于提批评建议的，则认为是骄傲自满，是缺少"德"。这些看法都是不对的，不克服这些错误观点，就不能正确掌握德才兼备的标准。

3. 德才兼备是一个完整的统一体，不能割裂，不能偏废。所谓"兼备"，就是二者都要具备，缺一不可。既不可重德轻才，也不可重才轻德。

党的干部 党的干部是党的事业的骨干，是人民的公仆。党的干部必须接受党的教育、培训、选拔、考核和监督，党重视培养、选拔优秀年轻干部。党重视培养、选拔女干部和少数民族干部。党员干部要善于同非党干部合作共事，尊重他们，学习他们的长处。

党的各级领导干部的基本条件
党的各级领导干部必须模范地履行党章规定的党员的各项义务，并且必须具备如下基本条件：

1. 有一定的马克思列宁主义、

毛泽东思想、邓小平理论、"三个代表"重要思想、科学发展观和习近平新时代中国特色社会主义思想的理论政策水平,坚持社会主义道路,同破坏社会主义的敌对势力作斗争,同党内外各种错误倾向作斗争。

2. 在领导工作中,认真调查研究,坚持从实际出发,正确地执行党的路线、方针和政策。

3. 有强烈的革命事业心和政治责任感,有胜任工作的组织能力、文化水平和专业知识。

4. 具有民主作风,密切联系群众,正确地执行党的群众路线,自觉地接受党和群众的批评监督,反对官僚主义。

5. 正确运用自己的职权,遵守和维护党和国家的规章制度,同任何滥用职权、谋求私利的行为作斗争。

6. 在坚持党的原则的基础上,善于广泛地团结同志,包括团结与自己有不同意见的同志一道工作。

党的代表大会 党章规定,党的全国代表大会和省、自治区、直辖市、设区的市和自治州的代表大会,党的县(旗)、自治县、不设区的市和市辖区的代表大会,每五年举行一次。党章还明确规定:党的全国代表大会,如无非常情况,不得延期举行,中央委员会认为有必要,或者有1/3以上的省一级组织提出要求,全国代表大会可以提前举行;党的地方各级代表大会,在特殊情况下,经上一级委员会批准,可以提前或延期举行。党的代表大会是实现党的民主集中制的一项根本制度,是发扬党内民主、健全党内民主生活的一项根本内容。只有定期召开党的代表大会,才能充分发挥党的代表大会应有的作用,才能根据形势发展的需要,对党的重大方针政策和组织问题,及时作出决定,有力地指导党在一定时期内的工作。

党的代表会议与党的代表大会的区别 党的代表会议,也是体现党的民主集中制的一种重要形式。但从职权、任期和代表产生的方法来看,则与党的代表大会有很大的不同。

1. 职权任务不同。党的各级代表大会是党的各级权力机关。它的职权是听取和审查同级委员会的报告和同级纪律检查委员会的报告;讨论并决定党的重大问题;选举同级党的委员会、纪律检查委员会。党的代表会议则是在各该级党的委员会领导下举行的,其任务主要是讨论和决定党的当前的工作问题。党的代表会议可以选举出席上级党代表大会或代表会议的代表，但党的代表会议所形成的决议，必须经该级党的委员会批准（如通过重要决议，须报告上级党委批准）方能有效。

2. 开会期限不同。党的各级代表大会有任期的限制，必须按党章规定的期限定期举行。各级党的代表会议，是在两次代表大会之间，根据工作需要召开的，没有定期限制。

3. 代表产生的方法不同。党的各级代表大会的代表，是由党的代表大会或党员大会选举产生的；党的各级代表会议代表的名额和产生办法，由召集代表会议的委员会决定。

党的上下级组织的关系 党的上下级组织之间是领导和被领导的关系。党的上级组织要经常听取下级组织和党员群众的意见，及时解决他们提出的问题。上级组织要经常了解下级组织的工作情况，认真负责地研究和解决下级组织遇到的困难和问题。各级领导机关，在对下级组织有关的重要问题作出决定时，应征求下级组织的意见。要保证下级组织能够正常行使他们的职权。应由下级组织处理的问题，如无特殊情况，上级领导机关不得干预。党的下级组织既要向上级组织请示和报告工作，又要独立负责地解决自己职责范围内的问题。对重大问题的处理，应主动向上级请示，以便及时地得到上级组织的指示和帮助，避免和减少工作中的失误。党的下级组织对上级组织的决定，必须坚决执行。如认为上级组织的决定不符合本地区、本部门的实际情况，可以请求改变；若上级组织坚持原来的决定，下级组织则必须执行，并不得公开发表与上级组织决定不一致的意见，可以保留向再上一级乃至中央报告的权利。

上级党委各部门和下级党委各部门的关系 党的各级委员会根据工作需要，可以设立处理各项业务的工作部门。这些部门是党委的办事机构，都在党委领导下进行工作。它们和下级党委之间，不是领导关系，因此不能以部门名义向下级党委发指示。需要向下布置贯彻有关重要问题的意见时，必须经过党委同意，以党委名义或采取党委批转的方式才能下达。上级党委各部门和下级党委虽然不是领导关系，但应该经常检查了解它们的工作情况,对于重要业务工作和执行中的问题,也应交流情况,提出建议。上下级党委的同一部门之间也不是领导关系,只是业务上的指导关系。由于工作需要,上级党委的部门可以对下级党委的相应部门进行业务上的指导;上级党委的部门,经同级党委授权,在有关方针政策问题上,可以对下级党委的部门提出决定性和指导性的意见。为了开展部门业务,上级党委的任何一部门有责任经常地注意下级党委同一部门的业务工作,并给予帮助和指导。下级党委部门也应该主动地取得上级党委对口部门在业务上的具体帮助和指导。

党的全体委员会与常务委员会

党章规定:"中央政治局和它的常务委员会在中央委员会全体会议闭会期间,行使中央委员会的职权。"在县级以上党的委员会闭会期间,由该级党的委员会选举产生的常务委员会行使委员会职权。党委常务委员会是由党的委员会选举的,应当向党的委员会和代表大会负责并报告工作。党委常委会和党委全委会,不是领导和被领导的关系,而是由党委全委会授权党委常

委会,负责处理党委的日常工作。

机关党组织的主要任务

1. 组织党员认真学习、宣传和坚决执行党和国家的路线、方针、政策,统一全体党员特别是领导干部的思想和行动,排除各种错误思想的干扰和影响,保证党的各项方针、政策的贯彻执行。

2. 从严治党,加强党的自身建设。抓好对党员的马克思主义基本理论教育和理想、纪律教育;有计划地培训专职、兼职党务工作干部和轮训党员;完善党内民主制度,严格组织生活,抓好基层建设;认真做好发展党员的工作;搞好党风,严格纪律,保持党组织的先进性。

3. 充分发挥党员的先锋模范作用,积极支持和协助行政领导保证完成部门的各项工作任务,关心并协助行政领导改善群众的物质文化生活。

4. 按照党章和有关规定,对党员特别是党员领导干部实行有效的监督。

5. 紧密结合改革开放和部门业务工作的实际,配合行政领导做好职工的思想政治工作。

6. 协助行政领导管理机关党

群组织的干部；配合人事部门对机关各级行政领导干部进行考核和民主评议；根据掌握的情况，对行政干部的任免提出意见或建议。

7. 结合部门的实际，配合行政领导做好统战工作。

8. 对本机关的群众组织实行领导，讨论研究他们的重大问题，支持他们独立负责地开展工作，鼓励他们围绕党和政府的中心工作积极开展适合各自特点的活动。

9. 承担上级党组织交办的任务。

党的基层组织　基层组织是党和党的领导机关联系广大党员与群众的桥梁，是党在社会基层组织中领导党员和带领群众进行推进"四个全面"建设的战斗堡垒。党章规定："企业、农村、机关、学校、科研院所、街道社区、社会组织、人民解放军连队和其他基层单位，凡是有正式党员3人以上的，都应当成立党的基层组织。"并且规定："党的基层组织，根据工作需要和党员人数，经上级党组织批准，分别设立党的基层委员会、总支部委员会、支部委员会。"

基层党委常委会　党的基层委员会一般不设常委会。大型联合企业的党委会，大专院校党委会，党员较多、组织较大或其所辖党的组织分布较分散，不便于召集党的委员会的，为了有利于工作和加强集体领导，经上级党委批准，也可以设立党委常委会。设立党委常委会的单位，应注意发挥党的基层委员会的作用，不要用常委会代替全委会，使党的基层委员会形同虚设。

党委书记、副书记的签发权　党的委员会书记、副书记，是在党委和党委常委领导下处理日常工作的，必须不折不扣地执行党委和常委的决议，不得违反和擅自修改。凡是以党委名义发出的决议、决定、指示和其他重要文件，在没有经过党委会议或者常委会议通过以前，书记、副书记个人无权擅自签发。

党委委员出缺　党委委员出缺是指党委委员因工作需要调离本地区或受到撤销党委委员、留党察看以上党的纪律处分以及死亡等。党委委员由于因公外出、在职外出学习、因病休养等情况，在短时期内不能出席党委会议者，不能算作委员出缺。在党委计算到会委员要超过半数时，应该把这些同志计算在委员总数以内，在表决问题时，票数的多少，应按照实际到会的委员人数来计算。根据党章关于少数服从多数的规定,召开党委会议,应有多数委员参加,如果到会的党委委员不超过应出席人数的半数,就不能以党委会的名义作出决议。对于在紧急情况下,党委成员不足半数时处理的重大问题,事后应向党委会汇报,接受审查。

党支部党员大会 党支部党员大会是党支部的议事决策机构。它的职权是:

1. 听取和审查党支部委员会的工作报告;

2. 按照规定开展党支部选举工作,推荐出席上级党代表大会的代表候选人,选举出席上级党代表大会的代表;

3. 讨论和表决接收预备党员和预备党员转正、延长预备期或者取消预备党员资格;

4. 讨论决定对党员的表彰表扬、组织处置和纪律处分;

5. 决定其他重要事项。

党支部党员大会议题提交表决前,应当经过充分讨论。表决必须有半数以上有表决权的党员到会方可进行,赞成人数超过应到会有表决权的党员的半数为通过。

党支部书记的职责 党支部书记由党支部全体党员选举产生,在党支部委员会的集体领导下,按照支部党员大会、支委会的决议,负责主持党支部的下列日常工作:

1. 负责召集支部委员会和支部党员大会结合本单位的具体情况,传达贯彻执行党的路线、方针、政策和上级的决议、指示、研究安排支部工作,将支部工作中的重大问题,及时提交支委会和支部大会讨论决定。

2. 了解掌握党员的思想、工作和学习情况,发现问题及时解决,做经常性的思想政治工作。

3. 检查支部的工作计划、决议的执行情况和存在的问题,按时向支部委员会、党员大会和上级党组织报告工作。

4. 经常与支部委员和同级行政负责人保持密切联系,交流情况,支持他们的工作,协调单位内部党、政、工、团的关系,充分调动各方面的积极性。

5. 抓好支委会的学习,按时召开支委生活会.加强团结,搞好一班人的自身建设。充分发挥支委会的集体领导作用。

差额选举 是指在进行选举时候选人数多于应选人数的不等额的

选举办法。差额选举的具体形式有两种：一是在正式选举前进行预选，经过预选产生候选人名单，然后进行正式选举；预选本身就包含着差额。二是正式选举时，提出的候选人应多于应选人数。实行差额选举，可以使选举人在选举中有所选择，把自己认为最适合的人选为代表或选进领导班子。这样做，有利于发扬民主，体现选举人的意志，真正保障党员的民主选举权利。

无记名投票 这是在选票上只写被选举人的姓名，不记选举人姓名的一种投票方式。无记名投票便于充分体现投票人的意志。投票的内容除了投票人自己知道外，别人都不知道，因而也就可以避免记名投票可能产生的不良后果。

监票人、计票人 选举前应在代表大会或党员大会上通过监票人和计票人的名单。投票前，由监票人、计票人当众检查并封闭票箱。然后由监票人发票，投票后，监票人当场启封票箱，计票工作在监票人的监督下进行，计票完毕，会议执行主席宣布选举结果。选票封存归档。

直接选举 是指召开党员大会，由党员投票选举产生党的基层组织设立的委员会。党员数量少的支部，党员集中，彼此了解，可以直接选举产生支部委员会。直接选举一般应有候选人，如果不提候选人，则一定要经过充分酝酿，再进行选举。

议事规则 党的各级领导班子应当制定、完善并严格执行议事规则，保证决策科学、民主。按照议事规则应当由集体讨论决定的事项，必须列入会议议程。

党的各级领导班子讨论决定事项，应当充分发表意见，对于少数人的不同意见，应当认真考虑，对各种意见和主要理由应当如实记录。讨论干部任免事项，还应当如实记录推荐、考察、酝酿、讨论决定的情况。领导班子成员个人向党组织推荐领导干部人选，必须负责地写出推荐材料并署名。

表决的方式 党的各级领导班子决定重要事项时，应当进行表决。表决采用口头、举手、无记名或记名投票等方式，表决结果和表决方式应当记录在案。

集体决定 对于应当经集体讨论决定的事项而未经集体讨论，也未征求其他成员意见，由个人或少数人决定的，除遇紧急情况外，应当区别情况追究主要责任人的责任。

党的各级领导班子成员不遵守、不执行集体的决定，或未能按照集体的决定和分工履行自己的职责，给工作造成损失的，应当追究责任。

重要情况通报和报告 重要情况通报和报告的内容有：

中央委员会作出的决议、决定和中央政治局会议的内容，根据需要以适当方式在一定范围通报或向全党通报。

地方各级党的委员会全体会议作出的决议、决定，一般应当向下属党组织和党员通报，根据实际情况，以适当方式向社会公开。地方各级党委常委会会议的内容和本地区的重要情况，根据需要以适当方式在一定范围通报或向本地区的党组织和党员通报。

党的各级委员会、纪律检查委员会在同级党的代表大会闭会期间，根据需要将有关决策、重要情况向本次党的代表大会代表通报。

党组织对于本地区、本系统、本单位事关全局和社会稳定的重要情况以及重大问题，应当按照规定时限和程序向上级党组织报告或请示。同时，地方各级党委应当在职权范围内发挥总揽全局、协调各方的作用，支持政府和有关方面独立负责地处理好有关问题。对隐瞒不报、不如实报告、干扰和阻挠如实报告或不按时报告、请示的，追究有关负责人的责任，对下级请示不及时答复、批复或对下级报告中反映的问题在职责范围内不及时处置，造成严重后果的，追究有关责任人的责任。

各级党员领导干部应当向党组织如实报告个人重大事项，自觉接受监督。

个人重大事项的具体内容，另行规定。

八项规定

1. 要改进调查研究，到基层调研要深入了解真实情况，总结经验、研究问题、解决困难、指导工作，向群众学习、向实践学习，多同群众座谈，多同干部谈心，多商量讨论，多解剖典型，多到困难和矛盾集中、群众意见多的地方去，切忌走过场、搞形式主义；要轻车简从、减少陪同、简化接待，不张贴悬挂标语横幅，不安排群众迎送，不铺设迎宾地毯，不摆放花草，不安排宴请。

2. 要精简会议活动，切实改进会风，严格控制以中央名义召开的各类全国性会议和举行的重大活动,不开泛泛部署工作和提要求的会,未经中央批准一律不出席各类剪彩、奠基活动和庆祝会、纪念会、表彰会、博览会、研讨会及各类论坛;提高会议实效,开短会、讲短话,力戒空话、套话。

3. 要精简文件简报,切实改进文风,没有实质内容、可发可不发的文件、简报一律不发。

4. 要规范出访活动,从外交工作大局需要出发,合理安排出访活动,严格控制出访随行人员,严格按照规定乘坐交通工具,一般不安排中资机构、华侨华人、留学生代表等到机场迎送。

5. 要改进警卫工作,坚持有利于联系群众的原则,减少交通管制,一般情况下不得封路、不清场闭馆。

6. 要改进新闻报道,中央政治局同志出席会议和活动应根据工作需要、新闻价值、社会效果决定是否报道,进一步压缩报道的数量、字数、时长。

7. 要严格文稿发表,除中央统一安排外,个人不公开出版著作、讲话单行本,不发贺信、贺电,不题词、题字。

8. 要厉行勤俭节约,严格遵守廉洁从政有关规定,严格执行住房、车辆配备等有关工作和生活待遇的规定。

六项禁令

1. 严禁用公款搞相互走访、送礼、宴请等拜年活动。各地各部门要大力精简各种茶话会、联欢会,严格控制年终评比达标表彰活动,单位之间不搞节日慰问活动,未经批准不得举办各类节日庆典活动。上下级之间、部门之间、单位之间、单位内部一律不准用公款送礼、宴请。各地都不准到省、市机关所在地举办乡情恳谈会、茶话会、团拜会等活动,已有安排的,必须取消。各级党政干部一律不准接受下属单位安排的宴请,未经批准不准参与下属单位的节日庆典活动。

2. 严禁向上级部门赠送土特产。各地各部门各单位一律不准以任何理由和形式向上级部门赠送土特产,包括各种提货券。各级党政干部不得以任何理由,包括下基层调研等收受下属单位赠送的土特产和提货券,各级党政机关要严格纪律要求,加强管理,杜绝在机关收受和分发土特产的情况发生。

3. 严禁违反规定收送礼品、礼金、有价证券、支付凭证和商业预付卡。各级领导干部一定要严格把关,严于律己,要坚决拒收可能影响公正执行公务的礼品、礼金、有价证券、支付凭证和商业预付卡,严禁利用婚丧嫁娶等事宜借机敛财。

4. 严禁滥发钱物,讲排场、比阔气,搞铺张浪费。各地各部门不准以各种名义年终突击花钱和滥发津贴、补贴、奖金和实物;不准违反规定印制、发售、购买和使用各种代币购物券(卡);不准借用各种名义组织和参与用公款支付的高消费娱乐、健身活动;不准用公款组织游山玩水、安排私人度假旅游、出国(境)旅游等活动;不准违反规定使用公车、在节日期间公车私用。

5. 严禁超标准接待。领导干部下基层调研、参加会议、检查工作等,要严格按照中央和省委的有关要求执行。

6. 严禁组织和参与赌博活动。各级党员干部一定要充分认识赌博的严重危害性,决不组织和参与任何形式的赌博活动。

违反中央八项规定的具体内容

主要包括下列七个方面。

(一) **经费管理方面**

1. 严禁以各种名义突击花钱和滥发津贴、补贴、奖金、实物。

2. 严禁用公款购买、印制、邮寄、赠送贺年卡、明信片、年历等物品。

3. 严禁用公款购买赠送烟花爆竹、烟酒、花卉、食品等年货节礼(慰问困难群众职工不在此限)。

4. 依法取得的各项收入必须纳入符合规定的单位账簿核算,严禁违规转移到机关所属工会、培训中心、服务中心等单位账户使用。

5. 严禁超预算或无预算安排支出,严禁虚列支出、转移或者套取预算资金。

6. 严格控制国内差旅费、因公临时出国费、公务接待费、公务用车购置及运行费、会议费、培训费等支出,年度预算执行中不予追加。

7. 严格开支范围和标准,严格支出报销审核,不得报销任何超范围、超标准以及与相关公务活动无关的费用。

8. 政府采购严格执行经费预算和资产配置标准,合理确定采购需求,不得超标准采购,不得超出办公需要采购服务。

9. 严格执行政府采购程序,不得违反规定以任何方式和理由指定或者变相指定品牌、型号、产地。

(二) **公务接待方面**

1. 严禁用公款大吃大喝或安

排与公务无关的宴请；严禁用公款安排旅游、健身和高消费娱乐活动。

2. 禁止异地部门间没有特别需要的一般性学习交流、考察调研，禁止违反规定到风景名胜区举办会议和活动。

3. 对无公函的公务活动不予接待，严禁将非公务活动纳入接待范围。

4. 不得用公款报销或者支付应由个人负担的费用；不得要求将休假、探亲、旅游等活动纳入国内公务接待范围。

5. 不得在机场、车站、码头和辖区边界组织迎送活动，不得跨地区迎送，不得张贴悬挂标语横幅，不得安排群众迎送，不得铺设迎宾地毯。

6. 住宿用房以标准间为主，接待省部级干部可以安排普通套间，不得额外配发洗漱用品。

7. 接待对象应当按照规定标准自行用餐，接待单位可以安排工作餐一次。接待对象在十人以内的，陪餐人数不得超过三人；超过十人的，不得超过接待对象人数的三分之一。

8. 工作餐应当供应家常菜，不得提供鱼翅、燕窝等高档菜肴和用野生保护动物制作的菜肴，不得提供香烟和高档酒水，不得使用私人会所、高消费餐饮场所。

9. 国内公务接待的出行活动应当安排集中乘车，合理使用车型，严格控制随行车辆。

10. 公务接待费用应当全部纳入预算管理，单独列示。

11. 禁止在接待费中列支应当由接待对象承担的差旅、会议、培训等费用，禁止以举办会议、培训为名列支、转移、隐匿接待费的开支；禁止向下级单位及其他单位、企业、个人转嫁接待费用，禁止在非税收入中坐支接待费用；禁止借公务接待名义列支其他支出。

12. 接待单位不得超标准接待；县级以上地方党委、政府按照当地会议用餐标准制定公务接待工作餐开支标准。

13. 接待单位不得组织旅游和与公务活动无关的参观，不得组织到营业性娱乐、健身场所活动，不得安排专场文艺演出，不得以任何名义赠送礼金、有价证券、纪念品和土特产品等。

14. 公务活动结束后，接待单位应当如实填写接待清单。接待清单包括接待对象的单位、姓名、职务和公务活动的项目、时间、场所、费用等内容。

15. 接待费报销凭证应当包括财务票据、派出单位公函和接待清单。

（三）会议活动方面

1. 会议费预算要细化到具体会议项目，执行中不得突破。会议费应纳入部门预算，并单独列示。

2. 二、三、四类会议会期均不得超过两天；传达、布置类会议会期不得超过一天。会议报到和离开时间，一、二、三类会议合计不得超过两天，四类会议合计不得超过一天。

3. 二类会议参会人员不得超过三百人，其中，工作人员控制在会议代表人数的15%以内；三类会议参会人员不得超过一百五十人，其中，工作人员控制在会议代表人数的10%以内；四类会议参会人员视内容而定，一般不得超过五十人。

4. 各单位会议应当到定点饭店召开，按照协议价格结算费用。未纳入定点范围，价格低于会议综合定额标准的单位内部会议室、礼堂、宾馆、招待所、培训中心，可优先作为本单位或本系统会议场所。

5. 会议费开支范围包括会议住宿费、伙食费、会议室租金、交通费、文件印刷费、医药费等。

6. 会议费由会议召开单位承担，不得向参会人员收取，不得以任何方式向下属机构、企事业单位、地方转嫁或摊派。

7. 会议费报销时应当提供会议审批文件、会议通知及实际参会人员签到表、定点饭店等会议服务单位提供的费用原始明细单据、电子结算单等凭证。

8. 严禁各单位借会议名义组织会餐或安排宴请；严禁套取会议费设立"小金库"；严禁在会议费中列支公务接待费。

9. 各单位应严格执行会议用房标准，不得安排高档套房；会议用餐严格控制菜品种类、数量和分量，安排自助餐，严禁提供高档菜肴，不安排宴请，不上烟酒；会议会场一律不摆花草，不制作背景板，不提供水果。

10. 不得使用会议费购置电脑、复印机、打印机、传真机等固定资产以及开支与本次会议无关的其他费用；不得组织会议代表旅游和与会议无关的参观；严禁组织高消费娱乐、健身活动；严禁以任何名义发放纪念品；不得额外配发洗漱用品。

11. 未经批准，党政机关不得举办各类节会、庆典活动，不得举办论坛、博览会、展会活动。

12. 严禁使用财政性资金举办营业性文艺晚会。

13. 严格控制和规范各类评比达标表彰活动，实行中央和省两级审批制度。

14. 各级党政机关一律不得到八达岭-十三陵、承德避暑山庄-外八庙、五台山、太湖、普陀山、黄山、九华山、武夷山、庐山、泰山、嵩山、武当山、武陵源（张家界）、白云山、桂林漓江、三亚热带海滨、峨眉山-乐山大佛、九寨沟-黄龙、黄果树、西双版纳、华山21个风景名胜区召开会议。

15. 地方各级党政机关的会议一律在本行政区域内召开，不得到其他地区召开；因工作需要确需跨行政区域召开会议的，必须报同级党委、政府批准。

16. 严禁超出规定时限为参会人员提供食宿，严禁组织与会议无关的参观、考察等活动。

17. 严禁在会议费、培训费、接待费中列支风景名胜区等各类旅游景点门票费、导游费、景区内设施使用费、往返景区交通费等应由个人承担的费用。

（四）公务出差方面

1. 出差人员应当按规定等级乘坐交通工具。未按规定等级乘坐交通工具的，超支部分由个人自理。

2. 出差人员应当在职务级别对应的住宿费标准限额内，选择安全、经济、便捷的宾馆住宿。

3. 伙食补助费按出差自然（日历）天数计算，按规定标准包干使用。

4. 出差人员应当自行用餐。凡由接待单位统一安排用餐的，应当向接待单位交纳伙食费。

5. 市内交通费按出差自然（日历）天数计算，每人每天八十元包干使用。

6. 出差人员由接待单位或其他单位提供交通工具的，应向接待单位或其他单位交纳相关费用。

7. 出差人员应当严格按规定开支差旅费，费用由所在单位承担，不得向下级单位、企业或其他单位转嫁。

8. 实际发生住宿而无住宿费发票的，不得报销住宿费以及城市间交通费、伙食补助费和市内交通费。

9. 出差人员不得向接待单位提出正常公务活动以外的要求，不得在出差期间接受违反规定用公款支付的宴请、游览和非工作需要的参观，不得接受礼品、礼金和土特产品等。

（五）临时出国方面

1. 不得超预算或无预算安排出访团组。确有特殊需要的，按规定程序报批。

2. 不得因人找事，不得安排照顾性和无实质内容的一般性出访，不得安排考察性出访。

3. 严禁接受或变相接受企事业单位资助，严禁向同级机关、下级机关、下属单位、企业、驻外机构等摊派或转嫁出访费用。

4. 出国人员应当优先选择由我国航空公司运营的国际航线，不得以任何理由绕道旅行，或以过境名义变相增加出访国家和时间。

5. 按照经济适用的原则，通过政府采购等方式，选择优惠票价，并尽可能购买往返机票。

6. 因公临时出国购买机票，须经本单位外事和财务部门审批同意。机票款由本单位通过公务卡、银行转账方式支付，不得以现金支付。

7. 出国人员应当严格按照规定安排交通工具，不得乘坐民航包机或私人、企业和外国航空公司包机。

8. 出国人员根据出访任务需要在一个国家城市间往来，应当事先在出国计划中列明，并报本单位外事和财务部门批准。

9. 出国人员应当严格按照规定安排住宿，省部级人员可安排普通套房，住宿费据实报销；厅局级及以下人员安排标准间，在规定的住宿费标准之内予以报销。

10. 参加国际会议等的出国人员，如对方组织单位指定或推荐酒店，应通过询价方式从紧安排，超出费用标准的，须事先报经本单位外事和财务部门批准。

11. 外方以现金或实物形式提供伙食费和公杂费接待我代表团组的，出国人员不再领取伙食费和公杂费。

12. 出访用餐应当勤俭节约，不上高档菜肴和酒水，自助餐也要注意节俭。

13. 出访团组对外原则上不搞宴请，确需宴请的，应当连同出国计划一并报批，宴请标准应当按照所在国家一人一天的伙食费标准掌握。

14. 出访团组与我国驻外使领馆等外交机构和其他中资机构、企业之间一律不得用公款相互宴请。

15. 出访团组原则上不对外赠送礼品。

16. 出访团组与我国驻外使领馆等外交机构和其他中资机构、企业之间一律不得以任何名义、任何方式互赠礼品或纪念品。

（六）公务用车改革方面

1. 党政机关公务用车处置收入，扣除有关税费后全部上缴国库。

2. 执法执勤用车配备应当严格限制在一线执法执勤岗位，机关内部管理和后勤岗位以及机关所属事业单位一律不得配备。

3. 除涉及国家安全、侦查办案等有保密要求的特殊工作用车外，执法执勤用车应当喷涂明显的统一标识。

4. 各单位按照在编在岗公务员数量和职级核定补贴数额，严格公务交通补贴发放，不得擅自扩大补贴范围、提高补贴标准。

5. 党政机关不得以特殊用途等理由变相超编制、超标准配备公务用车，不得以任何方式换用、借用、占用下属单位或其他单位和个人的车辆，不得接受企事业单位和个人赠送的车辆，不得以任何理由违反用途使用或固定给个人使用执法执勤、机要通信等公务用车，不得以公务交通补贴名义变相发放福利。

（七）停建与清理办公用房方面

1. 各级党政机关自2013年7月23日起5年内一律不得以任何形式和理由新建楼堂馆所。已批准但尚未开工建设的楼堂馆所项目，一律停建。

2. 各级党政机关不得以任何名义新建、改建、扩建内部接待场所，不得对机关内部接待场所进行超标准装修或者装饰、超标准配置家具和电器。

3. 维修改造项目要以消除安全隐患、恢复和完善使用功能为重点，严格履行审批程序，严格执行维修改造标准，严禁豪华装修。

4. 各级党政机关不得以任何理由安排财政资金用于包括培训中心在内的各类具有住宿、会议、餐饮等接待功能的设施或场所的维修改造。

5. 超过《党政机关办公用房建设标准》规定的面积标准占有、使用办公用房的,应予以腾退。

6. 已经出租、出借的办公用房到期应予以收回,租赁合同未到期的,租金收入严格按照收支两条线规定管理,到期后不得续租。

7. 领导干部在不同部门同时任职的,应在主要工作部门安排一处办公用房,其他任职部门不再安排办公用房。

8. 领导干部工作调动的,由调入部门安排办公用房,原单位的办公用房不再保留。

9. 领导干部已办理离退休手续的,原单位的办公用房应及时腾退。

党政领导干部不得在企业兼职任职 党政机关、人民团体和群众团体、事业单位领导干部不得在企业兼职任职。

1. 现职和不担任现职但未办理退(离)休手续的党政领导干部不得在企业兼职(任职)。

2. 对辞去公职或者退(离)休的党政领导干部到企业兼职(任职)必须从严掌握、从严把关,确因工作需要到企业兼职(任职)的,应当按照干部管理权限严格审批。

辞去公职或者退(离)休后三年内,不得到本人原任职务管辖的地区和业务范围内的企业兼职(任职),也不得从事与原任职务管辖业务相关的营利性活动。

辞去公职或者退(离)休后三年内,拟到本人原任职务管辖的地区和业务范围外的企业兼职(任职)的,必须由本人事先向其原所在单位党委(党组)报告,由拟兼职(任职)企业出具兼职(任职)理由说明材料,所在单位党委(党组)按规定审核并按照干部管理权限征得相应的组织(人事)部门同意后,方可兼职(任职)。

辞去公职或者退(离)休三年后到企业兼职(任职)的,应由本人向其原所在单位党委(党组)报告,由拟兼职(任职)企业出具兼职(任职)理由说明材料。所在单位党委(党组)按规定审批并按照干部管理权限向相应的组织(人事)部门备案。

3. 按规定经批准在企业兼职的党政领导干部,不得在企业领取薪酬、奖金、津贴等报酬,不得获取股权和其他额外利益;兼职不得超过一个;所兼任职务实行任期制的,任期届满拟连任必须重新审批或备案,连任不超过两届;兼职的任职年龄界限为七十周岁。

4. 按规定经批准到企业任职

的党政领导干部,应当及时将行政、工资等关系转入企业,不再保留公务员身份,不再保留党政机关的各种待遇。不得将行政、工资等关系转回党政机关办理退(离)休;在企业办理退(离)休手续后,也不得将行政、工资等关系转回党政机关。

5. 按规定经批准在企业兼职(任职)的党政领导干部,要严格遵纪守法,廉洁自律,禁止利用职权和职务上的影响为企业或个人谋取不正当利益。党政领导干部在企业兼职期间的履职情况、是否取酬、职务消费和报销有关工作费用等,应每年年底以书面形式报所在单位党委(党组)。

6. 限期对党政领导干部违规在企业兼职(任职)进行清理。

会议场所采购实行定点管理 是指会议召开场所实行政府采购定点管理。会议住宿用房以标准间为主,用餐安排自助餐或者工作餐。

会议期间,不得安排宴请,不得组织旅游以及与会议无关的参观活动,不得以任何名义发放纪念品。

完善会议费报销制度。未经批准以及超范围、超标准开支的会议费用,一律不予报销。严禁违规使用会议费购置办公设备,严禁列支公务接待费等与会议无关的任何费用,严禁套取会议资金。

规范各类庆典活动 是指未经批准,党政机关不得以公祭、历史文化、特色物产、单位成立、行政区划变更、工程奠基或者竣工等名义举办或者委托、指派其他单位举办各类节会、庆典活动,不得举办论坛、博览会、展会活动。严禁使用财政性资金举办营业性文艺晚会。从严控制举办大型综合性运动会和各类赛会。

经批准的节会、庆典、论坛、博览会、展会、运动会、赛会等活动,应当严格控制规模和经费支出,不得向下属单位摊派费用,不得借举办活动发放各类纪念品,不得超出规定标准支付费用邀请名人、明星参与活动。为举办活动专门配备的设备在活动结束后应当及时收回。

国内公务 是指出席会议、考察调研、执行任务、学习交流、检查指导、请示汇报工作等公务活动。

国内公务接待 国内公务接待应当坚持有利公务、务实节俭、严格标准、简化礼仪、高效透明、尊重少数民族风俗习惯的原则。

国内公务接待的控制 是指国内公务接待不得在机场、车站、码头和辖区边界组织迎送活动，不得跨地区迎送，不得张贴悬挂标语横幅，不得安排群众迎送，不得铺设迎宾地毯；地区、部门主要负责人不得参加迎送。严格控制陪同人数，不得层层多人陪同。

接待单位安排的活动场所、活动项目和活动方式，应当有利于公务活动开展。安排外出考察调研的，应当深入基层、深入群众，不得走过场、搞形式主义。

公务接待用车 是指国内公务接待的出行活动应当安排集中乘车，合理使用车型，严格控制随行车辆。

接待单位应当严格按照有关规定使用警车，不得违反规定实行交通管控。确因安全需要安排警卫的，应当按照规定的警卫界限、警卫规格执行，合理安排警力，尽可能缩小警戒范围，不得清场闭馆。

讲课费 聘请师资授课所支付的必要报酬。

讲课费标准 讲课费执行以下标准（税后）：

1. 副高级技术职称专业人员每半天最高不超过1000元；

2. 正高级技术职称专业人员每半天最高不超过2000元；

3. 院士、全国知名专家每半天一般不超过3000元。

其他人员讲课费参照上述标准执行。

干部选拔任用制度 为了坚持和加强党的全面领导，深入贯彻新时代党的组织路线和干部工作方针政策，落实党要管党全面从严治党特别是从严管理干部的要求，坚持新时期好干部标准，建立科学规范的党政领导干部选拔任用制度，形成有效管用、简便易行、有利于优秀人才脱颖而出的选人用人机制，推进干部队伍革命化、年轻化、知识化、专业化，建设一支高举中国特色社会主义伟大旗帜，以马克思列宁主义、毛泽东思想、邓小平理论、"三个代表"重要思想、科学发展观、习近平新时代中国特色社会主义思想为指导，忠诚干净担当的高素质专业化党政领导干部队伍，保证党的基本理论、基本路线、基本方略全面贯彻执行和新时代中国特色社会主义事业顺利发展。

选拔任用党政领导干部的原则

1. 党管干部；

2. 德才兼备、以德为先，五湖四海、任人唯贤；

3. 事业为上、人岗相宜、人事相宜；

4. 公道正派、注重实绩、群众公认；

5. 民主集中制；

6. 依法依规办事。

选拔任用党政领导干部，必须把政治标准放在首位，符合将领导班子建设成为坚持党的基本理论、基本路线、基本方略，全心全意为人民服务，具有推进新时代中国特色社会主义事业发展的能力，结构合理、团结坚强的领导集体的要求。

树立注重基层和实践的导向，大力选拔敢于负责、勇于担当、善于作为、实绩突出的干部。

注重发现和培养选拔优秀年轻干部，用好各年龄段干部。

党政领导干部应当具备的条件

党政领导干部应当具备下列基本条件：

1. 自觉坚持以马克思列宁主义、毛泽东思想、邓小平理论、"三个代表"重要思想、科学发展观、习近平新时代中国特色社会主义思想为指导，努力用马克思主义立场、观点、方法分析和解决实际问题，坚持讲学习、讲政治、讲正气，牢固树立政治意识、大局意识、核心意识、看齐意识，坚决维护习近平总书记核心地位，坚决维护党中央权威和集中统一领导，自觉在思想上政治上行动上同党中央保持高度一致，经得起各种风浪考验；

2. 具有共产主义远大理想和中国特色社会主义坚定信念，坚定道路自信、理论自信、制度自信、文化自信，坚决贯彻执行党的理论和路线方针政策，立志改革开放，献身现代化事业，在社会主义建设中艰苦创业，树立正确政绩观，做出经得起实践、人民、历史检验的实绩；

3. 坚持解放思想，实事求是，与时俱进，求真务实，认真调查研究，能够把党的方针政策同本地区本部门实际相结合，卓有成效地开展工作，落实"三严三实"要求，主动担当作为，真抓实干，讲实话，办实事，求实效；

4. 有强烈的革命事业心、政治责任感和历史使命感，有斗争精神和斗争本领，有实践经验，有胜任领导工作的组织能力、文化水平和专业素养；

5. 正确行使人民赋予的权力，坚持原则，敢抓敢管，依法办事，以身作则，艰苦朴素，勤俭节约，坚持党的群众路线，密切联系群众，自觉接受党和群众的批评、监督,加强道德修养,讲党性、重品行、作表率,带头践行社会主义核心价值观,廉洁从政、廉洁用权、廉洁修身、廉洁齐家,做到自重自省自警自励,反对形式主义、官僚主义、享乐主义和奢靡之风,反对任何滥用职权、谋求私利的行为;

6. 坚持和维护党的民主集中制,有民主作风,有全局观念,善于团结同志,包括团结同自己有不同意见的同志一道工作。

提拔担任党政领导职务的资格

提拔担任党政领导职务的,应当具备下列基本资格:

1. 提任县处级领导职务的,应当具有五年以上工龄和两年以上基层工作经历。

2. 提任县处级以上领导职务的,一般应当具有在下一级两个以上职位任职的经历。

3. 提任县处级以上领导职务,由副职提任正职的,应当在副职岗位工作两年以上;由下级正职提任上级副职的,应当在下级正职岗位工作三年以上。

4. 一般应当具有大学专科以上文化程度,其中厅局级以上领导干部一般应当具有大学本科以上文化程度。

5. 应当经过党校(行政学院)、干部学院或者组织(人事)部门认可的其他培训机构的培训,培训时间应当达到干部教育培训的有关规定要求。确因特殊情况在提任前未达到培训要求的,应当在提任后一年内完成培训。

6. 具有正常履行职责的身体条件。

7. 符合有关法律规定的资格要求。提任党的领导职务的,还应当符合《中国共产党章程》等规定的党龄要求。

破格提拔 党政领导干部应当逐级提拔。特别优秀或者工作特殊需要的干部,可以突破任职资格规定或者越级提拔担任领导职务。

破格提拔的特别优秀干部,应当政治过硬、德才素质突出、群众公认度高,且符合下列条件之一:在关键时刻或者承担急难险重任务中经受住考验、表现突出、作出重大贡献;在条件艰苦、环境复杂、基础差的地区或者单位工作实绩突出;在其他岗位上尽职尽责,工作实绩特别显著。

因工作特殊需要破格提拔的干部,应当符合下列情形之一:领导班子结构需要或者领导职位有特殊要求的；专业性较强的岗位或者重要专项工作急需的；艰苦边远地区、贫困地区急需引进的。

破格提拔干部必须从严掌握。不得突破《党政领导干部选拔任用工作条例》第七条规定的基本条件和第八条第七项规定的资格要求。任职试用期未满或者提拔任职不满一年的，不得破格提拔。不得在任职年限上连续破格。不得越两级提拔。

民主推荐 选拔任用党政领导干部，应当经过民主推荐。民主推荐包括谈话调研推荐和会议推荐，推荐结果作为选拔任用的重要参考，在一年内有效。

地方领导班子换届推荐的程序

地方领导班子换届，民主推荐应当经过下列程序：

1. 进行谈话调研推荐，提前向谈话对象提供谈话提纲、换届政策说明、干部名册等相关材料，提出有关要求，提高谈话质量；

2. 综合考虑谈话调研推荐情况以及人选条件、岗位要求、班子结构等，经与本级党委沟通协商后，由上级党委或者组织部门研究提出会议推荐参考人选，参考人选应当差额提出；

3. 召开推荐会议，由本级党委主持，考察组说明换届有关政策，介绍参考人选产生情况，提出有关要求，组织填写推荐表；

4. 对民主推荐情况进行综合分析；

5. 向上级党委或者组织部门汇报民主推荐情况。

地方领导班子换届谈话调研的参加人员 地方领导班子换届，谈话调研一般由下列人员参加：

1. 党委成员；

2. 人大常委会、政府、政协领导成员；

3. 纪委监委领导成员；

4. 法院、检察院主要领导成员；

5. 党委工作部门、政府工作部门、群团组织主要领导成员；

6. 下一级党委和政府主要领导成员；

7. 其他需要参加的人员，可以根据知情度、关联度和代表性原则确定。

推荐人大常委会、政府、政协领导成员人选，应当有民主党派、工商联主要领导成员和无党派代表人士参加。

参加会议推荐的人员参照上列范围确定,可以适当调整。

个别提拔任职推荐 个别提拔任职,或者进一步使用需要进行民主推荐的,民主推荐程序可以参照以上程序进行,必要时也可以先进行会议推荐,再进行谈话调研推荐。先进行谈话调研推荐的,可以提出会议推荐参考人选,参考人选应当差额提出。单位人数较少、参加会议推荐人员范围与谈话调研推荐人员范围基本相同,且谈话调研推荐意见集中的,根据实际情况可以不再进行会议推荐。

根据工作需要,可以在民主推荐前对推荐职位、条件、范围以及符合职位要求和任职条件的人选,在人选所在地区或者单位领导班子范围内进行沟通。

个别提拔任职推荐的范围 是指个别提拔任职,参加民主推荐人员按下列范围推荐:

1. 民主推荐地方党政领导班子成员人选,参照《党政领导干部选拔任用工作条例》第十九条规定执行,可以适当调整。

2. 民主推荐工作部门领导成员人选,谈话调研推荐由本部门领导成员、内设机构担任主要领导职务的人员、直属单位主要领导成员以及其他需要参加的人员参加;根据实际情况还可以吸收本系统下级单位主要领导成员参加。参加会议推荐的人员范围可以适当调整。

3. 民主推荐内设机构领导职务拟任人选,参照前项所列范围确定,也可以在内设机构范围内进行。

考察对象的条件 有下列情形之一的,不得列为考察对象:

1. 违反政治纪律和政治规矩的;

2. 群众公认度不高的。

3. 上一年年度考核结果为基本称职以下等次的。

4. 有跑官、拉票等非组织行为的。

5. 除特殊岗位需要外,配偶已移居国(境)外;或者没有配偶但子女均已移居国(境)外的。

6. 受到诫勉、组织处理或者党纪政纪处分等影响期未满或者期满影响使用的。

7. 其他原因不宜提拔或者进一步使用的。

确定的考察对象 对确定的考察对象,由组织(人事)部门进行严格考察。

双重管理干部的考察工作,由

主管方负责组织实施,根据工作需要会同协管方进行。

考察党政领导职务拟任人选,必须依据干部选拔任用条件和不同领导职务的职责要求,全面考察其德、能、勤、绩、廉,严把政治关、品行关、能力关、作风关、廉洁关。

实行党政领导干部任职试用期制度 提拔担任下列非选举产生的厅局级以下领导职务的,试用期为一年:

1. 党委、人大常委会、政府、政协工作部门副职和内设机构领导职务;

2. 纪委监委机关内设机构、派出机构领导职务;

3. 法院、检察院内设机构的非国家权力机关依法任命的领导职务。

试用期满后,经考核胜任现职的,正式任职;不胜任的,免去试任职务,一般按照试任前职级或者职务层次安排工作。

免职 党政领导干部有下列情形之一的,一般应当免去现职:

1. 达到任职年龄界限或者退休年龄界限的;

2. 受到责任追究应当免职的;

3. 不适宜担任现职应当免职的;

4. 因违纪违法应当免职的;

5. 辞职或者调出的;

6. 非组织选派,个人申请离职学习期限超过一年的;

7. 因健康原因,无法正常履行工作职责一年以上的;

8. 因工作需要或者其他原因应当免去现职的。

辞职 辞职包括因公辞职、自愿辞职、引咎辞职和责令辞职。

辞职应当符合有关规定,手续依照法律或者有关规定程序办理。

被免职的党政领导干部的职务安排 引咎辞职、责令辞职和因问责被免职的党政领导干部,一年内不安排领导职务,两年内不得担任高于原任职务层次的领导职务。同时受到党纪政纪处分的,按照影响期长的规定执行。

降职 党政领导干部在年度考核中被确定为不称职的,因工作能力较弱、受到组织处理或者其他原因不适宜担任现职务层次的,应当降职使用。降职使用的干部,其待遇按照新任职务的标准执行。

降职使用的干部重新提拔,按照有关规定执行。

选拔任用党政领导干部的纪律

选拔任用党政领导干部,必须严格执行《党政领导干部选拔任用工作条例》的各项规定,并遵守下列纪律:

1. 不准超职数配备、超机构规格提拔领导干部、超审批权限设置机构配备干部,或者违反规定擅自设置职务名称、提高干部职务职级待遇;

2. 不准采取不正当手段为本人或者他人谋取职务、提高职级待遇;

3. 不准违反规定程序动议、推荐、考察、讨论决定任免干部,或者由主要领导成员个人决定任免干部;

4. 不准私自泄露研判、动议、民主推荐、民主测评、考察、酝酿、讨论决定干部等有关情况;

5. 不准在干部考察工作中隐瞒或者歪曲事实真相;

6. 不准在民主推荐、民主测评、组织考察和选举中搞拉票、助选等非组织活动;

7. 不准利用职务便利私自干预下级或者原任职地区、系统和单位干部选拔任用工作;

8. 不准在机构变动,主要领导成员即将达到任职年龄界限、退休年龄界限或者已经明确即将离任时,突击提拔、调整干部;

9. 不准在干部选拔任用工作中任人唯亲、排斥异己、封官许愿、拉帮结派、搞团团伙伙,营私舞弊;

10. 不准篡改、伪造干部人事档案,或者在干部身份、年龄、工龄、党龄、学历、经历等方面弄虚作假。

严禁超职数配备干部 是指严禁超出核定的领导职数配备干部;严禁以"低职高配"等形式超机构规格提拔干部;严禁违反规定设置"助理""顾问""资政"等领导职务名称配备干部;严禁出台"土政策",用职务和职级待遇奖励领导干部,违反规定提高干部职级待遇;严禁突破比例限额、超出规定范围,以"正副厅局级干部""正副县处级干部"或"正副乡科级干部"等名义变相设置非领导职数配备干部。因军转安置、机构改革、换届等特殊情况确需超职配备干部的,应当书面报告上一级组织人事部门和机构编制部门,上一级组织人事部门和机构编制部门要严格审核把关。

党员和党员领导干部必须廉洁自律 中国共产党全体党员和各级党员领导干部必须坚定共产主义理想和中国特色社会主义信念,必须坚持全心全意为人民服务的根本宗旨,必须继承发扬党的优良传统和作风,必须自觉培养高尚道德情操,努力弘扬中华民族传统美德,廉洁自律,接受监督,永葆党的先进性和纯洁性。

党员廉洁自律规范

1. 坚持公私分明,先公后私,克己奉公。

2. 坚持崇廉拒腐,清白做人,干净做事。

3. 坚持尚俭戒奢,艰苦朴素,勤俭节约。

4. 坚持吃苦在前,享受在后,甘于奉献。

党员领导干部廉洁自律规范

1. 廉洁从政,自觉保持人民公仆本色。

2. 廉洁用权,自觉维护人民根本利益。

3. 廉洁修身,自觉提升思想道德境界。

4. 廉洁齐家,自觉带头树立良好家风。

四风 形式主义、官僚主义、享乐主义和奢靡之风。

山头主义 党员领导干部在本人主政的地方或者分管的部门自行其是,搞山头主义,拒不执行党中央确定的大政方针,甚至背着党中央另搞一套。

山头主义,拉帮结派是表象,利益交换是目的,危害党的团结统一是本质,把党内同志关系搞成人身依附关系。严惩山头主义,是为了正本清源,维护党的集中统一。

两面人 是指对党不忠诚不老实,表里不一,阳奉阴违,欺上瞒下,搞两面派,做两面人。

修身不真修、信仰不真信,说一套、做一套,台上一套、台下一套……党的十九大报告鲜明提出"坚决反对搞两面派、做两面人",严查两面人,就是要及时把这些党内的害群之马辨别出来、清除出去。

干扰巡视 干扰巡视巡察工作或者不落实巡视巡察整改要求。

拉票贿选 搞有组织的拉票贿选,或者用公款拉票贿选。

党的十八大以来,中央先后查处湖南衡阳破坏选举案、四川南充拉票贿选案、辽宁拉票贿选案等一系列大案,体现了猛药去疴的决心和意志。

保护伞 利用宗族或者黑恶势力等欺压群众,或者纵容涉黑涉恶活动,为黑恶势力充当"保护伞"。

扫黑除恶既要抓涉黑组织,也要打掉后面的"保护伞"。只有保持高压态势,做到除恶务尽,才能不断增强群众幸福感安全感。

附录

中央纪委国家监委组织机构设置

根据《中国共产党章程》，中央纪律检查委员会由中国共产党的全国代表大会选举产生，在党的中央委员会领导下进行工作。中央纪律检查委员会的任期与党的中央委员会相同，每一届为五年。中央纪律检查委员会全体会议，选举常务委员会和书记、副书记，并报党的中央委员会批准。

中华人民共和国国家监察委员会是最高监察机关。国家监察委员会由全国人民代表大会产生，负责全国监察工作。全国人民代表大会选举国家监察委员会主任，副主任和委员由国家监察委员会主任提请全国人民代表大会常务委员会任免。国家监察委员会主任每届任期与全国人民代表大会每届任期相同。

中央纪委国家监委组织机构设置 中央纪委国家监委组织机构包括：内设职能部门、直属单位和派驻纪检监察组。

内设职能部门具体为：办公厅、组织部、宣传部、研究室、法规室、党风政风监督室、信访室、中央巡视工作领导小组办公室、案件监督管理室、第一监督检查室至第十一监督检查室、第十二审查调查室至第十六审查调查室、案件审理室、纪检监察干部监督室、国际合作局、

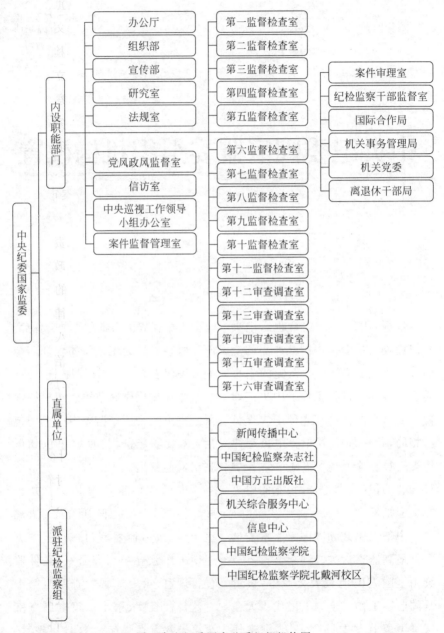

图　中央纪委国家监委组织机构图

机关事务管理局、机关党委、离退休干部局。

此外，设有新闻传播中心、中国纪检监察杂志社、中国方正出版社、机关综合服务中心、信息中心、中国纪检监察学院、中国纪检监察学院北戴河校区等直属单位。设有中央纪委国家监委派驻纪检监察组。

内设机构及职责简介

办公厅：负责机关日常运转工作；筹备组织重要会议、活动；组织起草中央纪委国家监委有关文件文稿；督促检查有关工作部署的落实情况等。

组织部：负责纪检监察系统领导班子建设、干部队伍建设和组织建设的综合规划、政策研究、制度建设和业务指导；根据干部管理权限承办有关干部人事工作；组织和指导纪检监察系统干部教育培训工作等。

宣传部：负责组织协调全面从严治党、党风廉政建设和反腐败宣传教育以及廉洁文化建设工作；归口管理机关承担宣传教育职责的单位；负责机关的新闻事务和有关网络信息工作等。

研究室：负责综合分析全面从严治党、党风廉政建设和反腐败工作情况，开展政策理论及重大课题调查研究；起草重要文件文稿等。

法规室：负责提出纪检监察法规制度建设规划、计划和立法立规建议；起草、修改纪检监察法规制度；参与起草制定党和国家相关法律、法规和规范性文件；负责纪检监察法规制度的咨询答复、解释指导、立法立规后评估、备案审查、清理、编纂等。

党风政风监督室：负责综合协调贯彻执行党的路线方针政策和决议、国家法律法规等情况的监督检查；综合协调党的政治纪律和政治规矩执行、贯彻落实中央八项规定精神、纠正"四风"工作、整治群众身边和扶贫领域的腐败和作风问题；综合协调党内监督、问责等方面工作等。

信访室：负责受理对党的组织、党员违反党纪行为和对行使公权力的公职人员职务违法、职务犯罪行为等的检举、控告；受理党员对中央纪委作出的党纪处分或者其他处理不服的申诉、监察对象对国家监委作出的涉及本人的处理决定不服的复审申请；综合分析信访举报情况；接待群众来访，处理群众来信和电话网络举报事项等。

中央巡视工作领导小组办公室：负责统筹协调、指导督导、服务保障巡视工作；向中央巡视工作领导小组报告工作情况，传达贯彻党中央和中央巡视工作领导小组的决策和部署，并对其决定的事项进行督办；具体组织中央巡视组开展巡视工作；承担巡视巡察工作政策研究、制度建设和业务指导工作等。

案件监督管理室：负责对监督检查、审查调查工作全过程进行监督管理，履行线索管理、组织协调、监督检查、督促办理、统计分析等职责；统一受理有关单位移交的相关问题线索以及下级纪检监察机关线索处置和案件查办报告；归口管理审查调查有关协调事项；对调查措施使用进行监督管理，监督检查纪检监察机关依纪依法安全办案情况等。

第一监督检查室至第十一监督检查室：主要履行依纪依法监督职责。监督检查联系单位(地区)领导班子及中管干部遵守和执行党的章程和其他党内法规，遵守和执行党的路线方针政策和决议、国家法律法规，推进全面从严治党，依法履职、秉公用权、廉洁从政从业以及道德操守等方面的情况；监督检查联系单位(地区)党委(党组)落实管党治党主体责任的情况，指导、检查、督促纪委监委(派驻、派出机构)落实纪检、监察责任，实施问责；向监察对象所在单位提出监察建议；综合分析研判问题线索，按程序提出处置意见或移交审查调查室；综合、协调、指导联系单位(地区)及其系统的纪检监察工作等。

第十二审查调查室至第十六审查调查室：主要履行执纪审查和依法调查处置的职责。承办涉嫌严重违纪或者职务违法、职务犯罪问题线索的初步核实和立案审查调查，以及其他比较重要或者复杂案件的初步核实、审查调查，并提出处理建议；向监察对象所在单位提出监察建议；可以办理下一级监察机关管辖范围内的监察事项，必要时也可以办理所辖各级监察机关管辖范围内的监察事项等。

案件审理室：负责审理中央纪委国家监委直接审查调查和省(部)级党的组织、纪检监察机关报批或者备案的违反党纪和职务违法、职务犯罪案件；承办党员对中央纪委作出的党纪处分或者其他处理不服的申诉案件、监察对象对国家监委作出的涉及本人的处理决定不服的申请复审案件等。

纪检监察干部监督室：负责监督检查纪检监察系统干部遵守和执行党的章程和其他党内法规，遵守和执行党的路线方针政策和决议、国家法律法规等方面的情况；受理对有关纪检监察领导干部涉嫌违反党纪、职务违法和职务犯罪等问题的举报，提出处置意见并负责问题线索初步核实及立案审查调查工作等。

国际合作局：负责纪检监察国际交流与合作事宜；组织反腐败国际条约实施工作和履约审议事务；承担反腐败国际追逃追赃和防逃工作的组织协调，协调反腐败执法、引渡等领域国际合作；归口管理机关外事工作和涉港澳台事务等。

机关事务管理局：负责机关事务管理和服务保障工作；负责机关及直属单位财务管理、国有资产管理、房管基建、医疗卫生和安全保卫工作；负责机关及派驻机构涉案财物管理等。

机关党委：负责机关和直属单位党群工作。

离退休干部局：负责离退休干部工作。